F. Chopin

Franz Liszt

Impression à la demande

Copyright © 2022 F. Liszt

Edition : Books on Demand - info@bod.fr

Impression : BOD - In de Tarpen 42, Norderstedt (Allemagne)

ISBN : 9782322423019

Dépôt légal : août 2022

Mise en page et maquettage : https://reedsy.com/

Cet ouvrage a été composé avec les polices Didot et Bauer Bodoni
Tous droits réservés pour tous pays.

I.

Weimar 1850.

Chopin ! doux et harmonieux génie ! Quel est le cœur auquel il fut cher, quelle est la personne à laquelle il fut familier qui, en l'entendant nommer, n'éprouve un tressaillement, comme au souvenir d'un être supérieur qu'il eut la fortune de connaître ? Mais, quelque regretté qu'il soit par tous les artistes et par tous ses nombreux amis, il nous est peut-être permis de douter que le moment soit déjà venu où, apprécié à sa juste valeur, celui dont la perte nous est si particulièrement sensible, occupe dans l'estime universelle le haut rang que lui réserve l'avenir.

S'il a été souvent prouvé que nul n'est prophète en son pays, n'est-il pas d'expérience aussi que les hommes de l'avenir, ceux qui le pressentent et le rapprochent par leurs œuvres, ne sont pas reconnus prophètes par leurs temps ?... À vrai dire, pourrait-il en être autrement ? Sans nous en prendre à ces sphères où le raisonnement devrait, jusqu'à un certain point, servir de garant à l'expérience, nous oserons affirmer que, dans le domaine des arts, tout génie innovateur, tout auteur qui délaisse l'idéal, le type, les formes dont se nourrissaient et s'enchantaient les esprits de son temps, pour évoquer un idéal nouveau, créer de nouveaux types et des formes inconnues, blessera sa génération contemporaine. Ce n'est que la génération suivante qui comprendra sa pensée, son sentiment. Les jeunes artistes groupés autour de cet inventeur auront beau protester contre les retardataires, dont la coutume invariable est d'assommer les vivants avec les morts, dans l'art musical bien plus encore que dans d'autres arts, il est quelquefois réservé au temps seul de révéler toute la beauté et tout le mérite des inspirations et des formes nouvelles.

Les formes multiples de l'art n'étant qu'une sorte d'incantation, dont les formules très diverses sont destinées à évoquer dans son cercle magique les sentiments et les passions que l'artiste veut rendre sensibles, visibles, audibles, tangibles, en quelque sorte, pour en communiquer les frémissements, le génie se manifeste par l'invention de formes nouvelles, adaptées parfois à des sentiments qui n'avaient point encore surgi dans le cercle enchanté. Dans la musique, ainsi que dans l'architecture, la sensation est liée à l'émotion sans l'intermédiaire de la pensée et du raisonnement, comme il en est dans l'éloquence, la poésie, la sculpture, la peinture, l'art dramatique, qui exigent qu'on connaisse et comprenne d'abord leur sujet, que l'intelligence doit avoir saisi avant que le cœur en soit touché. Comment alors la seule introduction de formes et de modes inusités, ne serait-elle pas déjà dans cet art un obstacle à la compréhension immédiate d'une œuvre ?... La surprise, la fatigue même, occasionnées par l'étrangeté des impressions inconnues que réveillent une manière de procéder, une manière d'exprimer ses pensées et son sentiment, une manière de dire dont on n'a point encore appris la portée, le charme et le secret, font paraître au grand nombre les œuvres conçues en ces conditions imprévues, comme écrites dans une langue qu'on ignore et qui, par cela même, semble d'abord barbare !
La seule peine d'y habituer l'oreille, de se rendre compte par a + b des raisons pour lesquelles les anciennes règles sont autrement appliquées, autrement employées, successivement transformées, afin de correspondre à des besoins qui n'existaient pas lorsqu'elles furent établies, suffit pour en rebuter beaucoup. Ils refusent opiniâtrement d'étudier avec suite les œuvres nouvelles, pour saisir parfaitement ce qu'elles ont voulu dire et pourquoi elles ne pouvaient pas le dire sans changer les anciennes habitudes du langage musical, en croyant par là repousser du pur domaine de l'art sacré et radieux, un patois indigne des maîtres qui l'ont illustré.

Cette répulsion, plus vive en des esprits consciencieux qui, ayant pris beaucoup de peine pour apprendre ce qu'ils savent s'y attachent comme à des dogmes hors desquels pas de salut, devient encore plus forte, plus impérieuse, quand sous des formes nouvelles un génie novateur introduit dans l'art des sentiments qui n'y avaient pas encore été exprimés. Alors on l'accuse de ne savoir ni ce qu'il est permis à l'art de dire, ni la manière dont il doit le dire.

Les musiciens ne sauraient même espérer que la mort apporte à leurs travaux cette plus value instantanée qu'elle donne à ceux des peintres, et aucun d'eux ne pourrait renouveler, au profit de ses manuscrits, le subterfuge d'un des grands maîtres flamands qui voulut de son vivant exploiter sa gloire future, en chargeant sa femme de répandre le bruit de son décès pour faire renchérir les toiles dont il avait eu soin de garnir son atelier. Les questions d'école peuvent aussi dans les arts plastiques retarder, de leur vivant, l'appréciation équitable de certains maîtres. Qui ne sait que les admirateurs passionnés de Rafael fulminaient contre Michel-Ange, que de nos jours on méconnut longtemps en France le mérite d'Ingres, dont ensuite les partisans dénigrèrent celui de Delacroix, pendant qu'en Allemagne les adhérents de Cornélius anathématisaient ceux de Kaulbach, qui le leur rendaient bien. Mais, en peinture ces guerres d'école arrivent plus tôt à une solution équitable, parce que le tableau ou la statue d'un novateur une fois exposés, tous peuvent la voir ; la foule y accoutume ainsi ses yeux, pendant que le penseur, le critique impartial, (s'il y en a), est à même de l'étudier consciencieusement et d'y découvrir le mérite réel de la pensée et des formes encore inusitées.

Il lui est toujours aisé de les revoir et de juger avec équité, pour peu qu'il le veuille, l'union adéquate qui s'y trouve ou non du sentiment et de la forme.

En musique, il n'en va pas ainsi. Les partisans exclusifs des anciens maîtres et de leur style ne permettent pas aux esprits impartiaux de se familiariser avec les productions d'une école qui surgit. Ils ont soin de les soustraire tout à fait à la connaissance du public. Si par mégarde quelque œuvre nouvelle, écrite dans un style nouveau, vient à être exécutée, non contents de la faire attaquer par tous les organes

de la presse qu'ils tiennent à leur disposition, ils empêchent qu'on la joue et, surtout, qu'on la rejoue. Ils confisquent les orchestres et les conservatoires, les salles de concert et les salons, en établissant contre tout auteur qui cesse d'être un imitateur, un système de prohibition qui s'étend des écoles, où se forment le goût des virtuoses et des maîtres de chapelle, aux leçons, au cours, aux exécutions publiques, privées et intimes, où se forme le goût des auditeurs.
Un peintre et un sculpteur peuvent raisonnablement espérer de convertir peu à peu leurs contemporains de bonne foi, ceux que l'envie, la rancune, le parti pris, ne rendent pas inaccessibles à toute conversion, en ayant prise par la publicité même de leur œuvre sur toutes les âmes ingénues, sur celles qui sont supérieures aux petites taquineries d'atelier à atelier. Le musicien novateur est condamné à attendre une génération suivante pour être d'abord entendu, puis écouté. En dehors du théâtre, qui a ses propres conditions, ses propres lois, ses propres normes, dont nous ne nous occupons pas ici, il ne peut guère espérer de conquérir un public de son vivant ; c'est-à-dire, de voir le sentiment qui l'a inspiré, la volonté qui l'a animé, la pensée qui l'a guidé, généralement comprises, clairement présentes à quiconque lit ou exécute ses œuvres.

Il lui faut à l'avance courageusement renoncer à voir le mérite et la beauté de la forme dont il a revêtu son sentiment et sa pensée, généralement appréciées et reconnues par les artistes, ses égaux, avant un quart de siècle ; pour mieux dire, avant sa mort. Celle-ci apporte bien une notable mutation dans les jugements, ne fut-ce que parce qu'elle donne à toutes les mauvaises petites passions des rivalités locales, l'occasion de taquiner, d'attaquer, de miner des réputations en vogue, en opposant à leurs plates productions les œuvres de ceux qui ne sont plus. Mais, qu'il y a loin encore de cette estime rétrospective que l'envie emprunte chez la justice, à la compréhension sympathique, affectueuse, amoureuse, admirative, due au génie ou au talent hors ligne.
Toutefois, en musique les retardataires sont moins coupables peut-être que ne le pensent ceux dont ils neutralisent les efforts, dont ils empêchent le succès, dont ils ajournent la gloire. Ne faut-il pas tenir

compte de la difficulté réelle qu'ils éprouvent à comprendre les beautés qu'ils méconnaissent, à apprécier les mérites qu'ils nient avec tant d'obstination ? L'ouïe est un sens infiniment plus sensible, plus nerveux, plus subtil que la vue ; du moment que, cessant de servir aux simples besoins de la vie, il porte au cerveau des émotions liées à ses sensations, des pensées formulées par les divers modes que les sons affectent, au moyen de leur succession qui produit la mélodie, de leur groupement qui donne le rhythme, de leur simultanéité qui constitue l'harmonie, l'on a infiniment plus de peine à s'accoutumer à ses nouvelles formes qu'à celles qui affectent le regard. L'œil se fait bien plus rapidement à des contours maigres ou exubérants, à des lignes anguleuses ou rebondissantes, à un emploi exagéré de couleurs ou à une absence choquante de coloris, pour saisir l'intention austère ou pathétique d'un maître à travers sa «manière», que l'oreille ne se fait à l'apparition de dissonances qui lui paraissent atroces tant qu'il n'en saisit pas la motivation, de modulations dont la hardiesse lui semble vertigineuse tant qu'il n'en a pas senti le lien secret, logique et esthétique à la fois, comme les transitions voulues par un style en architecture, impossibles dans un autre.

En outre, les musiciens qui ne s'astreignent pas aux routines conventionnelles ont besoin plus que d'autres artistes de l'aide du temps, parce que leur art, s'attaquant aux fibres les plus délicates du cœur humain le blesse et le fait souffrir, quand il ne le charme et ne l'enchante point.
Ce sont en premier lieu les organisations les plus jeunes et les plus vives qui, le moins enchaînées par l'attrait de l'habitude à des formes anciennes et aux sentiments qu'elles exprimaient, (attrait respectable même en ceux chez qui il est tyrannique), se prennent de curiosité, puis de passion, pour l'idiome nouveau, qui correspond naturellement par ce qu'il dit, comme par la manière dont il le dit, à l'idéal nouveau d'une nouvelle époque, aux types naissants d'une période qui va succéder à une autre. C'est grâce à ces jeunes phalanges, enthousiastes de ce qui dépeint leurs impressions et donne vie à leurs pressentiments, que le nouveau langage pénètre dans les régions récalcitrantes du public ; c'est grâce à elles que celui-ci finit par en

saisir le sens, la portée, la construction, et se décide à rendre justice aux qualités ou aux richesses qu'il renferme.
Quelle que soit donc la popularité déjà acquise à une partie des productions du maître dont nous voulons parler, de celui que les souffrances avaient brisé longtemps avant sa fin, il est à présumer que dans vingt-cinq ou trente ans d'ici, on aura pour ses ouvrages une estime moins superficielle et moins légère que celle qui leur est accordée maintenant.

Ceux qui dans la suite s'occuperont de l'histoire de la musique, feront sa part, et elle sera grande, à celui qui y marqua par un si rare génie mélodique, par de si merveilleuses inspirations rhythmiques, par de si heureux et de si remarquables agrandissements du tissu harmonique, que ses conquêtes seront préférées avec raison à mainte œuvre de surface plus étendue, jouée et rejouée par de grands orchestres, chantée et rechantée par une quantité de prime donne.
Le génie de Chopin fut assez profond et assez élevé, assez riche surtout, pour avoir pu s'établir de prime abord, si non de prime saut, dans le vaste domaine de l'orchestration. Ses idées musicales furent assez grandes, assez arrêtées, assez nombreuses, pour se répartir à travers toutes les mailles d'une large instrumentation. Si les pédants lui eussent reproché de n'être point polyphone, il avait de quoi se moquer des pédants en leur prouvant que la polyphonie, tout en étant une des plus surprenantes, des plus puissantes, des plus admirables, des plus expressives, des plus majestueuses ressources du génie musical, ne représente, après tout, qu'une ressource, un mode d'expression, une des formes du style dans l'art, plus usité par tel auteur, plus général en telle époque ou tel pays, selon que le sentiment de cet auteur, de cette époque, de ce pays, en avaient plus besoin pour se traduire. Or, l'art n'étant pas là pour mettre en œuvre ses ressources en tant que ressources, pour faire valoir ses formes en tant que formes, il est évident que l'artiste n'a lieu de s'en servir que lorsque ces formes et ces ressources sont utiles ou nécessaires à l'expression de sa pensée et de son sentiment. Pour peu que la nature de son génie et celle des sujets qu'il choisit ne réclament point ces formes, n'aient pas besoin de ces ressources, il les laisse de côté

comme il laisse reposer le fifre et la clarinette-basse, la grosse-caisse ou la viole d'amour quand il n'a qu'en faire.

Ce n'est certes pas l'emploi de certains effets plus difficiles à atteindre que d'autres, qui témoigne du génie de l'artiste. Son génie se révèle dans le sentiment qui le fait chanter ; il se mesure à sa noblesse, il se témoigne définitivement dans une union si adéquate du sentiment et de la forme qu'il prend, qu'on ne puisse imaginer l'un sans l'autre, l'un étant comme le revêtement naturel, l'irradiation spontanée de l'autre. Rien ne prouve mieux que les pensées de Chopin eussent pu facilement être acclimatées par lui dans l'orchestre, que la facilité avec laquelle on peut y transporter les plus belles, les plus remarquables d'entr'elles. Si donc il n'aborda jamais la musique symphonique sous aucune de ses manifestations, c'est qu'il ne le voulut point. Ce ne fut ni modestie outrée, ni dédain mal placé ; ce fut la conscience claire et nette de la forme qui convenait le mieux à son sentiment, cette conscience étant un des attributs les plus essentiels du génie dans tous les arts, mais spécialement dans la musique.
En se renfermant dans le cadre exclusif du piano, Chopin fit preuve d'une des qualités les plus précieuses dans un grand écrivain et certainement les plus rares dans un écrivain ordinaire : la juste appréciation de la forme dans laquelle il lui est donné d'exceller. Pourtant, ce fait dont nous lui faisons un sérieux mérite, nuisit à l'importance de sa renommée. Difficilement peut-être un autre, en possession de si hautes facultés mélodiques et harmoniques, eût-il résisté aux tentations que présentent les chants de l'archet, les alanguissements de la flûte, les tempêtes de l'orchestre, les assourdissements de la trompette, que nous nous obstinons encore à croire la seule messagère de la vieille déesse dont nous briguons les subites faveurs.

Quelle conviction réfléchie ne lui a-t-il point fallu pour se borner à un cercle plus aride en apparence, determiné à y faire éclore par son génie et son travail des produits qui, à première vue, eussent semblé réclamer un autre terrain pour donner toute leur floraison ? Quelle pénétration intuitive ne révèle pas ce choix exclusif qui, arrachant certains effets d'orchestre à leur domaine habituel où toute l'écume du bruit fût venue se briser à leurs pieds, les transplantait dans une sphère plus restreinte, mais plus idéalisée ? Quelle confiante aperception des puissances futures de son instrument n'a-t-elle pas présidé à cette renonciation volontaire d'un empirisme si répandu, qu'un autre eût probablement considéré comme un contresens d'enlever d'aussi grandes pensées à leurs interprètes ordinaires ! Que nous devons sincèrement admirer cette unique préoccupation du beau pour lui-même qui, en faisant dédaigner à Chopin la propension commune de répartir entre une centaine de pupitres chaque brin de mélodie, lui permit d'augmenter les ressources de l'art en enseignant à les concentrer dans un moindre espace !

Loin d'ambitionner les fracas de l'orchestre, Chopin se contenta de voir sa pensée intégralement reproduite sur l'ivoire du clavier, réussissant dans son but de ne lui rien faire perdre en énergie sans prétendre aux effets d'ensemble et à la brosse du décorateur. On n'a point encore assez sérieusement et assez attentivement apprécie la valeur du dessin de ce burin délicat, habitué qu'on est de nos jours à ne considérer comme compositeurs dignes d'un grand nom que ceux qui ont laissé pour le moins une demi-douzaine d'opéras, autant d'oratorios et quelques symphonies, demandant ainsi à chaque musicien de faire tout, même un peu plus que tout.

Cette manière d'évaluer le génie, qui, par essence, est une qualité, à la quantité et à la dimension de ses œuvres, si généralement répandue qu'elle soit, n'en est pas moins d'une justesse très problématique !

Personne ne voudrait contester la gloire plus difficile à obtenir et la supériorité réelle des chantres épiques, qui déploient sur un large plan leurs splendides créations. Mais nous désirerions qu'on applique à la musique le prix qu'on met aux proportions matérielles dans les autres branches des beaux-arts et qui, en peinture par exemple, place une toile de vingt pouces carrés, comme la Vision d'Ezéchiel ou le Cimetière de Ruysdaël, parmi les chefs-d'œuvre évalués plus haut que tel tableau de vaste dimension, fût-il d'un Rubens ou d'un Tintoret. En littérature, Larochefoucauld est-il moins un écrivain de premier ordre pour avoir toujours resserré ses Pensées dans de si petits cadres ? Uhland et Petofi sont-ils moins des poètes nationaux, pour n'avoir pas dépassé la poésie lyrique et la Ballade ? Pétrarque ne doit-il pas son triomphe à ses Sonnets, et de ceux qui ont le plus répété leurs suaves rimes en est-il beaucoup qui connaissent l'existence de son poème sur l'Afrique ?

Nous sommes certains de voir bientôt disparaître les préjugés qui disputent encore à l'artiste, n'ayant produit que des Lieder pareils à ceux de Franz Schubert ou de Robert Franz, sa supériorité d'écrivain sur tel autre qui aura partitionné les plates mélodies de bien des opéras que nous ne citerons pas ! En musique aussi on finira bientôt par tenir surtout compte, dans les compositions diverses, de l'éloquence et du talent avec lesquels seront exprimés les pensées et les sentiments du poète, quels que soient du reste l'espace et les moyens employés pour les interpréter.

Or, on ne saurait étudier et analyser avec soin les travaux de Chopin sans y trouver des beautés d'un ordre très élevé, des sentiments d'un caractère parfaitement neuf, des formes d'une contexture harmonique aussi originale que savante. Chez lui la hardiesse se justifie toujours ; la richesse, l'exubérance même, n'excluent pas la clarté, la singularité ne dégénère pas en bizarrerie, les ciselures ne sont pas désordonnées, le luxe de l'ornementation ne surcharge pas l'élégance des lignes principales. Ses meilleurs ouvrages abondent en combinaisons qui, on peut le dire, forment époque dans le maniement du style musical. Osées, brillantes, séduisantes, elles déguisent leur profondeur sous tant de grâce et leur habileté sous tant de charme, que c'est avec peine qu'on parvient à se soustraire assez à leur entraînant attrait, pour les juger à froid sous le point de vue de leur valeur théorique. Celle-ci a déjà été sentie par plus d'un maître ès-sciences, mais elle se fera de plus en plus reconnaître lorsque sera venu le temps d'un examen attentif des services rendus à l'art durant la période que Chopin a traversée.

C'est à lui que nous devons l'extension des accords, soit plaqués, soit en arpèges, soit en batteries ; les sinuosités chromatiques et enharmoniques dont ses pages offrent de si frappants exemples, les petits groupes de notes surajoutées, tombant comme les gouttelettes d'une rosée diaprée par-dessus la figure mélodique. Il donna à ce genre de parure, dont on n'avait encore pris le modèle que dans les fioritures de l'ancienne grande école de chant italien, l'imprévu et la variété que ne comportait pas la voix humaine, servilement copiée jusque là par le piano dans des embellissements devenus stéréotypes et monotones. Il inventa ces admirables progressions harmoniques, par lesquelles il dota d'un caractère sérieux même les pages qui, vu la légèreté de leur sujet, ne paraissaient pas devoir prétendre à cette importance.

Mais, qu'importe le sujet ? N'est-ce pas l'idée qu'on en fait jaillir, l'émotion qu'on y fait vibrer, qui l'élève, l'ennoblit et le grandit ? Que de mélancolie, que de finesse, que de sagacité, que d'art surtout dans ces chefs-d'œuvre de La Fontaine, dont les sujets sont si familiers et les titres si modestes ! Ceux d'Études et de Préludes le sont aussi ; pourtant les morceaux de Chopin qui les portent n'en resteront pas moins des types de perfection, dans un genre qu'il a créé et qui relève, ainsi que toutes ses œuvres, de l'inspiration de son génie poétique. Ses Études écrites presque en premier lieu, sont empreintes d'une verve juvénile qui s'efface dans quelques-uns de ses ouvrages subséquents, plus élaborés, plus achevés, plus combinés, pour se perdre, si l'on veut, dans ses dernières productions d'une sensibilité plus exquise, qu'on accusa longtemps d'être surexcitée et, par là, factice. On arrive cependant à se convaincre que cette subtilité dans le maniement des nuances, cette excessive finesse dans l'emploi des teintes les plus délicates et des contrastes les plus fugitifs, n'a qu'une fausse ressemblance avec les recherches de l'épuisement. En les examinant de près, on est forcé d'y reconnaître la claire-vue, souvent l'intuition sentiment et la pensée, mais que le commun des hommes n'aperçoit point, comme leur vue ordinaire ne saisit point toutes les transitions de la couleur, toutes les dégradations de teintes, qui font l'inénarrable beauté et la merveilleuse harmonie de la nature !
Si nous avions à parler ici en termes d'école du développement de la

musique de piano, nous disséquerions ces merveilleuses pages qui offrent une si riche glane d'observations. Nous explorerions en première ligne ces Nocturnes, Ballades, Impromptus, Scherzos, qui, tous, sont pleins de raffinements harmoniques aussi inattendus qu'inentendus.

Nous les rechercherions également dans ses Polonaises, dans ses Mazoures, Valses, Boléros. Mais ce n'est ni l'instant, ni le lieu d'un travail pareil, qui n'offrirait d'intérêt qu'aux adeptes du contre-point et de la basse chiffrée. C'est par le sentiment qui déborde de toutes ces œuvres qu'elles se sont répandues et popularisées : sentiment romantique, éminemment individuel, propre à leur auteur et profondément sympathique, non seulement à son pays qui lui doit une illustration de plus, mais à tous ceux que purent jamais toucher les infortunes de l'exil et les attendrissements de l'amour.

Ne se contentant pas toujours de cadres dont il était libre de dessiner les contours si heureusement choisis, par lui, Chopin voulut quelquefois enclaver aussi sa pensée dans les classiques barrières. Il écrivit de beaux Concertos et de belles Sonates ; toutefois, il n'est pas difficile de distinguer dans ces productions plus de volonté que d'inspiration. La sienne était impérieuse, fantasque, irréfléchie ; ses allures ne pouvaient être que libres. Nous croyons qu'il a violenté son génie chaque fois qu'il a cherché à l'astreindre aux règles, aux classifications, à une ordonnance qui n'étaient pas les siennes et ne pouvaient concorder avec les exigences de son esprit, un de ceux dont la grâce se déploie surtout lorsqu'ils semblent aller à la dérive.

Il fut peut-être entraîné à désirer ce double succès par l'exemple de son ami Mickiewicz, qui, après avoir été le premier à doter sa langue d'une poésie romantique, faisant école dès 1818 dans la littérature polonaise par ses Dziady et ses ballades fantastiques, prouva ensuite, en écrivant Gra ?yna et Wallenrod, qu'il savait aussi triompher des difficultés qu'opposent à l'inspiration les entraves de la forme classique ; qu'il était également maître lorsqu'il saisissait la lyre des anciens poètes.

Chopin, en faisant des tentatives analogues, n'a pas, à notre avis, aussi complètement réussi. Il n'a pu maintenir dans le carré d'une coupe anguleuse et raide, ce contour flottant et indéterminé qui fait le charme de sa pensée. Il n'a pu y enserrer cette indécision nuageuse et estompée qui, en détruisant toutes les arêtes de la forme, la drape de longs plis, comme de flocons brumeux, semblables à ceux dont s'entouraient les beautés ossianiques lorsqu'elles faisaient apparaître aux mortels quelque suave profil, du milieu des changeantes nuées.

Les essais classiques de Chopin brillent pourtant par une rare distinction de style ; ils renferment des passages d'un haut intérêt, des morceaux d'une surprenante grandeur. Nous citerons l'Adagio du second Concerto, pour lequel il avait une prédilection marquée et qu'il se plaisait à redire fréquemment. Les dessins accessoires appartiennent à la plus belle manière de l'auteur, la phrase principale en est d'une largeur admirable ; elle alterne avec un récitatif qui pose le ton mineur et qui en est comme l'antistrophe. Tout ce morceau est d'une idéale perfection. Son sentiment, tour à tour radieux et plein d'apitoiement, fait songer à un magnifique paysage inondé de lumière, à quelque fortunée vallée de Tempé, qu'on aurait fixée pour être le lieu d'un récit lamentable, d'une scène poignante. On dirait un irréparable malheur accueillant le cœur humain en face d'une incomparable splendeur de la nature. Ce contraste est soutenu par une fusion de tons, une transmutation de teintes atténéries, qui empêche que rien de heurté ou de brusque ne vienne faire dissonance à l'impression émouvante qu'il produit, laquelle mélancolise la joie et en même temps rassérène la douleur !

Pourrions-nous ne pas parler de la Marche funèbre intercalée dans sa première sonate, orchestrée et exécutée pour la première fois à la cérémonie de ses obsèques ?

En vérité, on n'aurait pu trouver d'autres accents pour exprimer avec le même navrement quels sentiments et quelles larmes devaient accompagner à son dernier repos celui qui avait compris d'une manière si sublime comment on pleurait les grandes pertes !

Nous entendions dire un jour à un jeune homme de son pays : «Ces pages n'auraient pu être écrites que par un Polonais !» En effet, tout ce que le cortège d'une nation en deuil, pleurant sa propre mort, aurait de solennel et de déchirant, se retrouve dans le glas funèbre qui semble ici l'escorter. Tout le sentiment de mystique espérance, de religieux appel à une miséricorde surhumaine, à une clémence infinie, à une justice qui tient compte de chaque tombe et de chaque berceau ; tout le repentir exalté qui éclaira de la lumière des auréoles tant de douleurs et de désastres, supportés avec l'héroïsme inspiré des martyrs chrétiens, résonne dans ce chant dont la supplication est si désolée. Ce qu'il y a de plus pur, de plus saint, de plus résigné, de plus croyant et de plus espérant dans le cœur des femmes, des enfants et des prêtres, y retentit, y frémit, y tressaille avec d'indicibles vibrations ! On sent ici que ce n'est pas seulement la mort d'un héros qu'on pleure alors que d'autres héros restent pour le venger, mais bien celle d'une génération entière qui a succombé ne laissant après elle que les femmes, les enfants et les prêtres.

Aussi, le côté antique de la douleur en est-il totalement exclu. Rien n'y rappelle les fureurs de Cassandre, les abaissements de Priam, les frénésies d'Hécube, les désespoirs des captives troyennes. Ni cris perçants, ni rauques gémissements, ni blasphèmes impies, ni furieuses imprécations, ne troublent un instant une plainte qu'on pourrait prendre pour de séraphiques soupirs.

Une foi superbe anéantissant dans les survivants de cette Ilion chrétienne l'amertume de la souffrance, en même temps que la lâcheté de l'abattement, leur douleur ne conserve plus aucune de ses terrestres faiblesses. Elle s'arrache de ce sol moite de sang et de larmes, elle s'élance vers le ciel et s'adresse au Juge suprême, trouvant pour l'implorer des supplications si ferventes que le cœur de quiconque les écoute se brise sous une auguste compassion. La mélopée funèbre, quoique si lamentable, est d'une si pénétrante douceur qu'elle semble ne plus venir de cette terre. Des sons qu'on dirait attiédis par la distance imposent un suprême recueillement, comme si, chantés par les anges eux-mêmes, ils flottaient déjà là-haut aux alentours du trône divin.

On aurait cependant tort de croire que toutes les compositions de

Chopin sont dépourvues des émotions dont il a dépouillé ce sublime élan, que l'homme n'est peut-être pas à même de ressentir constamment avec une aussi énergique abnégation et une aussi courageuse douceur. De sourdes colères, des rages étouffées, se rencontrent dans maints passages de ses œuvres. Plusieurs de ses Études, aussi bien que ses Scherzos, dépeignent une exaspération concentrée, un désespoir tantôt ironique, tantôt hautain. Ces sombres apostrophes de sa muse ont passé plus inaperçues et moins comprises que ses poèmes d'un plus tranquille coloris, en provenant d'une région de sentiments où moins de personnes ont pénétré, dont moins de cœurs connaissent les formes d'une irréprochable beauté. Le caractère personnel de Chopin a pu y contribuer aussi. Bienveillant, affable, facile dans ses rapports, d'une humeur égale et enjouée, il laissait peu soupçonner les secrètes convulsions qui l'agitaient.
Ce caractère n'était pas facile à saisir. Il se composait de mille nuances qui, en se croisant, se déguisaient les unes les autres d'une manière indéchiffrable a prima vista.

Il était aisé de se méprendre sur le fond de sa pensée, comme avec les slaves en général chez qui la loyauté et l'expansion, la familiarité et la captante desinvoltura des manières, n'impliquent nullement la confiance et l'épanchement. Leurs sentiments se révèlent et se cachent, comme les replis d'un serpent enroulé sur lui-même ; ce n'est qu'en les examinant très attentivement qu'on trouve l'enchaînement de leurs anneaux. Il y aurait de la naïveté à prendre au mot leur complimenteuse politesse, leur modestie prétendue. Les formules de cette politesse et de cette modestie tiennent à leurs mœurs, qui se ressentent singulièrement de leurs anciens rapports avec l'orient. Sans se contagier le moins du monde de la taciturnité musulmane, les slaves ont appris d'elle une réserve défiante sur tous les sujets qui tiennent aux cordes délicates et intimes du cœur. On peut à peu près être certain qu'en parlant d'eux-mêmes, ils gardent toujours vis-à-vis de leur interlocuteur des réticences qui leur assurent sur lui un avantage d'intelligence ou de sentiment, en lui laissant ignorer telle circonstance ou tel mobile secret par lesquels ils seraient le plus admirés ou le moins estimés ; ils se complaisent à le dérober sous un sourire fin, interrogateur, d'une imperceptible raillerie. Ayant en toute occurrence du goût pour le plaisir de la mystification, depuis les plus spirituelles et les plus bouffonnes jusqu'aux plus amères et aux plus lugubres, on dirait qu'ils voient dans cette moqueuse supercherie une formule de dédain à la supériorité qu'ils s'adjugent intérieurement, mais qu'ils voilent avec le soin et la ruse des opprimés.

L'organisation chétive et débile de Chopin ne lui permettant pas l'expression énergique de ses passions, il ne livrait à ses amis que ce qu'elles avaient de doux et d'affectueux.

Dans le monde pressé et préoccupé des grandes villes, où nul n'a le loisir de deviner l'énigme des destinées d'autrui, où chacun n'est jugé que sur son attitude extérieure, bien peu songent à prendre la peine de jeter un coup d'œil qui dépasse la superficie des caractères. Mais ceux que des rapports intimes et fréquents rapprochaient du musicien polonais, avaient occasion d'apercevoir à certains moments l'impatience et l'ennui qu'il ressentait d'être si promptement cru sur parole. L'artiste, hélas ! ne pouvait venger l'homme !... D'une santé trop faible pour trahir cette impatience par la véhémence de son jeu, il cherchait à se dédommager en entendant exécuter par un autre, avec la vigueur qui lui faisait défaut, ses pages dans lesquelles surnagent les rancunes passionnées de l'homme plus profondément atteint par certaines blessures qu'il ne lui plaît de l'avouer, comme surnageraient autour d'une frégate pavoisée, quoique près de sombrer, les lambeaux de ses flancs arrachés par les flots.

Un après-dîner, nous n'étions que trois. Chopin avait longtemps joué ; une des femmes les plus distinguées de Paris se sentait de plus en plus envahie par un pieux recueillement, pareil à celui qui saisirait à la vue des pierres mortuaires jonchant ces champs de la Turquie, dont les ombrages et les parterres promettent de loin un jardin riant au voyageur surpris. Elle lui demanda d'où venait l'involontaire respect qui inclinait son cœur devant des monuments, dont l'apparence ne présentait à la vue qu'objets doux et gracieux ? De quel nom il appellerait le sentiment extraordinaire qu'il renfermait dans ses compositions, comme des cendres inconnues dans des urnes superbes, d'un albâtre si fouillé ?...

Vaincu par les belles larmes qui humectaient de si belles paupières, avec une sincérité rare dans cet artiste si ombrageux sur tout ce qui tenait aux intimes reliques qu'il enfouissait dans les châsses brillantes de ses œuvres, il lui répondit que son cœur ne l'avait pas trompée dans son mélancolique attristement, car quels que fussent ses passagers égayements, il ne s'affranchissait pourtant jamais d'un sentiment qui formait en quelque sorte le sol de son cœur, pour lequel il ne trouvait d'expression que dans sa propre langue, aucune autre ne possédant d'équivalent au mot polonais de Zal ! En effet, il le répétait fréquemment, comme si son oreille eût été avide de ce son qui renfermait pour lui toute la gamme des sentiments que produit une plainte intense, depuis le repentir jusqu'à la haine, fruits bénis ou empoisonnés de cette âcre racine.
Zal ! Substantif étrange, d'une étrange diversité et d'une plus étrange philosophie ! Susceptible de régimes différents, il renferme tous les attendrissements et toutes les humilités d'un regret résigné et sans murmure, aussi longtemps que son régime direct s'applique aux faits et aux choses. Se courbant, pour ainsi dire, avec douceur devant la loi d'une fatalité providentielle, il se laisse traduire alors par, «regret inconsolable après une perte irrévocable». Mais, sitôt qu'il s'adresse à l'homme et que son régime devient indirect, en affectant une préposition qui le dirige vers celui-ci ou celle-là, il change aussitôt de physionomie et n'a plus de synonyme ni dans le groupe des idiomes latins, ni dans celui des idiomes germains.—D'un sentiment plus élevé, plus noble, plus large que le mot «grief», il signifie pourtant le ferment de la rancune, la révolte des reproches, la préméditation de la vengeance, la menace implacable grondant au fond du cœur, soit en épiant la revanche, soit en s'alimentant d'une stérile amertume !

Oui vraiment, le Zal ! colore toujours d'un reflet tantôt argenté, tantôt ardent, tout le faisceau des ouvrages de Chopin. Il n'est même pas absent de ses plus douces rêveries.
Ces impressions ont eu d'autant plus d'importance dans la vie de

Chopin, qu'elles se sont manifestées sensiblement dans ses derniers ouvrages. Elles ont peu à peu atteint une sorte d'irascibilité maladive, arrivée au point d'un tremblement fébrile. Celui-ci se révèle dans quelques-uns de ses derniers écrits par un contournement de sa pensée, qu'on est parfois plus peiné que surpris d'y rencontrer.— Suffoquant presque sous l'oppression de ses violences réprimées, ne se servant plus de l'art que pour se donner à lui-même sa propre tragédie, après avoir d'abord chanté son sentiment, il se prit à le dépecer. On retrouve dans les feuilles qu'il a publiées sous ces influences quelque chose des émotions alambiquées de Jean-Paul, auquel il fallait les surprises causées par les phénomènes de la nature et de la physique, les sensations d'effroi voluptueux dues à des accidents imprévoyables dans l'ordre naturel des choses, les morbides surexcitations d'un cerveau halluciné, pour remuer un cœur macéré de passions et blasé sur la souffrance.

La mélodie de Chopin devient alors tourmentée ; une sensibilité nerveuse et inquiète amène un remaniement de motifs d'une persistance acharnée, pénible comme le spectacle des tortures que causent ces maladies de l'âme ou du corps qui n'ont que la mort pour remède. Chopin était en proie à un de ces maux qui, empirant d'année en année, l'a enlevé jeune encore. Dans les productions dont nous parlons, on retrouve les traces des douleurs aiguës qui le dévoraient, comme on trouverait dans un beau corps celles des griffes d'un oiseau de proie. Ces œuvres cessent-elles pour cela d'être belles ?

L'émotion qui les inspire, les formes qu'elles prennent pour s'exprimer, cessent-elles d'appartenir au domaine du grand art ?— Non.—Cette émotion étant d'une pure et chaste noblesse dans ses regrets navrants et son irrémédiable désolation, appartient aux plus sublimes motifs du cœur humain ; son expression demeure toujours dans les vraies limites du langage de l'art, n'ayant jamais ni une velléité vulgaire, ni un cri outré et théâtral, ni une contorsion laide. Du point de vue technique l'on ne saurait nier non plus que loin d'être diminuée, la qualité de l'étoffe harmonique n'en devient que plus intéressante par elle-même, plus curieuse à étudier.

II.

Du reste, les tonalités de sentiment qui décèlent une souffrance subtile et des chagrins d'un raffinement peu commun, ne se rencontrent point dans les pièces plus connues et plus habituellement goûtées de l'artiste qui nous occupe. Ses Polonaises qui, à cause des difficultés qu'elles présentent, sont plus rarement exécutées encore qu'elles ne le méritent, appartiennent à ses plus belles inspirations. Elles ne rappellent nullement les Polonaises mignardes et fardées à la Pompadour, telles que les ont propagées les orchestres de bals, les virtuoses de concerts, le répertoire rebattu de la musique maniérée et affadie des salons.

Les rhythmes énergiques des Polonaises de Chopin font tressaillir et galvanisent toutes les torpeurs de nos indifférences. Les plus nobles sentiments traditionnels de l'ancienne Pologne y sont recueillis. Martiales pour la plupart, la bravoure et la valeur y sont rendues avec la simplicité d'accent qui faisait chez cette nation guerrière le trait distinctif de ces qualités. Elles respirent une force calme et réfléchie, un sentiment de ferme détermination joint à une gravité cérémonieuse qui, dit-on, était l'apanage de ses grands hommes d'autrefois. L'on croit y revoir les antiques Polonais, tels que nous les dépeignent leurs chroniques ; d'une organisation massive, d'une intelligence déliée, d'une piété profonde et touchante quoique sensée, d'un courage indomptable, mêlé à une galanterie qui n'abandonne les enfants de la Pologne ni sur le champ de bataille, ni la veille, ni le lendemain du combat. Cette galanterie était tellement inhérente à leur nature, que malgré la compression que des habitudes rapprochées de celles de leurs voisins et ennemis, les infidèles de Stamboul, leur faisaient exercer jadis sur les femmes, en les refoulant dans la vie domestique et en les tenant toujours à l'ombre d'une tutelle légale, elle a su néanmoins glorifier et immortaliser dans leurs annales des reines qui furent des saintes, des vassales qui devinrent des reines, de belles sujettes pour lesquelles les uns risquèrent, les autres perdirent des trônes, aussi bien qu'une terrible Sforza, une intrigante d'Arquien, une Gonzague coquette.

Chez les Polonais des temps passés, une mâle résolution s'unissant à cette ardente dévotion pour les objets de leur amour qui, en face des étendards du croissant aussi nombreux que les épis d'un champ, dictait tous les matins à Sobieski les plus tendres billets-doux à sa femme, prenait une teinte singulière et imposante dans l'habitude de leur maintien, noble jusqu'à une légère emphase. Ils ne pouvaient manquer de contracter le goût des manières solennelles en en contemplant les plus beaux types dans les sectateurs de l'islam, dont ils appréciaient, et gagnaient les qualités tout en combattant leurs envahissements. Il savaient comme eux faire précéder leurs actes d'une intelligente délibération, qui semblait rendre présente à chacun la divise du prince Boleslas de Poméranie : Erst wieg's, dann wag's ! (Pèse d'abord, puis ose !) Ils aimaient à rehausser leurs mouvements d'une certaine importance gracieuse, d'une certaine fierté pompeuse, qui ne leur enlevait nullement une aisance d'allures et une liberté d'esprit accessibles aux plus légers soucis de leurs tendresses, aux plus éphémères craintes de leur cœur, aux plus futiles intérêts de leur vie. Comme ils mettaient leur honneur à la faire payer cher, ils aimaient à l'embellir et, mieux que cela, ils savaient aussi aimer ce qui l'embellissait, révérer ce qui la leur rendait précieuse.
Leurs chevaleresques héroïsmes étaient sanctionnés par leur altière dignité et une préméditation convaincue. Ajoutant les ressorts de la raison aux énergies de la vertu, ils réussissaient à se faire admirer de tous les âges, de tous les esprits, de leurs adversaires mêmes.

C'était une sorte de sagesse téméraire, de prudence hasardeuse, de fatuité fanatique, dont la manifestation historique la plus marquante et la plus célèbre fut l'expédition de Sobieski, alors qu'il sauva

Vienne et frappa d'un coup mortel l'empire ottoman, vaincu enfin dans cette longue lutte soutenue de part et d'autre avec tant de prouesse, d'éclat et de mutuelles déférences, entre deux ennemis aussi irréconciliables dans leurs combats que magnanimes dans leurs trêves.

Durant de longs siècles la Pologne a formé un état dont la haute civilisation, tout à fait autonome, n'était conforme à aucune autre et devait rester unique dans son genre. Aussi différente de l'organisation féodale de l'Allemagne qui l'avoisinait à l'occident, que de l'esprit despotique et conquérant des Turcs qui ne cessaient d'inquiéter ses frontières d'orient, elle se rapprochait d'une part de l'Europe par son christianisme chevaleresque, par son ardeur à combattre les infidèles, d'autre part elle empruntait aux nouveaux maîtres de Byzance les enseignements de leur politique sagace, de leur tactique militaire et de leurs dires sentencieux. Elle fondait ces éléments hétérogènes dans une société qui s'assimilait des causes de ruine et de décadence, avec les qualités héroïques du fanatisme musulman et les sublimes vertus de la sainteté chrétienne [On sait de combien de noms glorieux la Pologne a enrichi le calendrier et le martyrologe de l'Église. Rome accorda à l'ordre des Trinitaires, (Frères de la Rédemption), destiné à racheter les chrétiens tombés en esclavage chez les infidèles, le privilège exclusif pour ce pays de porter une ceinture rouge sur leur habit blanc, en mémoire des nombreux martyrs qu'il fournit, principalement dans les établissements rapprochés des frontières, tels que celui de Kamieniec-Podolski.].

La culture générale des lettres latines, la connaissance et le goût de la littérature italienne et française, recouvraient ces étranges contrastes d'un lustre et d'un vernis classiques. Cette civilisation devait nécessairement apposer un cachet distinctif à ses moindres manifestations. Peu propice aux romans de la chevalerie errante, aux tournois et passes d'armes, ainsi qu'il était naturel à une nation perpétuellement en guerre qui réservait pour l'ennemi ses prouesses valeureuses, elle remplaça les jeux et les splendeurs des joutes simulées par d'autres fêtes, dont des cortèges somptueux formaient le principal ornement.

Il n'y a rien de nouveau, assurément, à dire que tout un côté du caractère des peuples se décèle dans leurs danses nationales. Mais, nous pensons qu'il en est peu dans lesquelles, comme dans la Polonaise, sous une aussi grande simplicité de contours, les impulsions qui les ont fait naître se traduisent aussi parfaitement dans leur ensemble, en se trahissant aussi diversement par les épisodes qu'il était réservé à l'improvisation de chacun de faire entrer dans le cadre général. Dès que ces épisodes eurent disparu, que la verve en fut absente, que nul ne se créa plus un rôle spécial dans ces courts intermèdes, qu'on se contenta d'accomplir machinalement l'obligatoire pourtour d'un salon, il ne resta plus que le squelette des anciennes pompes.

Le caractère primitif de cette danse essentiellement polonaise est assez difficile à diviner maintenant, tant elle est dégénérée au dire de ceux qui l'ont vu exécuter au commencement de ce siècle encore. On comprend à quel point elle doit leur sembler devenue fade, en songeant que la plupart des danses nationales ne peuvent guère conserver leur originalité primitive, dès que le costume qui y était approprié n'est plus en usage.

La Polonaise surtout, si absolument dénuée de mouvements rapides, de pas véritables dans le sens chorégraphique du mot, de poses difficiles et uniformes ; la Polonaise, inventée bien plus pour déployer l'ostentation que la séduction, fut, par une exception caractéristique, surtout destinée à faire remarquer les hommes, à mettre en évidence leur beauté, leur bel air, leur contenance guerrière et courtoise à la fois. (Ces deux épithètes ne définissent-elles pas le caractère polonais ?...) Le nom même de la danse est du genre masculin dans l'original. (Polski.) Ce n'est que par un mal-entendu évident qu'on l'a traduit au féminin. Elle dut forcément perdre de sa suffisance quelque peu ampoulée, de sa signification orgueilleuse, pour se changer en une promenade circulaire peu intéressante, sitôt que les hommes furent privés des accessoires nécessaires pour que leurs gestes vinssent animer, par leur jeu et leur pantomime, sa formule si simple, rendue aujourd'hui décidément monotone.

En écoutant quelques-unes des Polonaises de Chopin, on croit entendre la démarche plus que ferme, pesante, d'hommes affrontant avec l'audace de la vaillance tout ce que le sort pourrait avoir de plus glorieux ou de plus injuste. Par intervalle, l'on croit voir passer des groupes magnifiques, tels que les peignait Paul Véronèse. L'imagination les revêt du riche costume des vieux siècles : épais brocarts d'or, velours de Venise, satins ramagés, zibelines serpentantes et moëlleuses, manches accortement rejetées sur l'épaule, sabres damasquinés, joyaux splendides, turquoises incrustées d'arabesques, chaussures rouges du sang foulé ou jaunes comme l'or ;—guimpes sévères, dentelles de Flandres, corsages en carapace de perles, traînes bruissantes, plumes ondoyantes, coiffures étincelantes de rubis ou verdoyantes d'émeraudes, souliers mignons brodés d'ambre, gants parfumés des sachets du sérail !

Ces groupes se détachent sur le fond incolore du temps disparu, entourés des somptueux tapis de Perse, des meubles nacrés de Smyrne, des orfèvreries filigranées de Constantinople, de toute la fastueuse prodigalité de ces magnats qui puisaient le Tokay dans des fontaines artistement préparées, avec leurs gobelets de vermeil bosselés de médaillons ; qui ferraient légèrement d'argent leurs coursiers arabes lorsqu'ils entraient dans les villes étrangères, afin qu'en se perdant le long des voies les fers tombés témoignent de leur libéralité princière aux peuples émerveillés ! Surmontant leurs écussons de la même couronne, que l'élection pouvait rendre royale, les plus fiers d'entr'eux eussent dédaigné les autres. Ils portaient tous la même, comme insigne de leur glorieuse égalité, au-dessus de leurs armoiries, appelées le Joyau de la famille, car l'honneur de chacun de ses membres devait répondre de son intégrité. Aussi, particularité unique du blason polonais, avait-il son nom qui remontait d'ordinaire à quelqu'origine anecdotique et que n'avaient pas droit de prendre d'autres armoiries semblables, parfois identiques, mais appartenant à un autre sang.
On n'imaginerait pas les nombreuses nuances et la mimique expressive introduites jadis dans la Polonaise, plus jouée encore que dansée, sans les récits et les exemples de quelques vieillards qui

portent jusque à présent l'ancien costume national. Le kontusz d'autrefois était une sorte de kaftan, de férédgi occidental raccourci jusqu'aux genoux ; c'est la robe des orientaux modifiée par les habitudes d'une vie active, peu soumise aux résignations fatalistes. D'une étoffe aussi riche que d'une couleur voyante pour les grandes occasions, ses manches ouvertes laissaient paraître le vêtement de dessous, le ?upan, d'un satin uni si le sien était ouvragé, d'une étoffe fleurie et brochée si la sienne était d'une façon unie.

Souvent garni de fourrures coûteuses, luxe de prédilection alors, le kontusz devait une partie de son originalité à ce qu'il obligeait à un geste fréquent, susceptible de grâce et de coquetterie, par lequel on rejetait en arrière le simulacre de ses manches pour mieux découvrir la réunion, plus ou moins heureuse, parfois symbolique, des deux couleurs amies qui formaient l'ensemble de la toilette du jour.
Ceux qui n'ont jamais porté ce costume, aussi éclatant que pompeux, pourraient difficilement saisir la tenue, les lentes inclinaisons, les redressements subits, les finesses de pantomime muette usités par leurs aïeux, pendant qu'ils défilaient dans une Polonaise comme à une parade militaire, ne laissant jamais oisifs leurs doigts, occupés soit à lisser leurs longues moustaches, soit à jouer avec le pommeau de leur sabre. L'un et l'autre faisaient partie intégrante de leur mise, formant un objet de vanité pour tous les âges également, que la moustache fut blonde ou blanche, que le sabre fut encore vierge et plein de promesses ou déjà ébréché et rougi par le sang des batailles. Escarboucles, hyacinthes et saphirs, étincelaient souvent sur l'arme suspendue au-dessous des ceintures de cachemire frangées, de soie lamée d'or ou d'écailles d'argent, fermées par des boucles aux effigies de la Vierge, du roi, de l'écusson national, faisant valoir des tailles presque toujours un peu corpulentes ; plus souvent encore la moustache voilait, sans la cacher, quelque cicatrice dont l'effet surpassait celui des plus rares pierreries. La magnificence des étoffes, des bijoux, des couleurs vives, étant poussé aussi loin chez les hommes que chez les femmes, ces pierreries se retrouvaient, ainsi que dans le costume hongrois [On se souvient encore en Angleterre du costume hongrois porté par le prince Nicolas Esterhazy au

couronnement de George IV, d'une valeur de plusieurs millions de florins.], aux boutons du kontusz et du ?upan, aux agrafes du cou, aux bagues de rigueur, aux aigrettes des bonnets d'une nuance brillante, parmi lesquelles prédominaient l'amaranthe servant de fond à l'aigle-blanc de la Pologne, le gros-bleu servant de fond au cavalier, pogo ?, de la Lithuanie [Lorsque les meurtriers de S. Stanislas, évêque de Cracovie, furent jugés, on défendit à leurs descendants de porter dans leur habillement, durant un certain nombre de générations, l'amaranthe, couleur nationale.].

Savoir, pendant la Polonaise, tenir, manier, passer de l'une à l'autre main ce bonnet, où une poignée de diamants se cachait dans les plis du velours, avec l'accentuation piquante qu'on pouvait donner à ces gestes rapides, constituait tout un art, principalement remarqué dans le cavalier de la première paire qui, comme chef de file, donnait le mot d'ordre à toute la compagnie.
C'est par cette danse qu'un maître de maison ouvrait chaque bal, non avec la plus jeune, non avec la plus belle, mais avec la plus honorée, souvent la plus âgée des femmes présentes, la jeunesse n'étant pas seule appelée à former la phalange dont les évolutions commençaient toute fête, comme pour lui offrir en premier plaisir une complaisante revue d'elle-même. Après le maître de la maison, c'étaient d'abord les hommes les plus considérables qui suivaient ses pas, choisissant, les uns avec amitié, les autres avec diplomatie, ceux-ci leurs préférées, ceux-là les plus influentes. L'amphitryon avait à remplir une tâche moins aisée qu'aujourd'hui. Il était tenu de faire parcourir à la troupe alignée qu'il conduisait mille méandres capricieux, à travers tous les appartements où se pressait le reste des invités, plus tardifs à faire partie de sa brillante suite. On lui savait gré d'atteindre aux galeries les plus éloignées, aux parterres des jardins confinant à leurs bosquets illuminés où la musique n'arrivait plus qu'en échos affaiblis. En revanche, elle accueillait son retour dans la salle principale avec un redoublement de fanfares.

Changeant toujours ainsi de spectateurs, qui rangés en haie sur son passage l'observaient minutieusement, car ceux qui n'appartenaient point à cette procession guettaient immobiles son passage comme celui d'une comète resplendissante, jamais le maître de maison, conducteur de la première paire, ne négligeait de donner à son port et à sa prestance cette dignité mêlée de gaillardise qu'admirent les femmes et que les hommes jalousent. Vain et joyeux à la fois, il eût cru manquer à ses hôtes en n'étalant point à leurs yeux, avec une naïveté qui ne manquait pas de mordant, l'orgueil qu'il éprouvait de voir rassemblés chez lui de si illustres amis, de si notables partisans, tous empressés en le visitant à se parer richement pour lui faire honneur.

On traversait, guidé par lui dans cette pérégrination première, des détours inopinés dont les aspects étaient parfois dus à des surprises ménagées d'avance, à des supercheries d'architecture ou de décoration, dont les ornements, les transparents, les lacs et entre-lacs, étaient adaptés aux plaisirs du jour. Le châtelain en faisait les honneurs de quelque manière aussi imprévue que galante, s'ils renfermaient quelque monument de circonstance, quelque hommage au plus vaillant ou à la plus belle. Plus il y avait d'inattendu dans ces petites excursions, plus elles dénotaient de fantaisie, d'inventions heureuses ou divertissantes, et plus la partie juvénile de la société applaudissait, plus elle faisait entendre d'acclamations bruyantes et de charmants chœurs de rires aux oreilles du coryphée, qui gagnait ainsi en réputation, devenait un partner privilégié et recherché.

S'il était déjà d'un certain âge, il recevait maintes fois, au retour de ces rondes d'exploration, des députations de jeunes filles venant le remercier et le complimenter au nom de toutes.

Par leur récits, les jolies voyageuses fournissaient un aliment aux curiosités des convives et augmentaient l'entrain avec lequel se formaient les Polonaises subséquentes.

En ce pays d'aristocratique démocratie, d'élections turbulentes, il n'était pas le moins indifférent d'émerveiller les assistants des tribunes de la salle de bal, puisque là se rangeaient les nombreux dépendants des grandes maisons seigneuriales, tous nobles, quelquefois même de plus ancienne et plus hargneuse noblesse que leurs patrons, mais trop pauvres pour devenir castellan ou woiewode,

chancellier ou hetman, hommes de cour ou hommes d'État. Ceux d'entre eux qui restaient dans leurs propres foyers, en rentrant des champs dans leurs maisons qui ressemblaient à des chaumières, répétaient glorieusement : «Tout noble derrière sa haie, est l'égal de son palatin». Szlachcié na zagrodzie, rówien wojewodzie. Mais, il y en avait beaucoup qui préféraient courir les chances de la fortune et se mettre eux-mêmes ou leur famille, fils, sœurs, filles, au service des riches seigneurs et de leurs femmes. Aux jours des grandes fêtes, leur manque de parure, leur abstention volontaire, pouvaient seuls les exclure du privilège de se joindre à la danse. Les maîtres de la maison ne dédaignaient pas le plaisir de les éblouir, lorsque le cortège ruisselant des feux irisés d'une élégance somptueuse passait devant leurs yeux avides, devant leurs regards admiratifs, en qui parfois perçait l'envie, quoique cachée sous les applaudissements de la flatterie, sous les dehors de l'honneur et de l'attachement.
Pareille à un long serpent aux chatoyants anneaux, la bande rieuse qui glissait sur les parquets, tantôt se déroulait dans toute sa longueur, tantôt se repliait pour faire scintiller dans ses contours sinueux le jeu des couleurs les plus variées, pour faire bruire comme des sonnettes assourdies les chaînes d'or, les sabres traînants, les lourds et superbes damas brodés de perles, rayés de diamants, parsemés de nœuds et de rubans aux frou-frou bavards.

Le murmure des voix s'annonçait de loin, semblable à un gai sifflement, ou bien il s'approchait pareil au jacassement des flots de cette rivière flambante.
Mais, le génie de l'hospitalité qui, en Pologne, paraissait autant s'inspirer des délicatesses que la civilisation développe, que de la touchante simplicité des mœurs primitives, ne faisant défaut à aucune de leurs bienséances, comment ne l'eût-on pas retrouvée dans les détails de leur danse par excellence ? Après que le maître de la maison avait rendu hommage à ses convives en inaugurant la soirée, en guidant le premier sur le parcours préparé la plus noble, la plus fêtée, la plus importante des femmes présentes, chacun de ses hôtes avait le droit de venir le remplacer auprès de sa dame et de se mettre ainsi à la tête du cortège. Frappant des mains d'abord pour l'arrêter un

instant, il s'inclinait devant celle qu'il avait devant lui en la priant de l'agréer, pendant que celui à qui il l'enlevait rendait la pareille à la paire suivante, exemple que tous suivaient. Les femmes, tout en changeant par là de cavalier aussi souvent qu'un nouveau venu réclamait l'honneur de conduire la première d'entre elles, restaient cependant dans la même succession ; tandis que les hommes, se relayant constamment, il arrivait que celui qui avait commencé la danse se trouvait avant sa fin en être le dernier, sinon tout à fait exclu.

Le cavalier qui se plaçait à la tête de la colonne s'efforçait de surpasser son prédécesseur en pertise, par des combinaisons inusitées, par les circuits qu'il faisait décrire, lesquels, bornés à une seule salle, pouvaient encore se faire remarquer en dessinant de gracieuses arabesques et même des chiffres ! Il décelait son art et ses droits au rôle qu'il avait pris en les imaginant serrés, compliqués, inextricables, en les décrivant néanmoins avec tant de justesse et de sûreté que le ruban animé, contourné en tous sens, ne se déchirait jamais en se croisant ; que nulle confusion, nul heurtement n'en résultaient.

Quant aux femmes et à ceux qui n'avaient qu'à continuer l'impulsion déjà donnée, il ne leur était cependant point permis de se traîner indolemment sur le parquet. La démarche devait être rhythmée, cadencée, ondulée ; elle devait imprimer au corps entier un balancement harmonieux. On n'avait garde d'avancer avec hâte, de se déplacer précipitamment, de paraître mû par une nécessité. On glissait comme les cygnes descendent les fleuves, comme si des vagues inaperçues soulevaient et abaissaient les tailles flexibles !

L'homme offrait à sa dame tantôt une main, tantôt l'autre, effleurant parfois à peine le bord de ses doigts, parfois les serrant tous dans sa paume : il passait à sa gauche ou à sa droite sans la quitter et ces mouvements, imités par chaque paire, parcouraient comme un frisson toute l'étendue de la gigantesque couleuvre. Pendant cette courte minute on entendait les conversations cesser, les talons de bottes se heurter pour marquer la mesure, la crépitation de la soie s'accentuer, les colliers résonner comme des clochettes minuscules légèrement touchées. Puis, toutes les sonorités interrompues reprenaient leur cours ; les pas légers et les pas lourds recommençaient, les bracelets heurtaient les bagues, les éventails frôlaient les fleurs, les voix, les rires reprenaient et, la musique engloutissait tous les chuchottements dans ses retentissements. Quoique préoccupé, absorbé en apparence par ces multiples manœuvres qu'il lui fallait inventer ou reproduire fidèlement, le cavalier trouvait encore le temps de se pencher vers sa dame et, profitant de quelque instant favorable, lui glisser à l'oreille, de doux propos si elle était jeune, des confidences, des sollicitations, des nouvelles intéressantes, si elle ne l'était plus.

Après quoi, se relevant fièrement, il faisait sonner l'or de ses éperons, l'acier de ses armes, caressait sa moustache, et donnait à tous ses gestes une expression qui obligeait la femme à y répondre par une contenance compréhensive et intelligente.
Ainsi, ce n'était point une promenade banale et dénuée de sens qu'on accomplissait ; c'était un défilé où, si nous osions dire, la société entière faisait la roue et se délectait dans sa propre admiration, en se voyant si belle, si noble, si fastueuse et si courtoise. C'était une constante mise en scène de son lustre, de ses renommées, de ses gloires. Là, les évêques, les hauts prélats et gens d'église [Jadis les primats, les évêques, les prélats, s'associaient à la Polonaise et y occupaient le premier rang durant son premier parcours.
Les convenances ne permettaient pas qu'on leur enlève la dame en les relayant ; on attendait pour cela qu'ayant achevé le tour de la salle, ils la ramènent à sa place avant de s'en séparer. Les dignitaires de l'Église demeuraient alors simples spectateurs, pendant que la promenade se continuait sous leurs yeux. Dans les derniers temps, quand les délicatesses du savoir-vivre propres à ces mœurs toutes particulières s'effacèrent, sous l'influence des contacts sociaux trop fréquents avec les autres nations, quand une plus grande réserve fut imposée au clergé dans tous les pays, les personnages ecclésiastiques s'abstinrent de participer à la danse nationale et même de paraître aux bals qu'elle commençait.], les hommes blanchis dans les camps ou les joutes de l'éloquence, les capitaines qui avaient plus souvent porté la cuirasse que les vêtements de paix, les grands dignitaires de l'État,

les vieux sénateurs, les palatins belliqueux, les castellans ambitieux, étaient les danseurs attendus, désirés, disputés par les plus jeunes, les plus brillantes, les moins graves, dans ces choix éphémères où l'honneur et les honneurs égalisaient les années et pouvaient donner l'avantage sur l'amour lui-même.

En nous entendant raconter par ceux qui n'avaient point voulu quitter le zupan et le kontusz antiques, dont la chevelure était rasée aux tempes comme celle de leurs ancêtres, les évolutions oubliées et les à-propos disparus de cette danse majestueuse, nous avons compris à quel point cette nation si fière d'elle-même avait l'instinct inné de la représentation, à quel point elle s'en faisait besoin et combien, par le génie de la grâce que la nature lui a départi, elle poétisait ce goût ostentatoire en y mêlant le reflet des nobles sentiments et le charme des fines intentions.

Lorsque nous nous sommes trouvés dans la patrie de Chopin, dont le souvenir nous accompagnait comme un guide qui excite l'intérêt, il nous a été donné de rencontrer de ces individualités traditionnelles et historiques qui, de jour en jour, deviennent partout plus rares, tant la civilisation européenne, quand elle ne modifie pas le fond des caractères nationaux, efface du moins leurs aspérités et lime leurs formes extérieures. Nous avons eu la bonne chance de nous rapprocher de quelques-uns de ces hommes d'une intelligence supérieure, cultivée, érudite, puissamment exercée par une vie d'action, mais dont l'horizon ne s'étend pas au-delà des bornes de leur pays, de leur société, de leur littérature, de leurs traditions. Nous avons pu entrevoir dans nos entretiens avec eux, (qu'un interprète rendait possible ou facilitait), dans leur manière de juger le fond et les formes de mœurs nouvelles, quelques échappées des temps passés et de ce qui constituait leur grandeur, leur charme et leur faiblesse. Cette inimitable originalité d'un point de vue complètement exclusif est curieuse à observer.

En diminuant la valeur des opinions sur beaucoup de points, elle dote l'esprit d'une singulière vigueur, d'un flair acut et sauvage à l'endroit des intérêts qui lui sont chers ; d'une énergie que rien ne peut distraire de son courant, tout, hormis son but, lui restant étranger. Ceux qui ont conservé cette originalité peuvent seuls représenter, comme un miroir fidèle, le tableau exact du passé en lui maintenant son vrai jour, son coloris, son cadre pittoresque. Seuls ils reflètent, en même temps que le rituel des coutumes qui se perdent, l'esprit qui les avait créées.

Chopin était venu trop tard et avait quitté ses foyers trop tôt pour posséder cette exclusivité de point de vue ; mais, il en avait connu de nombreux exemples et, à travers les souvenirs de son enfance, non moins sans doute qu'à travers l'histoire et la poésie de sa patrie, il a si bien trouvé par induction le secret de ses anciens prestiges, qu'il a pu les faire sortir de leur oubli et les douer dans ses chants d'une éternelle jeunesse. Aussi, comme chaque poète est mieux compris, mieux apprécié par les voyageurs auxquels il est arrivé de parcourir les lieux qui l'ont inspiré en y cherchant la trace de leurs visions : comme Pindare et Ossian sont plus intimement pénétrés par ceux qui ont visité les vestiges du Parthénon éclairés des radiances de leur limpide atmosphère, les sites d'Écosse gazés de brouillards, de même le sentiment inspirateur de Chopin ne se révèle tout entier que lorsqu'on a été dans son pays, qu'on y a vu l'ombre laissée par les siècles écoulés, qu'on a suivi ses contours grandissants comme ceux du soir, qu'on y a rencontré son fantôme de gloire, ce revenant inquiet qui hante son patrimoine ! Il apparaît pour effrayer ou attrister les cœurs alors qu'on s'y attend le moins et, en surgissant aux récits et aux remémorations des anciens temps, il porte avec lui une épouvante semblable à celle que répand parmi les paysans de l'Ukraine la belle vierge blanche comme la Mort, la Mara ceinte d'une écharpe rouge qu'on aperçoit, disent-ils, marquant d'une tâche de sang la porte des villages que la destruction va s'approprier.

Nous aurions certainement hésité à parler de la Polonaise, après les beaux vers que Mickiewicz lui consacra et l'admirable description qu'il en fit dans le dernier chant du Pan Tadeusz, si cet épisode n'était renfermé dans un ouvrage qu'on n'a point encore traduit et qui n'est connu que des compatriotes du poète. Il eût été téméraire d'aborder, même sous une autre forme, un sujet déjà esquissé et coloré par un

tel pinceau, dans cette épopée familière, ce roman épique, où les beautés de l'ordre le plus élevé sont encadrées dans un paysage comme les peignait Ruysdaël, lorsqu'il faisait luire un rayon de soleil entre deux nuées d'orage, sur un de ces bouleaux fracassés par la foudre dont la plaie béante semble rougir de sang sa blanche écorce. Chopin s'est certainement inspiré bien de fois du Pan Tadeusz, dont les scènes prêtent tant à la peinture des émotions qu'il reproduisait de préférence. Son action se passe au commencement de notre siècle, alors qu'il se rencontrait encore beaucoup de ceux qui avaient conservé les sentiments et les manières solennelles des antiques Polonais, à côté d'autres types plus modernes qui sous l'empire napoléonien représentaient des passions pleines d'entrain, mais éphémères ; nées entre deux campagnes et oubliées durant la troisième, «à la française». On rencontrait encore souvent à cette époque le contraste que formaient ces militaires bronzés au soleil du midi et devenus, eux aussi, quelque peu fanfarons après des victoires fabuleuses, avec ces hommes de l'ancienne école, graves et superbes, que la conventionalité qui envahit et façonne la haute société de toutes les contrées, fait à présent rapidement disparaître.
À mesure que ceux qui conservaient encore le cachet national devenaient plus rares, on goûta moins la peinture des mœurs d'autrefois, des manières de sentir, d'agir, de parler et de vivre de jadis.

On aurait pourtant tort de croire que ce fut de l'indifférence ; cet éloignement, ce délaissement des souvenirs encore récents, mais poignants, rappelle le navrement des mères qui ne peuvent rien contempler de ce qui avait appartenu à un enfant qui n'est plus, pas même un vêtement, pas même un bijou ! À l'heure qu'il est, les romans de Czaykowski, ce Walter Scott podolien que les connaisseurs en littérature mettent presque à l'égal du fécond écrivain écossais, pour la qualité et le caractère national de son talent, sinon pour la quantité prodigieuse de ses thèmes ; l'Owruczanin, le Wernyhora, les Powiesci Kozackie, ne rencontrent plus guère, assure-t-on, de lectrices émues par leurs vivants récits, de jeunes lecteurs enthousiastes de leurs ravissantes héroïnes, de vieux chasseurs touchés aux larmes devant des paysages dont la poésie si profondément sentie, si pleine de fraîcheur et de lueurs matinales, de ramages et de gazouillements dans les grands bois ombrés, ne perd rien, au dire de qui s'y entend, devant les plus splendides toiles des paysagistes les plus renommés, de Hobbéma à Dupré, du Berghem de velours à Morgenstern ! Mais que le jour de la résurrection arrive, que le mort bien aimé rejette son linceul, que le triomphe de la vie apparaisse, et l'on verra aussitôt tout le passé, enseveli, non oublié, resplendir dans les cœurs, dans les imaginations, sous la plume des poètes et des musiciens, comme il resplendit déjà sous le pinceau des peintres.

La musique primitive des Polonaises, dont il ne s'est point conservé d'échantillon qui remonte au-delà d'un siècle, a peu de prix pour l'art. Celles que ne portent pas de nom d'auteur, mais dont la date est indiquée par des noms des héros sous l'invocation desquels un heureux sort les a placés, sont pour la plupart graves et douces.

La Polonaise, dite de Kosciuszko, en est le modèle le plus répandu : elle est tellement liée à la mémoire de son époque, que nous avons vu des femmes à qui elle en rappelait le souvenir ne pouvoir l'entendre sans éclater en sanglots. La princesse F. L., qui avait été aimée de Kosciuszko, n'était sensible dans ses derniers jours, alors que l'âge avait affaibli toutes ses facultés, qu'à ces accords retrouvés encore sur le clavier par ses mains tremblantes, car ses yeux n'en apercevaient plus les touches. Quelques autres de ces musiques contemporaines sont d'un caractère si affligé, qu'on les prendrait d'abord pour les notes d'un convoi funèbre.

Les Polonaises du Pce Oginski [L'une d'elles, celle en fa majeur, est restée particulièrement célèbre. Elle a été publiée avec une vignette qui représente l'auteur se brûlant la cervelle d'un coup de pistolet, commentaire romanesque qu'on a longtemps pris à tort pour un fait véritable.], dernier grand-trésorier du Grand-Duché de Lithuanie, venues ensuite, acquirent bientôt une grande popularité en imprégnant de langueur cette veine lugubre. Se ressentant encore de cette coloration assombrie, elles la modifient par une tendresse d'un charme naïf et mélancolique. Le rhythme s'affaisse, la modulation

apparaît, comme si un cortège, solennel et bruyant jadis, devenait silencieux et recueilli en passant auprès de tombes dont le voisinage éteint l'orgueil et le rire. L'amour seul survit, errant dans ces alentours et répétant le refrain que le barde de la verte Érin surprit aux brises de son île :
Love born of sorrow, like sorrow, is true !
L'amour né de la douleur est vrai comme elle.
Dans ces motifs si connus du Pce Oginski, on croit toujours entendre quelque distique d'une pensée analogue, planer entre deux haleines amoureuses ou se faire deviner dans des yeux baignés de larmes.

Plus tard, les tombeaux sont dépassés, ils reculent ; on ne les aperçoit plus que de loin en loin. La vie, l'animation reprennent leurs cours ; les impressions douloureuses se changent en souvenirs et ne reviennent qu'en échos. La fantaisie n'évoque plus des ombres glissant avec précaution comme pour ne pas réveiller les morts de la veille... et déjà dans les Polonaises de Lipinski on sent que le cœur bat joyeusement... étourdiment... comme il avait battu avant la défaite ! La mélodie se dessine de plus en plus, répandant un parfum de jeunesse et d'amour printanier ; elle s'épanouit en un chant expressif, parfois rêveur. Elle n'est point destinée à mesurer les pas de hauts et graves personnages, qui ne prennent plus que peu de part aux danses pour lesquelles on l'écrit, elle ne parle qu'aux jeunes cœurs, pour leur souffler de poétiques fictions. Elle s'adresse à des imaginations romanesques, vives, plus occupées de plaisirs que de splendeurs. Mayseder avança sur cette pente où ne le retenait aucune attache nationale ; il finit par atteindre à la coquetterie la plus sémillante, au plus charmant entrain de concert. Ses imitateurs nous ont submergés de morceaux de musique intitulés Polonaises, qui n'avaient plus aucun caractère justifiant ce nom.
Un homme de génie lui rendit subitement son vigoureux éclat. Weber fit de la Polonaise un dithyrambe, où se retrouvèrent soudain toutes les magnificences évanouies avec leur éblouissant déploiement. Pour réverbérer le passé dans une formule dont le sens était si altéré, il réunit les ressources diverses de son art. Ne cherchant point à

rappeler ce que devait être l'antique musique, il transporta dans la musique tout ce qu'était l'antique Pologne.

Il accentua le rhythme, se servit de la mélodie comme d'un récit, la colora par la modulation avec une profusion que le sujet ne comportait pas seulement, qu'il appelait impérieusement. Il fit circuler dans la Polonaise la vie, la chaleur, la passion sans s'écarter de l'allure hautaine, de la dignité cérémonieusement magistrale, de la majesté naturelle et apprêtée à la fois qui lui sont inhérentes. Les cadences y furent marquées par des accords qu'on dirait le bruit des sabres, remués dans leurs fourreaux. Le murmure des voix, au lieu de faire entendre de tièdes pourparlers d'amour, fit retentir des notes basses, pleines et profondes, comme celles des poitrines habituées à commander, auxquelles répond le hennissement éloigné et fougueux de ces chevaux du désert de si noble et élégante encolure, piaffant avec impatience, regardant de leur œil doux, intelligent et plein de feu, portant avec tant de grâce les longs caparaçons cousus de turquoises ou de rubis dont les surchargeaient les grands seigneurs polonais [Au trésor des princes Radziwi??, dans l'ordinal de Nieswirz, on voyait aux temps de sa splendeur douze harnachements incrustes de pierres fines, chacun d'une autre couleur. On y voyait aussi les douze apôtres, de grandeur naturelle, en argent massif. Ce luxe n'étonne point lorsqu'on songe que cette famille, descendante du dernier grand pontife de la Lithuanie, (auquel furent donnés en propriété, quand il embrassa le christianisme, tous les bois et toutes les terres qui avaient été consacrées au culte des dieux païens), possédait encore 800,000 serfs vers la fin du dernier siècle, quoique ses richesses fussent déjà considérablement diminuées. Une pièce non moins curieuse du trésor dont nous parlons et qui subsiste encore, est un tableau représentant Saint Jean-Baptiste entouré d'une banderole avec cet exergue latine : Au nom du Seigneur, Jean, tu seras vainqueur.

Il a été trouvé par Jean Sobieski lui-même, après la victoire qu'il remporta sous les murs de Vienne, dans la tente du grand visir Kara-Mustapha et fut donné après sa mort par sa veuve, Marie d'Arquien, à un prince Radziwi ? ?, avec une inscription de sa main qui indique son origine et le don qu'elle en fait. L'autographe, muni du sceau royal, se trouve sur le revers même de la toile. En 1843, celle-ci se trouvait encore à Werki, près Wilna, entre les mains du Prince Louis Wittgenstein qui avait épousé la fille du Prince Dominique Radziwi ? ?, seule héritière de ses immenses biens.]. Weber connaissait-il la Pologne d'autrefois ?... Avait-il évoqué un tableau déjà contemplé pour en déterminer ainsi le groupement ? Questions oiseuses ! Le génie n'a-t-il pas ses intuitions et la poésie manque-t-elle jamais de lui révéler ce qui appartient à son domaine ?...

Lorsque l'imagination ardente et nerveuse de Weber s'attaquait à un sujet, elle en exprimait comme un suc tout ce qu'il contenait de poésie. Elle s'en emparait d'une façon si absolue qu'il était difficile de l'aborder après, avec l'espoir d'atteindre aux mêmes effets. Pourtant, —quoi d'étonnant ?—Chopin le surpassa dans cette inspiration autant par le nombre et la variété de ses écrits en ce genre, que par sa touche plus émouvante et ses nouveaux procédés d'harmonie. Ses Polonaises en la et en la-bémol majeur se rapprochent surtout de celle de Weber en mi majeur par la nature de leur élan et de leur aspect. Dans d'autres, il a quitté cette large manière, il a traité ce thème différemment. Dirons-nous plus heureusement toujours ? Le jugement est chose épineuse en pareille matière. Comment restreindre les droits du poète sur les diverses faces de son sujet ? Ne lui serait-il point permis d'être sombre et oppressé au milieu des allégresses mêmes, de chanter la douleur après avoir chanté la gloire, de s'apitoyer avec les vaincus en deuil après avoir répété les accents de la prospérité ?

Sans contredit, ce n'est pas une des moindres supériorités de Chopin d'avoir consécutivement embrassé tous les jours sous lesquels pouvait se présenter ce thème, d'en avoir fait jaillir tout ce qu'il a d'étincelant, comme tout ce qu'on peut lui prêter de pathétique. Les phases que ses propres sentiments subissaient ont contribué à lui offrir cette multiplicité de points de vue. L'on peut suivre leurs transformations, leur endolorissement fréquent, dans la série de ces productions spéciales, non sans admirer la fécondité de sa verve, même alors qu'elle n'est plus portée et soutenue par les côtés avantageux de son inspiration. Il ne s'est pas toujours arrêté à l'ensemble des tableaux que lui présentaient son imagination et ses souvenirs ; plus d'une fois, en contemplant les groupes de la foule brillante qui s'écoulait devant lui, il s'est épris de quelque figure isolée, il a été arrêté par la magie de son regard, il s'est complu à en deviner les mystérieuses révélations et n'a plus chanté que pour elle seule.

On doit ranger parmi ses plus énergiques conceptions la Grande Polonaise en fa-dièse mineur. Il y a intercalé une Mazoure, innovation qui eut pu devenir un ingénieux caprice de bal s'il n'avait comme épouvanté la mode frivole, en l'employant avec une si sombre bizarrerie dans une fantastique évocation. On dirait aux premiers rayons d'une aube d'hiver, terne et grise, le récit d'un rêve fait après une nuit d'insomnie, rêve poème, où les impressions et les objets se succèdent avec d'étranges incohérences et d'étranges transitions, comme ceux dont Byron dit :

»...Dreams in their development have breath,
And tears, and tortures, and the touch of joy ;
They have a weight upon our waking thoughts,

....

And look like heralds of Eternity.«
(A Dream.)

Le motif principal est véhément, d'un air sinistre, comme l'heure qui précède l'ouragan ; l'oreille croit saisir des interjections exaspérées, un défi jeté à tous les éléments. Incontinent, le retour prolongé d'une tonique au commencement de chaque mesure fait entendre comme des coups de canon répétés, comme une bataille vivement engagée au loin. À la suite de cette note se déroulent, mesure par mesure, des accords étranges. Nous ne connaissons rien d'analogue dans les plus grands auteurs au saisissant effet que produit cet endroit, brusquement interrompu par une scène champêtre, par une Mazoure d'un style idyllique qu'on dirait répandre les senteurs de la menthe et de la marjolaine ! Mais, loin d'effacer le souvenir du sentiment profond et malheureux qui saisit d'abord, elle augmente au contraire par son ironique et amer contraste les émotions pénibles de l'auditeur, au point qu'il se sent presque soulagé lorsque la première phrase revient et qu'il retrouve l'imposant et attristant spectacle d'une lutte fatale, délivrée du moins de l'importune opposition d'un bonheur naïf et inglorieux ! Comme un rêve, cette improvisation se termine sans autre conclusion qu'un morne frémissement, qui laisse l'âme sous l'empire d'une désolation poignante.

Dans la Polonaise-Fantaisie, qui appartient déjà à la dernière période des œuvres de Chopin, à celles qui sont surplombées d'une anxiété fiévreuse, on ne trouve aucune trace de tableaux hardis et lumineux. On n'entend plus les pas joyeux d'une cavalerie coutumière de la victoire, les chants que n'étouffe aucune prévision de défaite, les paroles que relève l'audace qui sied à des vainqueurs.

Une tristesse élégiaque y prédomine, entrecoupée par des mouvements effarés, de mélancoliques sourires, des soubresauts inopinés, des repos pleins de tressaillements, comme les ont ceux qu'une embuscade a surpris, cernés de toutes parts, qui ne voient poindre aucune espérance sur le vaste horizon, auxquels le désespoir est monté au cerveau comme une large gorgée de ce vin de Chypre qui donne une rapidité plus instinctive à tous les gestes, une pointe plus acérée à tous les mots, une étincelle plus brûlante à toutes les émotions, faisant arriver l'esprit à un diapason d'irritabilité voisine du délire.

Peintures peu favorables à l'art, comme celles de tous les moments extrêmes, de toutes les agonies, des râles et des contractions où les muscles perdent tout ressort et où les nerfs, en cessant d'être les organes de la volonté, réduisent l'homme à ne plus devenir que la proie passive de la douleur ! Aspects déplorables, que l'artiste n'a avantage d'admettre dans son domaine qu'avec une extrême circonspection !

III.

Les Mazoures de Chopin diffèrent notablement d'avec ses Polonaises en ce qui concerne l'expression. Le caractère en est tout à fait dissemblable. C'est un autre milieu, dans lequel les nuances délicates, tendres, pâles et changeantes, remplacent un coloris riche et vigoureux. À l'impulsion une et concordante de tout un peuple succèdent des impressions purement individuelles, constamment différenciées. L'élément féminin et efféminé au lieu d'être reculé dans une pénombre quelque peu mystérieuse, s'y fait jour en première ligne. Il acquiert même sur le premier plan une importance si grande, que les autres disparaissent pour lui faire place ou du moins ne lui servent que d'accompagnement.
Les temps ne sont plus où, pour dire qu'une femme était charmante, on l'appelait reconnaissante (wdzi ?czna) ; où le mot de charme lui-même dérivait de celui de gratitude (wdzi ?ki). La femme n'apparaît plus en protégée, mais en reine ; elle ne semble plus être la meilleure partie de la vie, elle fait la vie entière. L'homme est bouillant, fier, présomptueux, mais livré au vertige du plaisir ! Cependant ce plaisir ne cesse jamais d'être veiné de mélancolie, car son existence n'est plus appuyée sur le sol inébranlable de la sécurité, de la force, de la tranquillité. La patrie n'est plus !... Dorénavant toutes les destinées ne sont que les débris flottants d'un immense naufrage. Les bras de l'homme ressemblent à un radeau portant sur leur faible charpente, une famille éplorée. Ce radeau est lancé en pleine mer, mer houleuse, aux vagues menaçantes prêtes à l'engloutir. Pourtant un port est toujours ouvert, un port est toujours là ! Mais, ce port, c'est l'abîme de la honte ; ce port, c'est le refuge glacial que présente l'ignominie !

Maint cœur d'homme, lassé et épuisé, a peut-être songé à y trouver le repos désiré par son âme fatiguée.

Vainement ! À peine son regard s'y est-il arrêté que sa mère, sa femme, sa sœur, sa fille, l'amie de sa jeunesse, la fiancée de son fils, la fille de sa fille, l'aïeule aux cheveux blancs, l'enfant aux cheveux blonds, ont jeté des cris d'alarme, demandant à ne pas approcher du port d'infamie, à être rejetées en haute mer, sauf à y périr, à y être englouties durant une nuit noire, sans une étoile au ciel, sans une plainte sur la terre, entre deux flots sombres comme l'Érèbe, répétant au fond d'une âme emparadisée dans la mort par la double foi de la religion et de la patrie : Jeszcze Polska nie zgin ?ta !...
En Pologne, la mazoure devient souvent le lieu où le sort de toute une vie se décide, où les cœurs se pèsent, où les éternels dévouements se promettent, où la patrie recrute ses martyrs et ses héroïnes. En ces contrées, la mazoure n'est donc pas seulement une danse ; elle est une poésie nationale, destinée, comme toutes les poésies des peuples vaincus, à transmettre le brûlant faisceau des sentiments patriotiques, sous le voile transparent d'une mélodie populaire. Aussi, n'y a-t-il rien de surprenant à ce que la plupart d'entr'elles modulent dans leurs notes et dans les strophes qui y sont attachées, les deux tons dominants dans le cœur du Polonais moderne : le plaisir de l'amour et la mélancolie du danger. Beaucoup de ces airs portent le nom d'un guerrier, d'un héros. La Polonaise de Kosziuszko est moins historiquement célèbre que la Mazoure de Dombrowski, devenue chant national à cause de ses paroles, comme la Mazoure de Chlopicki fut populaire durant trente ans à cause de son rhythme et de sa date, 1830. Il fallut une nouvelle avalanche de cadavres et de victimes, une nouvelle inondation de sang, un nouveau déluge de larmes, une nouvelle persécution dioclétienne, un nouveau repeuplement de la Sibérie, pour étouffer jusqu'au dernier écho de ses accents et jusqu'au dernier reflet de ses souvenirs.

Depuis cette dernière catastrophe, la plus lourde de toutes à ce qu'assurent les contemporains, sans être écrasante néanmoins à ce qu'affirment tous les cœurs, à ce que murmurent toutes les voix, la

Pologne est silencieuse, pour mieux dire, muette. Plus de Polonaises nationales, plus de Mazoures populaires. Pour parler d'elles, il faut remonter au-delà de cette époque, alors que musique et paroles reproduisaient également cette opposition, d'un héroïque et attrayant effet, entre le plaisir de l'amour et la mélancolie du danger, dont naît le besoin de réjouir la misère, (cieszyc bide), qui fait rechercher un étourdissement enchanteur dans les grâces de la danse et ses furtives fictions. Les vers qu'on chante sur ses mélodies, leur donnent en outre le privilège de se lier plus intimement que d'autres airs de danse à la vie des souvenirs. Des voix fraîches et sonores les ont bien des fois répétées dans la solitude, aux heures matinales, dans de joyeux loisirs. Elles ont été fredonnées en voyage, dans les bois, sur une barque, à ces instants où l'émotion surprend inopinément, lorsqu'une rencontre, un tableau, un mot inespéré, viennent illuminer d'un éclat impérissable pour le cœur, des heures destinées à scintiller dans la mémoire à travers les années les plus éloignées et les plus sombres régions de l'avenir.

Chopin s'est emparé de ces inspirations avec un rare bonheur, pour y ajouter tout le prix de son travail et de son style. Les taillant en mille facettes, il a découvert tous les feux cachés dans ces diamants ; en réunissant jusqu'à leur poussière, il les a montés en ruisselants écrins. Dans quel autre cadre d'ailleurs que celui de ces danses, où il y a place pour tant de choses, pour tant d'allusions, tant d'élans spontanés, de bondissants enthousiasmes, de prières muettes, ses souvenirs personnels l'auraient-ils mieux aidé à créer des poèmes, à fixer des scènes, à décrire des épisodes, à dérouler des tristesses, qui lui doivent de retentir plus loin que le sol qui leur a donné naissance, d'appartenir désormais à ces types idéalisés que l'art consacre dans son royaume de son lustre resplendissant ?

Pour comprendre combien ce cadre était approprié aux teintes de sentiments que Chopin a su y rendre avec une touche irisée, il faut avoir vu danser la mazoure en Pologne ; ce n'est que là qu'on peut saisir ce que cette danse renferme de fier, de tendre, de provoquant. Tandis que la valse et le galop isolent les danseurs et n'offrent qu'un tableau confus aux assistants ; tandis que la contredanse est une sorte de passe d'armes au fleuret où l'on s'attaque et se pare avec une égale indifférence, où l'on étale des grâces nonchalantes auxquelles ne répondent que de nonchalantes recherches ; tandis que la vivacité de la polka devient aisément équivoque ; que les menuets, les fandangos, les tarentelles, sont de petits drames amoureux de divers caractères qui n'intéressent que les exécutants, dans lesquels l'homme n'a pour tâche que de faire valoir la femme, le public d'autre rôle que de suivre assez maussadement des coquetteries dont la pantomime obligée n'est point à son adresse,—dans la mazoure, le rôle de l'homme ne le cède ni en importance, ni en grâce à celui de sa danseuse et le public est aussi de la partie.

Les longs intervalles qui séparent l'apparition successive des paires étant réservés aux causeries des danseurs, lorsque leur tour de paraître arrive, la scène ne se passe plus entre eux, mais d'eux au public. C'est devant lui que l'homme se montre vain de celle dont il a su obtenir la préférence ; c'est devant lui qu'elle doit lui faire honneur ; c'est à lui donc qu'elle cherche à plaire, puisque les suffrages qu'elle obtient, rejaillissant sur son danseur, deviennent pour lui la plus flatteuse des coquetteries.

Au dernier instant, elle semble les lui reporter formellement en s'élançant vers lui et se reposant sur son bras, mouvement qui plus que tous les autres est susceptible de mille nuances que savent lui donner la bienveillance et l'adresse féminines, depuis l'élan passionné jusqu'à l'abandon le plus distrait.

Pour commencer, toutes les paires se donnent la main et forment une grande chaîne vivante et mouvante. Se rangeant dans un cercle dont la courte rotation éblouit la vue, elles tressent une couronne dont chaque femme est une fleur, seule de son espèce, et dont, semblable à un noir feuillage, le costume uniforme des hommes relève les couleurs variées. Toutes les paires, ensuite, s'élancent les unes après les autres en suivant la première, qui est la paire d'honneur, avec une scintillante animation et une jalouse rivalité, défilant devant les spectateurs comme une revue, dont l'énumération ne le céderait guère en intérêt à celles qu'Homère et le Tasse font des armées prêtes à se ranger en front de bataille ! Au bout d'une heure ou deux le même cercle se reforme pour terminer la danse dans une ronde d'une rapidité étourdissante, durant laquelle maintes fois, pour peu que l'on se sente entre soi, le plus ému et le plus enthousiaste des jeunes gens entonne le chant de la mélodie que joue l'orchestre. Danseurs et danseuses s'y joignent aussitôt en chœur, pour en répéter le refrain amoureux et patriotique à la fois. Les jours où l'amusement et le plaisir répandent parmi tous une gaieté exaltée, qui pétille comme un feu de sarment dans les organisations si facilement impressionnables, la promenade générale est encore reprise, son pas accéléré ne permet guère de soupçonner la moindre lassitude chez les femmes de là-bas, créatures aussi délicates et endurantes que si leurs membres possédaient les obéissantes et infatigables souplesses de l'acier.

Il est peu de plus ravissant spectacle que celui d'un bal en Pologne, quand la mazoure une fois commencée, la ronde générale et le grand défilé terminés, l'attention de la salle entière, loin d'être offusquée par une multitude de personnes s'entre-choquant en sens divers comme dans le reste de l'Europe, ne s'attache que sur un seul couple, d'égale beauté, se lançant dans l'espace vide. Que de moments divers pendant les tours de la salle de bal ! Avançant d'abord avec une sorte d'hésitation timide, la femme se balance comme l'oiseau qui va prendre son vol ; glissant longtemps d'un seul pied, elle rase comme une patineuse la glace du parquet ; puis, comme une enfant, elle prend son élan tout d'un coup, portée sur les ailes d'un pas de basque allongé. Alors ses paupières se lèvent et, telle qu'une divinité chasseresse, le front haut, le sein gonflé, les bonds élastiques, elle fend l'air comme la barque fend l'onde et semble se jouer de l'espace. Elle reprend ensuite son glissé coquet, considère les spectateurs, envoie quelques sourires, quelques paroles aux plus favorisés, tend ses beaux bras au cavalier qui vient la rejoindre, pour recommencer ses pas nerveux et se transporter avec une rapidité prestigieuse d'un bout à l'autre de la salle. Elle glisse, elle court, elle vole ; la fatigue colore ses joues, illumine son regard, incline sa taille, ralentit ses pas, jusqu'à ce qu'épuisée, haletante, elle s'affaisse mollement et tombe dans les bras de son danseur qui, la saisissant d'une main vigoureuse, l'enlève un instant en l'air avant d'achever avec elle le tourbillon envivré.

En revanche, l'homme accepté par une femme s'en empare comme d'une conquête dont il s'enorgueillit, qu'il fait admirer à ses rivaux, avant de se l'approprier dans cette courte et tourbillonnante étreinte à travers laquelle on aperçoit encore l'expression narguante du vainqueur, la vanité rougissante de celle dont la beauté fait la gloire de son triomphe.

Le cavalier accentue d'abord ses pas comme par un défi, quitte un instant sa danseuse comme pour la mieux contempler, tourne sur lui-même comme fou de joie et pris de vertige, pour la rejoindre peu après avec un empressement passionné ! Les figures les plus multiples viennent varier et accidenter cette course triomphale, qui nous rend mainte Atalante plus belle que ne les rêvait Ovide. Quelquefois deux paires partent en même temps, peu après les hommes changent de danseuse ; un troisième survient en frappant des mains et enlève l'une d'elles à son partner, comme éperdûment et irrésistiblement épris de sa beauté, de son charme, de sa grâce incomparable. Quand c'est une des reines de la fête qui est ainsi réclamée, les plus brillants jeunes hommes se succèdent longtemps en briguant l'honneur de lui avoir donné la main.

Toutes les femmes en Pologne ont, par un don inné, la science magique de cette danse ; les moins heureusement douées savent y trouver des attraits improvisés. La timidité et la modestie y deviennent des avantages, aussi bien que la majesté de celles qui n'ignorent point qu'elles sont les plus enviées. N'en est-il pas ainsi parce que, d'entre toutes, c'est la danse la plus chastement amoureuse ? Les personnes dansantes ne faisant pas abstraction du public, mais s'adressant à lui tout au contraire, il règne dans son sens même un mélange de tendresse intime et de vanité mutuelle aussi plein de décence que d'entraînement.

D'ailleurs, en Pologne toute femme ne peut-elle pas devenir adorable, sitôt qu'on sait l'adorer ? Les moins belles ont inspiré des passions inextinguibles, les plus belles ont fasciné des existences entières avec les battements de leurs blonds cils attendris, avec le soupir exhalé par des lèvres qui savaient se plier à l'imploration après avoir été scellées par un silence hautain.

Là, où de pareilles femmes règnent, que de fiévreuses paroles, que d'espérances indéfinies, que de charmantes ivresses, que d'illusions, que de désespoirs, n'ont pas dû se succéder durant les cadences de ces Mazoures, dont plus d'une vibre dans le souvenir de chacune d'elles comme l'écho de quelque passion évanouie, de quelque sentimentale déclaration ? Quelle est la Polonaise qui dans sa vie n'ait terminé une mazoure, les joues plus brûlantes d'émotion que de fatigue ?
Que de liens inattendus formés dans ces longs tête-à-tête au milieu de la foule, au son d'une musique faisant revivre d'ordinaire quelque nom guerrier, quelque souvenir historique, attaché aux paroles et incarné pour toujours dans la mélodie ? Que de promesses s'y sont échangées dont le dernier mot, prenant le ciel à témoin, ne fut jamais oublié par le cœur qui attendit fidèlement le ciel pour retrouver là-haut un bonheur que le sort avait ajourné ici bas ! Que d'adieux difficiles s'y sont échangés, entre ceux qui se plaisaient et se fussent si bien convenus si le même sang avait coulé dans leurs veines, si l'amant ivre d'amour aujourd'hui ne devait point se transformer en ennemi, que dis-je ? en persécuteur du lendemain ! Que de fois ceux qui s'aimaient avec extase s'y sont donné rendez-vous à si longue échéance, que l'automne de la vie pouvait succéder à son printemps, tous deux croyant plutôt à leur fidélité à travers tous les remous de l'existence qu'à la possibilité d'un bonheur privé de la sanction paternelle ! Que de tristes affections, secrètement nourries en ceux que séparaient les infranchissables distances de la richesse et du rang, n'ont pu se révéler que dans ces instants uniques où le monde admire la beauté plus que la richesse, la bonne mine plus que le rang !

Que de destinées désunies par la naissance et les griefs d'une autre génération, ne se sont jamais rapprochées que dans ces rencontres périodiques, étincelantes de triomphes et de joies cachées, dont le pâle et lointain reflet devait éclairer à lui seul une longue série d'années ténébreuses ; car, le poète l'a dit : l'absence est un monde sans soleil !

Que de courtes amours s'y sont nouées et dénouées le même soir entre ceux qui, ne s'étant jamais vus et ne devant plus se revoir, pressentaient ne pouvoir s'oublier ! Que d'entretiens entamés avec insouciance durant les longs repos et les figures enchevêtrées de la mazoure, prolongés avec ironie, interrompus avec émotion, repris avec ces sous-entendus où excellent la délicatesse et la finesse slaves, ont abouti à de profonds attachements ! Que de confidences y ont été éparpillées dans les plis déroulés de cette franchise qui se jette d'inconnu à inconnu, lorsqu'on est délivré de la tyrannie des ménagements obligés ! Mais aussi, que de paroles menteusement riantes, que de vœux, que de désirs, que de vagues espoirs y furent négligemment livrés au vent, comme le mouchoir de la danseuse jeté au souffle du hasard... et qui n'ont point été relevés par les maladroits !...

Chopin a dégagé l'inconnu de poésie, qui n'était qu'indiqué dans les thèmes originaux des Mazoures vraiment nationales. Conservant leur rhythme, il en a ennobli la mélodie, agrandi les proportions ; il y a intercalé des clairs-obscurs harmoniques aussi nouveaux que les sujets auxquels il les adaptait, pour peindre dans ces productions qu'il aimait à nous entendre appeler des tableaux de chevalet, les innombrables émotions d'ordres si divers qui agitent les cœurs pendant que durent, et la danse, et ces longs intervalles surtout, où le cavalier a de droit une place à côté de sa dame dont il ne se sépare point.

Coquetteries, vanités, fantaisies, inclinations, élégies, passions et ébauches de sentiments, conquêtes dont peuvent dépendre le salut ou la grâce d'un autre, tout s'y rencontre.

Mais, qu'il est malaisé de se faire une idée complète des infines degrés sur lesquels l'émotion s'arrête ou auxquels atteint sa marche ascendante, parcourue plus ou moins longtemps avec autant d'abandon que de malice, dans ces pays où la mazoure se danse avec le même entraînement, le même abandon, le même intérêt à la fois amoureux et patriotique, depuis les palais jusqu'aux chaumières ; dans ces pays où les qualités et les défauts propres à la nation sont si singulièrement répartis que, se retrouvant dans leur essence à peu près les mêmes chez tous, leur mélange varie et se différencie dans chacun d'une manière inopinée, souvent méconnaissable ! Il en résulte une excessive diversité dans les caractères capricieusement amalgamés, ce qui ajoute à la curiosité un aiguillon qu'elle n'a pas ailleurs, fait de chaque rapport nouveau une piquante investigation et prête de la signification aux moindres incidents.

Ici, rien d'indifférent, rien d'inaperçu et rien de banal. Les contrastes se multiplient parmi ces natures d'une mobilité constante dans leurs impressions, d'un esprit fin, perçant, toujours en éveil ; d'une sensibilité qu'alimentent les malheurs et les souffrances, venant jeter des jours inattendus sur les cœurs comme des lueurs d'incendie dans l'obscurité. Ici, les longues et glaciales terreurs des cachots d'une forteresse, les interrogatoires perfides et semés de pièges d'un juge abhorré quoique vénal, les steppes blancs de la Sibérie, silencieux et déserts, s'étendent devant les regards épouvantés et les cœurs frémissants, comme les tableaux d'une tapisserie aérienne sur les murs de toute salle de bal ; depuis celle dont les parois furent badigeonnées pour l'occasion d'une teinte bleue claire, dont le modeste plancher fut ciré la veille, dont les belles jeunes filles sont parées de simple mousseline blanche et rose, jusqu'à celle dont les éblouissantes murailles sont d'un stuc sulphuréen, les parquets d'acajou et d'ébène, les lustres étincelants de mille bougies !

Ici, un rien peut rapprocher étroitement ceux qui la veille étaient étrangers, tout comme l'épreuve d'une minute ou d'un mot y sépare des cœurs longtemps unis. Les confiances soudaines y sont forcées et d'incurables défiances entretenues en secret. Selon le mot d'une femme spirituelle : «on y joue souvent la comédie, pour éviter la tragédie», on aime à y faire entendre ce qu'on tient à n'avoir pas prononcé. Les généralités servent à acérer l'interrogation, en la dissimulant ; elles font écouter les plus évasives réponses, comme on écouterait le son rendu par un objet pour en reconnaître le métal. Tous ces cœurs si sûrs d'eux-mêmes ne cessent de s'interroger, de se sonder, de se mettre à l'épreuve. Chaque jeune homme veut savoir s'il y a entre lui et celle qu'il fait dame de ses pensées pendant une soirée

ou deux, communauté d'amour pour la patrie, communauté d'horreur pour le vainqueur. Chaque femme, avant d'accorder ses préférences d'un soir à qui la regarde avec une ardeur si tendre et une douceur si passionée, veut savoir s'il est homme à braver la confiscation, l'exil forcé ou l'exil volontaire, (non moins amer souvent), la caserne du soldat à perpétuité sur les rives de la Caspienne ou dans les montagnes du Caucase !...
Quand l'homme sait haïr et que la femme se contente de dénigrer l'ennemi, il y a de poignantes incertitudes ; les mains qui ont échangé l'anneau des fiançailles font glisser les bagues sur leurs doigts, en se demandant si elles y resteront ? Quand la femme est de la trempe de la Psse Eustache Sanguszko, aimant mieux voir son fils aux mines que de ployer les genoux devant le czar [À la suite de la guerre de 1830, le Pce Roman Sanguszko fut condamné à être soldat à perpétuité en Sibérie.

En revoyant le décret, l'empereur Nicolas ajouta de sa main : «où il sera conduit les chaînes aux pieds».—Sa santé étant gravement atteinte, la famille fit des démarches à la cour et reçut pour réponse que si sa mère, la Psse Eustache, venait se jeter aux pieds de l'empereur, elle obtiendrait la grâce de son fils. Longtemps la princesse s'y refusa. L'état de son fils empirant toujours, elle partit. Arrivée à St. Pétersbourg, les pourparlers commencèrent sur la manière dont s'accomplirait sa génuflexion. On proposa d'abord les formes les plus humiliantes que la princesse rejetait les unes après les autres, prête à retourner chez elle. Enfin, il fut convenu qu'elle demanderait et recevrait une audience de l'impératrice, que l'empereur viendrait et que là, sans autres témoins, la princesse implorerait à genoux la grâce de son enfant. Quand elle fut chez l'impératrice, l'empereur entra... voyant que la princesse ne bougeait pas, l'impératrice crut qu'elle ne le reconnaissait point et se leva... La princesse se leva et debout attendit... l'empereur la regarda, traversa lentement le salon... et sortit !... L'impératrice hors d'elle saisit les mains de la princesse, en s'écriant : «Vous avez perdu une occasion unique !..»—La princesse raconta plus tard que ses genoux étaient devenus de marbre et, qu'en songeant aux milliers de Polonais qui souffraient plus encore que son fils, elle fut plutôt morte que de les plier. Elle n'obtint aucune grâce, mais les siècles entoureront d'une auréole la mémoire sacrée de cette matrone polonaise aux antiques vertus.], et que l'homme se demande s'il n'est point permis d'imiter le sort des K., des B., des L., des J., etc., qui vécurent à St. Pétersbourg comblés d'honneurs, tous en élevant leurs enfants dans l'attente du jour où ils tireront l'épée contre les maîtres de la veille, la femme saisit le cœur de l'homme en ses paroles brûlantes, comme une mère saisait la tête de son enfant en ses paumes fiévreuses et la tournant vers le ciel, lui crie : voilà où est ton Dieu !...

Elle a des sanglots étouffés dans la voix, des larmes pour lui seul visibles dans les yeux. Elle supplie et elle commande à la fois, elle met son sourire à prix ; et ce prix, c'est l'héroïsme ! Si elle détourne la tête, elle semble jeter l'homme dans le gouffre de l'opprobre ; si elle lui rend l'éclat solaire de son beau visage, elle semble le tirer du néant !
Or, à chaque mazoure qui se danse là-bas, il y a un homme dont le regard, la parole, l'étreinte angoissée, ont rivé pour jamais à l'autel sacré de la patrie le cœur d'une femme, dont il dispose ainsi seulement et sur lequel il n'a pas d'autre droit. Il y a une femme dont les yeux moites, la main effilée, le souffle parfumé murmurant des mots magiques, ont à jamais enrôlé un cœur d'homme dans ces milices sacrées où les chaînes d'une femme font trouver légères les chaînes de la prison et de la kibitka. Cet homme et cette femme ne reverront peut-être jamais leur partner ; pourtant, l'un aura déterminé le sort de l'autre en lui jetant dans l'âme ces cris que nul n'entendait, mais qui, à partir de ce jour, la rongeaient ou la vivifiaient comme des morsures de feu, en lui répétant : Patrie, Honneur, Liberté ! Liberté, liberté surtout ! Haine de l'esclavage et haine du despotisme, haine de la bassesse et haine de la viltà. Mourir, mourir de suite ; mourir mille fois, plutôt que de ne pas garder une âme libre en une personne libre ! Plutôt que de dépendre, comme l'ignoble transfuge, du bon plaisir des czars et des czarines, du sourire ou de l'insulte, de la caresse impure et dégradante ou de la colère meurtrière et fantasque de l'autocrate !

Toutefois, mourir c'était trop ! Par conséquent ce n'était pas assez.

Tous ne devaient pas mourir, tous cependant devaient refuser de vivre, en refusant l'air libre de leurs prérogatives innées, les franchises de leur antique patriciat dans la grande cité chrétienne ; lorsqu'ils refusaient tout pacte avec le vainqueur qui y avait usurpé sa place et s'y targuait de ses privilèges. C'était là vraiment un destin pire que la mort ! N'importe ! Celles qui ne craignaient pas de l'imposer, en rencontraient toujours qui ne craignaient pas de l'accepter. S'il y en eut qui ont pactisé avec le vainqueur, (plus pour la forme que pour le fond), combien n'y en eut-il pas qui n'ont jamais voulu pactiser, ni pour le fond, ni pour la forme ! Ils se sont soustraits à tout pacte, même à ce pacte tacite qui ouvrait les portes de toutes les ambassades et de toutes les cours d'Europe, à la seule condition de ne jamais laisser entendre que «l'ours qui a mis des gants blancs» chez l'étranger, se hâte de les jeter à la frontière et, loin de ses regards, redevient la bête inculte, friande il est vrai des saveurs du miel de la civilisation dont elle importe volontiers chez elle les rayons tout faits, mais incapable de voir qu'elle écrase de sa masse informe les fleurs dont ce miel est tiré, qu'elle fait mourir sous ses grosses pattes les travailleuses ailées sans lesquelles il n'existe pas.
Pourtant, sans un tel pacte le Polonais, héritier d'une civilisation huit fois séculaire et dédaignant depuis cent ans de renoncer à ce qu'elle lui a mis au cœur d'élévation, de noblesse, de hautaine indépendance, pour accepter la fraternité des puissants serviles ; le Polonais apparaît en Europe comme un paria, un jacobin, un être dangereux, dont il vaut mieux éviter le voisinage fâcheux. S'il voyage, lui, grand-seigneur par excellence, il devient un épouvantail pour ses pairs ; lui, catholique fervent, martyr de sa foi, il devient la terreur de son pontife, un embarras pour son Église ; lui, par essence homme de salon, causeur spirituel, convive exquis, il semble un homme de rien à écarter poliment !

N'est-ce point là un calice d'amertume ? N'est-ce point là un sort plus dur à affronter qu'un combat glorieux, qui ne se prolonge pas durant toute une existence ? Néanmoins, chaque jeune homme et chaque jeune femme qui durant une mazoure se rencontrent une fois par hasard, ont à honneur de se prouver l'un à l'autre qu'ils sauront boire ce calice ; qu'ils l'acceptent, émus et joyeux, de la main qui pour lors le présente avec un cœur plein d'enthousiasme, des yeux pleins d'amour, un mot plein de force et de grâce, un geste plein d'élégance fière et dédaigneuse.

Mais, dans les bals on n'est pas toujours entre soi. Il faut souvent danser avec les vainqueurs ; il faut souvent leur plaire pour n'en être pas incontinent anéantis. Il faut aller chez leurs femmes et quelquefois les inviter ; il faut être près d'elles, côte à côte avec elles, humiliés par celles qu'on méprise. Quelles sont dures les femmes des vainqueurs quand elles apparaissent aux fêtes des vaincus ! Les unes se montrent confites dans la morgue des dames de cour sur lesquelles resplendit tout l'éclat d'une faveur impériale, insolentes avec préméditation, cruelles avec inconscience, se croyant adulées sans se sentir haïes, imaginant trôner et régner, sans apercevoir qu'elles sont raillées et tournées en dérision par ceux qui ont assez de sang au cœur, assez de feu dan le sang, assez de foi dans l'âme, assez d'espoir dans l'avenir, pour attendre des générations avant de livrer leur souvenir exécré à la vindicte publique. Etalant le grand air d'emprunt des personnes qui savent à un cheveu près le degré d'élasticité permis au busc de leur corset, ces hautaines proconsulesses sont rendues plus froidement impertinentes encore par le déplaisir de se voir entournés d'un essaim de créatures, plus enchanteresses les unes que les autres, et dont la taille n'a jamais connu de corset !

D'autres, parvenues enrichies, font papilloter l'éclat de leurs diamants aux yeux de celles à qui leurs maris ont volé leurs revenus. Sottes et méchantes, ne se doutant quelquefois pas des taches de sang qui souillent le crêpe rouge de leur robe, mais heureuses d'enfoncer une épingle tombée de leur coiffure dans le cœur d'une mère ou d'une sœur, qui les maudit chaque fois qu'elles passent en tourbillonnant devant elle. Ce qui était odieux, elles le rendent risible, en essayant de singer les grands airs des grandes dames. À observer la vulgarité des formes mongoles, la disgrâce des traits kalmouks, qui impriment encore leurs traces sur ces plates figures, on songe involontairement aux longs siècles durant lesquels les Russes durent lutter avec les hordes payennes de l'Asie, dont ils portèrent souvent le joug en gardant son empreinte barbare dans leur âme, comme dans leur langue ! Encore au jour d'aujourd'hui le trésor de l'État, comme qui dirait en Europe le ministère des finances, y est appelé la tente princière : celle où jadis se portait le plus beau du butin et du pillage ! Kaziennaia Pa ?ata.

Quand les femmes des vainqueurs sont en présence des femmes de vaincus, elles font toutes pleuvoir le dédain de leurs prunelles arrogantes. Ni les «dames chiffrées», celles qui portent un monogramme impérial sur l'épaule, ni les autres qui ne peuvent se targuer d'être ainsi marquées comme les génisses d'un troupeau seigneurial, ne comprennent rien à l'atmosphère où elles sont plongées. Elles ne voient ni les flammes de l'héroïsme, précurseurs de la conflagration, monter en langues étroites et frémissantes jusqu'aux plafonds dorés et là, former une voûte de sombres prophéties sur leurs têtes lourdes et vides ; ni les fleurs vénéneuses d'une future poésie sortir de terre sous leurs pas, accrocher à leurs falbalas leurs épines immortelles, s'enrouler comme des aspics autour de leurs corsages, monter jusqu'à leur cœur pour y plonger leurs dards et retomber, surprises et béantes, n'y trouvant aussi que le vide !

Pour elles toutes, le Polonais n'est pas un gentilhomme, tant leurs races sont diverses et leur langage différent. Il est un vaincu, c'est-à-dire moins qu'un esclave ; il est en défaveur, c'est-à-dire au-dessous de la bête honorée d'une attention souveraine. Mais pour les vainqueurs, les Polonaises sont des femmes. Et quelles femmes ! En est-il dont le cœur n'ait jamais été carbonisé par le regard de l'une d'elles, noir comme la nuit ou bleu comme le ciel d'Italie, pour qui il se serait damné... oui... cent fois damné... mais non perdu aux yeux du czar !... Car devant la faveur, la bassesse de l'homme et la bassesse de la femme russes sont aussi équivalentes que la livre de plomb et la livre de plume, ce qu'un proverbe constate à sa manière en disant : mou ? i géna, adna satana «Mari et femme ne font qu'un diable» ! Seulement, la livre de plomb ne bouge pas plus qu'un boulet au fond d'un sac de toile imperméable, la livre de plume remue, voltige, se lève, retombe, se relève et s'aplatit sans cesse, comme un nid de noirs papillons dans un sac de gaze transparente.

Cependant, dans les poitrines couvertes du plastron de l'uniforme chamarré d'or, semé de croix et de crachats, emmédaillé et enrubanné, il y a, par dessous, on ne sait quelle étincelle d'élément slave qui vit, s'agite, qui parfois flambe. Il est accessible à la pitié, il est séduit pur les larmes, il est touché par les sourires. Gare pourtant à qui voudrait s'y fier, car à côté de lui il y a tout un brasier d'élément mongol et kalmouk qui renifle la rapine. Cette étincelle réunie à ce brasier font, que le vainqueur ne se contente pas de larmes et de sourires sans argent, ni ne veut non plus de l'argent qu'avec l'assaisonnement des larmes et des sourires ! Qui dira tous les drames qui dans ces données se sont joués entre des êtres, dont l'un tend des filets d'or et de soie, recule d'effroi comme mordu par un scorpion à la pensée de s'être pris dans ses propres rets ; dont l'autre, friand et glouton à la fois, s'abreuve d'un limpide regard, s'enivre d'un doux parler, tout en palpant les billets de banque qu'il tient déjà sur son cœur.

Le Russe et la Polonaise sont les seuls points de contact entre deux peuples plus antipathiques entre eux que le feu et l'eau, l'un étant fou de la liberté qu'il aime plus que la vie, l'autre étant voué au servage officiel jusqu'à lui donner sa vie. Mais, ce seul point de contact est incandescent, parce que la femme espère toujours inoculer à l'homme le ferment de la bonté, de la pitié, de l'honneur ; l'homme espère toujours dénationaliser la femme jusqu'à lui faire oublier la pitié, la bonté, l'honneur. À ce double jeu chacun s'enflamme et, comme on ne se rencontre guère ailleurs, c'est durant la mazoure qu'on épuise toutes ses ressources, ses stratagèmes, ses assauts, ses embuscades et ses silencieuses victoires. Le bal et la danse sont le terrain de ces grandes batailles, dont le succès consiste à se changer en d'heureux préliminaires de paix entre deux belligérants amis, sur les bases de quelque haute rançon et de quelque souvenir ému, qui scintille comme une étoile jamais voilée dans le cœur de l'homme, laissant parfois aussi une reconnaissance toujours bienveillante dans celui de la femme. [Un général russe était chargé de faire exécuter on ne sait plus quelles mesures vexatoires à l'entour du couvent des dominicaines, à Kamieniec, en Podolie. La prieure fut obligée de le voir pour tâcher d'obtenir quelqu'adoucissement à ces rigueurs. Appartenant à une des plus antiques familles de la Lithuanie, elle était encore d'une grande beauté et d'une suavité de manières vraiment fascinante.

Le général la vit derrière la grille du parloir et causa longtemps avec elle. Le lendemain il lui fit accorder tout ce qu'elle avait demandé, (sans la prévenir qu'un an après son successeur n'en tiendrait aucun compte), et ordonna à ses soldats de planter un jeune peuplier devant ses fenêtres ; personne ne devina ce que pouvait signifier cette fantaisie. Bien des années après, la mère Rose, si bien nommée pour le doux parfum qu'exhalait son âme, le regardait encore avec complaisance ; il lui rappelait que le général russe avait trouvé moyen de lui rendre un éternel hommage, en faisant dire à cet arbre qui indiquait sa cellule : To polka.]
Là, où les neiges boréales d'Irkutsk, les ensevelissements vivants de Nertschinsk, forment neuf fois sur dix comme l'arrière-fond, l'arrière-pensée d'une conversation engagée par une Polonaise qui effeuille son bouquet entre deux sourires, avec un Russe qui déchire son gant blanc en suivant des yeux un pur profil, un galbe angélique, on plaide en apparence pour soi quand un autre est en cause ; les flatteries par contre peuvent devenir des exigences déguisées. Là, c'est la dégradation du rang et de la noblesse [Le Prince Troubetzkoy, revenu des mines de Sibérie où il avait passé vingt ans et n'avait rien perdu de sa fière imprudence, fit mettre sur ses cartes de visite (aussitôt confisquées) : Pierre Troubetzkoy, né Prince Troubetzkoy.], c'est le knout et la mort, qui attendent peut-être celui qu'une sœur, une fiancée, une amie, une compatriote inconnue, une femme douée du génie de la compassion et de la ruse, ont le pouvoir de perdre ou de sauver durant les fugitives amours de deux mazoures. Dans l'une, ces amours s'ébauchent ; la lutte commence, le défi est jeté.

Durant les longs a parte qu'elle autorise, ciel et terre sont remués sans que l'interlocuteur sache souvent ce qu'on veut de lui avant le jour, (dont l'indiscrétion chèrement payée de quelque inférieur a révélé l'approche), où une écriture fine, tremblante, humide de pleurs, vient se rencontrer avec un homme d'affaires porteur d'un portefeuille tout gonflé. Au second bal, quand la femme et l'homme se retrouvent dans la mazoure, l'un des deux finit par être vaincu. Elle n'a rien obtenu ou elle a tout conquis. Rarement s'est-il vu qu'elle n'ait rien obtenu, qu'on ait tout refusé à un regard, à un sourire, à une larme, à la honte du mépris.

Mais, si fréquents que soient les bals officiels, si souvent même que l'on soit obligé d'y engager quelques personnages qui s'imposent ou de jeunes officiers russes, amis de régiment des jeunes Polonais forcés de servir pour n'être pas privés de leurs privilèges nobiliaires, la vraie poésie, le véritable enchantement de la mazoure, n'existe réellement qu'entre Polonais et Polonaises. Seuls, ils savent ce que veut dire d'enlever une danseuse à son partner avant même qu'elle ait achevé la moitié de son premier tour dans la salle, pour aussitôt l'engager à une mazoure de vingt paires, c'est-à-dire de deux heures ! Seuls, ils savent ce que veut dire de lui voir accepter une place près de l'orchestre, dont les rumeurs réduisent toutes les paroles à des murmures de voix basses, à des souffles brûlants plus compris qu'articulés, ou bien d'entendre qu'elle ordonne de poser sa chaise devant le canapé des matrones qui devinent tous les jeux de physionomie. Seuls, le Polonais et la Polonaise savent à l'avance que, dans une mazoure, l'un peut perdre une estime et l'autre conquérir un dévouement ! Mais, le Polonais sait aussi que dans ce tête à tête public, ce n'est pas lui qui domine la situation.

S'il veut plaire, il craint ; s'il aime, il tremble. Dans l'un ou l'autre cas, qu'il espère éblouir ou toucher, charmer l'esprit ou attendrir le cœur, c'est toujours en se lançant dans un dédale de discours, qui ont exprimé avec ardeur ce qu'ils se sont gardés de prononcer ; qui ont furtivement interrogé sans avoir jamais questionné ; qui ont été atrocement jaloux sans paraître y prétendre ; qui ont plaidé le faux pour savoir le vrai ou révélé le vrai pour se garantir du faux, sans être sortis des sentiers ratissés et fleuris d'une conversation de bal. Ils ont tout dit, ils ont parfois mis toute l'âme et ses blessures à nu, sans que la danseuse, si elle est orgueilleuse ou froide, prévenue ou indifférente, puisse se vanter de lui avoir arraché un secret ou infligé un silence !

Puis, une attention si incessamment tendue finissant par harasser des naturels expansifs, une légèreté lassante, surprenante même avant qu'on en ait démêlé l'insouciance désespérée, vient s'allier comme pour les ironiser aux finesses les plus spirituelles, à l'existence des plus justes peines, à leur plus profond sentiment. Toutefois, avant de juger et de condamner cette légèreté, il faudrait en connaître toutes les profondeurs. Elle échappe aux promptes et faciles appréciations en étant tour à tour réelle et apparente, en se réservant d'étranges répliques qui la font prendre, aussi souvent à tort qu'à raison, pour une espèce de voile bariolé, dont il suffirait de déchirer le tissu afin de découvrir plus d'une qualité dormante ou enfouie sous ses plis. Il advient de cette sorte que l'éloquence n'est fréquemment qu'un grave badinage, qui fait tomber des paillettes d'esprit comme une gerbe de feux d'artifice, sans que la chaleur du discours ait rien de sérieux.

On cause avec l'un, on songe à un autre ; on n'écoute la réplique que pour répondre à sa propre pensée. On s'échauffe, non pour celui à qui l'on parle, mais pour celui à qui l'on va parler. D'autres fois, des plaisanteries échappées comme par mégarde sont tristement sérieuses, quand elles partent d'un esprit qui cache sous ses gaietés d'étalage d'ambitieuses espérances et de lourds mécomptes, dont personne ne peut le railler ni le plaindre, personne n'ayant connu ses audacieux espoirs et ses insuccès secrets.

Aussi, que de fois des gaietés intempestives suivent-elles de près des recueillements âpres et farouches, tandis que des désespérances pleines d'abattement se changent soudain en chants de triomphe, fredonnés à la sourdine. La conspiration étant à l'état de permanence dans tous les esprits, la trahison apparaissant à l'état de possibilité dans tous les moments de défaillance ; la conspiration formant un mystère qui, à peine soupçonné, jette l'homme dans le gouffre de la police moscovite et ne le rejette dans la vie que comme un naufragé nu sur la plage ; la trahison constituant un plus terrible mystère qui, à peine soupçonné, métamorphose l'être humain en une bête venimeuse dont la seule haleine est réputée pestiférée,—comment chaque homme ne serait-il pas une énigme indéchiffrable à tout autre qu'à une femme aux intuitions divinatrices, qui veut devenir son ange-gardien en le retenant sur la pente des conspirations ou en le préservant des séduisants appâts de la trahison ? Dans ces entretiens pailletés d'or et de cuivre, où le vrai rubis brille à côté du faux diamant, comme une goutte de sang pur mise en balance avec un argent impur ; où les réticences inexplicables peuvent aussi bien envelopper d'ombre la pudeur d'une vie qui se sacrifie, que l'impudeur d'une lâcheté qui se fait récompenser,—voire même le double jeu d'un double sacrifice et d'une double trahison, livrant quelques complices dans l'espoir de perdre tous leurs bourreaux, en se perdant soi-même,—rien ne saurait demeurer absolument superficiel, quoique rien non plus ne soit exempt d'un vernis artificiel.

Là donc, où la conversation est un art exercé au plus haut degré et qui absorbe une énorme partie du temps de tout le monde, il y en a peu qui ne laissent à chacun le soin de discerner dans les propos joyeux ou chagrins qu'il entend débiter, ce qu'en pense vraiment le personnage qui, en moins d'une minute, passe du rire à la douleur, en rendant la sincérité également difficile à reconnaître dans l'un et dans l'autre.
Au milieu de ces fuyantes habitudes d'esprit, les idées, comme les bancs de sable mouvants de certaines mers, sont rarement retrouvées au point où on les a quittées. Cela seul suffirait à donner un relief particulier aux causeries les plus insignifiantes, comme nous l'ont appris quelques hommes de cette nation qui ont fait admirer à la société parisienne leur merveilleux talent d'escrime en paradoxe, auquel tout Polonais est plus ou moins habile selon qu'il a plus ou moins intérêt ou amusement à le cultiver. Mais cette inimitable verve qui le pousse à faire constamment changer de costume à la vérité et à la fiction, à les promener toujours déguisées l'une pour l'autre, comme des pierres de touche d'autant plus sûres qu'elles sont moins soupçonnées ; cette verve qui aux plus chétives occasions dépense avec une prodigalité effrénée un prodigieux esprit, comme Gil Blas

usait à trouver moyen de vivre un seul jour autant d'intelligence qu'il en fallait au roi des Espagnes pour gouverner ses royaumes ; cette verve impressionne aussi péniblement que les jeux où l'adresse inouïe des fameux escamoteurs indiens fait voler et étinceler dans les airs une quantité d'armes aiguisées et tranchantes qui, à la moindre gaucherie, deviendraient des instruments de mort.

Elle recèle et porte alternativement l'anxiété, l'angoisse, l'effroi lorsqu'au milieu des dangers imminents de la délation, de la persécution, de la haine ou de la rancune individuelle, se surajoutant aux haines nationales et aux rancunes politiques, des positions toujours compliquées peuvent trouver un péril dans toute imprudence, dans toute inadvertance, toute inconséquence ; ou bien, une aide puissante dans un individu obscur et oublié.
Un intérêt dramatique peut dès lors surgir tout d'un coup dans les plus indifférentes entrevues, pour donner instantanément à toute relation les faces les moins prévues. Il plane par là sur les moindres d'entre-elles une brumeuse incertitude qui ne permet jamais d'en arrêter les contours, d'en fixer les lignes, d'en reconnaître l'exacte et future portée, les rendant ainsi toutes complexes, indéfinissables, insaisissables, imprégnées à la fois d'une terreur vague et cachée, d'une flatterie insinuante, inventive à se rajeunir, d'une sympathie qui voudrait souvent se dégager de ces pressions ; triples mobiles qui s'enchevêtrent dans les cœurs en d'inextricables confusions de sentiments patriotiques, vains et amoureux.
Est-il donc surprenant que des émotions sans nombre se concentrent dans les rapprochements fortuits amenés par la mazoure lorsque, entourant les moindres velléités du cœur de ce prestige que répandent les grandes toilettes, les feux de la nuit, les surexcitations d'une athmosphère de bal, elle fait parler à l'imagination les plus rapides, les plus futiles, les plus distantes rencontres ! Pourrait-il en être autrement en présence des femmes qui donnent à la mazoure ces signifiances, que dans les autres pays on s'efforcerait en vain de comprendre, même de deviner ? Car, ne sont-elles pas incomparables, les femmes polonaises ?

Il en est parmi elles dont les qualités et les vertus sont si absolues, qu'elles les rendent apparentées à tous les siècles et à tous les peuples ; mais ces apparitions sont rares, toujours et partout. Pour la plupart, c'est une originalité pleine de variété qui les distingue. Moitié almées, moitié Parisiennes, ayant peut-être conservé de mère en fille le secret des philtres brûlants que gardent les harems, elles séduisent par des langueurs asiatiques, des flammes de houris dans les yeux, des indolences de sultanes, des révélations d'indicibles tendresses fugitives comme l'éclair, des gestes naturels qui caressent sans enhardir, des mouvements distraits dont la lenteur enivre, des poses inconscientes et affaissées qui distillent un fluide magnétique. Elles séduisent par cette souplesse des tailles qui ne connaissent pas la gêne et que l'étiquette ne parvient jamais à guinder ; par ces inflexions de voix qui brisent et font venir des larmes d'on ne sait quelle région du cœur ; par ces impulsions soudaines qui rappellent la spontanéité de la gazelle. Elles sont superstitieuses, friandes, enfantines, faciles à amuser, faciles à intéresser, comme les belles et ignorantes créatures qui adorent le prophète arabe ; en même temps intelligentes, instruites, pressentant avec rapidité tout ce qui ne se laisse pas voir, saisissant d'un coup d'œil tout ce qui se laisse deviner, habiles à se servir de ce qu'elles savent, plus habiles encore à se taire longtemps et même toujours, étrangement versées dans la divination des caractères qu'un trait leur dévoile, qu'un mot éclaire à leurs yeux, qu'une heure met à leur merci !
Généreuses, intrépides, enthousiastes, d'une piété exaltée, aimant le danger et aimant l'amour, auquel elles demandent beaucoup et donnent peu, elles sont surtout éprises de renom et de gloire. L'héroïsme leur plaît ; il n'en est peut-être pas une qui craigne de payer trop cher une action éclatante.

Et cependant, disons-le avec un pieux respect, beaucoup d'entr'elles, mystérieusement sublimes, dévouent à l'obscurité leurs plus beaux sacrifices, leurs plus saintes vertus. Mais, quelqu'exemplaires que soient les mérites de leur vie domestique, jamais tant que dure leur jeunesse, (et elle est aussi longue que précoce), ni les misères de la vie intime, ni les secrètes douleurs qui déchirent ces âmes trop ardentes pour n'être pas souvent blessées, n'abattent la merveilleuse élasticité de leurs espérances patriotiques, la juvénile candeur de leurs enchantements souvent illusionnés, la vivacité de leurs émotions qu'elles savent communiquer avec l'infaillibilité de l'étincelle électrique.

Discrètes par nature et par position, elles manient avec une incroyable dextérité la grande arme de la dissimulation ; elles sondent l'âme d'autrui et retiennent leurs propres secrets, si bien que nul ne suppose qu'elles ont des secrets ! [Il faut observer que malgré la constante réserve et la profonde dissimulation que leur commande la position de leur pays, à elles, dépositaires de tant de sentiments, de tant d'incidents, de tant de faits, de tant de secrets, qui à la moindre indiscrétion menaceraient quelqu'un de la déportation et des mines de la Sibérie, jamais on ne rencontre chez les Polonaises cette insincérité de tous les instants, ce mensonge perpétuel qui distingue d'autres femmes slaves. Celles-ci, non contentes de pratiquer la non-vérité, se sont faites une seconde nature de la contre-vérité, qu'impose un despotisme dont dépendent toutes les sources de la vie, tout le brillant de son échaffaudage ; despotisme d'autant plus implacable sous ses formes mielleuses que, se sachant réduit à régner par la terreur, il consent à être trompé en étant adulé, à être caressé sans amour, bercé sans tendresse, enivré d'un vin frelaté, sans se soucier si le cœur est épanoui quand les lèvres rient, si l'âme est heureuse quand la bouche le proclame, si elle ne hait pas celui auquel les yeux jettent leurs plus séduisantes invites.

Pour ces femmes, le besoin de la faveur commande la duplicité, comme une condition première, essentielle, inévitable, sine qua non, de tout ce qui fait le bien-être de la vie, le charme et l'éclat d'une destinée ; le mensonge leur devient par conséquent une nécessité vitale, un besoin impérieux auquel il faut satisfaire sur l'heure, à tout prix. Dans ces conditions, il ne saurait jamais se transformer en un art, toute la ruse du sauvage captif voulant profiter de son maître, non s'en affranchir, ne pouvant se comparer avec le savoir-faire habile et ingénieux du diplomate et du vaincu. Aussi, pour s'entretenir la main, ces femmes, à quelque rang qu'elles appartiennent, femmes de cour ou de quatorzième tchin, ne disent-elles jamais, au grand jamais, un mot de pure et simple vérité. Demandez-leur s'il est jour à minuit, elles répondront oui, pour voir si elles ont su faire croire l'incroyable. Le mensonge, qui répugne à la nature humaine, étant devenu un ingrédient inévitable de leurs rapports sociaux, a fini par gagner pour elles on ne sait quel charme malsain, comme celui de l'assa fœtida que les hommes au palais blasé du siècle dernier portaient en bonbonnière. Elles ont comme un goût plus sapide sur la langue sitôt qu'elles se figurent avoir induit en erreur quelque naïf, avoir persuadé quelque bonne âme du contraire de qui a été, de ce qui est, de ce qui sera.—Or, pour autant de Polonaises qu'on ait pu connaître, jamais on n'a rencontré une vraie menteuse. Elles savent faire de la dissimulation un art ; elles savent même le ranger parmi les beaux-arts, car lorsqu'on en a surpris le secret, on ne sait ce qu'il faut admirer le plus, du sentiment généreux qui la dicta ou de la délicatesse de ses procédés. Mais, quelqu'inimaginable finesse qu'elles mettent à ne pas laisser comprendre qu'elles savent ce qu'elles prétendent ignorer, qu'elles ont aperçu ce qu'elles veulent n'avoir point vu, on ne peut jamais les accuser d'avoir manqué de franchise, surtout au détriment de qui que ce soit.

Elles ont toujours dit vrai ; tant pis pour ceux qui ne les devinaient pas. Elles sont bien assez habiles pour échapper à tout essai scrutateur, sans recourir au masque qui trahit la vérité et tue l'honneur. Toute l'adresse avec laquelle une Polonaise dérobe ce qu'elle veut cacher du secret d'autrui ou du sien, l'impénétrabilité dont elle recouvre le fond de ses sentiments, le dernier mot de ceux que lui inspirent les autres, ce qu'elle pense de tout et de tous, ce qu'elle compte faire et faire faire dans un cas et un moment donné, ne l'empêchent jamais d'être, non seulement sincère, mais ouverte, disant à chacun avec grâce, abandon et empressement, tout ce qui l'intéresse de savoir quand cela ne fait tort à personne. L'habitude de vivre au sein du danger, de manier le danger, de se jouer du danger au milieu duquel elle a grandi depuis qu'elle est au monde, donne à son imperturbable discrétion comme un instinct de salut pour tous. Il lui serait impossible de faire du mal par une parole irréfléchie, passionnée ou encolérée, même à un ennemi, tant sa pensée est naturellement tournée vers le devoir d'aider et de secourir. Ensuite, elle est trop pieuse, trop civilisée, elle a surtout trop de tact, pour pousser la dissimulation au-delà du nécessaire.—Entre elle et les autres femmes slaves il y a la différence de la vaincue à l'esclave. La vaincue étant fière se respecte elle-même sous ses déguisements ; l'esclave n'a plus souvent qu'une âme d'esclave. Elle ne sait plus ni dissimuler sans mentir, ni mépriser celui qui l'obligerait à mentir ; elle le craint ! Et ici, la crainte du seigneur est le commencement de la bassesse.] Souvent ce sont les plus nobles qu'elles taisent, avec cette superbe qui ne daigne même pas se témoigner.

À qui les a calomniées, elles rendent un service, qui les a dénigrées, devient leur ami, qui a traversé leurs desseins une fois, le répare sans s'en douter en les servant cent fois. Le dédain intérieur que leur inspirent ceux qui ne les devinent pas, leur assure cette supériorité qui les fait régner avec tant d'art sur tous les cœurs qu'elles réussissent à flatter sans adulation, à apprivoiser sans concessions, à s'attacher sans trahison, à dominer sans tyrannie, jusqu'au jour où, se passionnant à leur tour avec autant de dévouement chaleureux pour un seul qu'elles ont de subtile fierté avec le reste du monde, elles savent aussi braver la mort, partager l'exil, la prison, les plus cruelles peines, toujours fidèles, toujours tendres, se sacrifiant toujours avec une inaltérable sérénité.
Les hommages que les Polonaises ont inspirés ont toujours été d'autant plus fervents, qu'elles ne visent pas aux hommages ; elles les acceptent comme des pis-aller, des préludes, des passe-temps insignifiants. Ce qu'elles veulent, c'est l'attachement ; ce qu'elles espèrent, c'est le dévouement ; ce qu'elles exigent, c'est l'honneur, le regret et l'amour de la patrie. Toutes, elles ont une poétique compréhension d'un idéal qu'elles font miroiter dans leurs entretiens, comme une image qui passerait incessamment dans une glace et qu'elles donnent pour tâche de saisir. Méprisant le fade et trop facile plaisir de plaire seulement, elles voudraient avoir celui d'admirer ceux qui les aiment ; de voir deviné et réalisé par eux un rêve

d'héroïsme et de gloire qui ferait de chacun de leurs frères, de leurs amoureux, de leurs amis, de leurs fils, un nouveau héros de sa patrie, un nouveau nom retentissant dans tous les cœurs qui palpitent aux premiers accents de la Mazoure liée à son souvenir.

Ce romanesque aliment de leurs désirs prend, dans l'existence de la plupart d'entr'elles, une place qu'il n'a certes pas chez les femmes du Levant, ni même chez celles du Couchant.
Les latitudes géographiques et psychologiques dans lesquelles le sort les fait vivre, offrent également ces climats extrêmes, où les étés brûlants ont des splendeurs et des orages torrides, où les hivers et leur frimas ont des froidures polaires, où les cœurs savent aimer et haïr avec la même ténacité, pardonner et oublier avec la même générosité. Aussi là, quand on est épris, n'est-ce point à l'italienne, (ce serait trop simple et trop charnel), ni à l'allemande, (ce serait trop savant et trop froid), encore moins à la française, (ce serait trop vaniteux et trop frivole) ; on y fait de l'amour une poésie, en attendant qu'on en fasse un culte. Il forme la poésie de chaque bal et peut devenir le culte de la vie entière. La femme aime l'amour pour faire aimer ce qu'elle aime : avant tout son Dieu et sa patrie, la liberté et la gloire. L'homme aime l'amour parce qu'il aime à être ainsi aimé ; à se sentir surélevé, grandi au-dessus de lui-même, électrisé par des paroles qui brûlent comme des étincelles, par des regards qui luisent comme des étoiles, par des sourires qui promettent la béatitude d'une larme sur une tombe !... Ce qui faisait dire à l'empereur Nicolas : «Je pourrais en finir des Polonais, si je venais à bout des Polonaises» [Ce mot fut prononcé devant une personne de notre connaissance.].
Malheureusement, l'idéal de gloire et de patriotisme des Polonaises, souvent réveillé par les velléités héroïques qui les entourent, est plus souvent encore déçu par la légèreté de caractère des hommes que l'oppression et l'astuce du conquérant démoralisent et corrompent systématiquement, sauf à écraser quiconque leur résiste.

Aussi, les oscillations de cet élément qui comme le vif-argent ignore la tranquillité, de ces aspirations qui savent bien ce qu'elles veulent, mais ne trouvent pas toujours qui leur réponde, tiennent parfois ces femmes charmantes dans de longues alternatives entre le monde et le cloître, où il est peu d'entr'elles qui, à quelque instant de sa vie, n'ait sérieusement ou amèrement songé à se réfugier. Beaucoup, non moins illustres par leur naissance que par leur renommée dans le monde, y ont immolé leur beauté, leur esprit, leur prestige, leur empire sur les âmes, s'offrant en holocauste vivant sur l'autel de propitiation où fume jour et nuit le perpétuel encens de leurs prières et de leur sacrifice volontaire ! Ces victimes expiatoires espèrent forcer la main au Dieu des armées, Deus Sabaoth !... Et cet espoir illumine leur cœur, au point de leur faire atteindre parfois un âge presque séculaire !

Un proverbe national caractérise mieux en quatre mots cette fusion de la vie du monde et de la vie de foi que ne le peuvent faire toutes les descriptions quand, pour peindre une femme parfaite, un parangon de vertu, il dit : «Elle excelle dans la danse et dans la prière !» Veut-on vanter une jeune fille, veut-on louer une jeune femme, on ne saurait mieux faire que de leur appliquer cette courte phrase : I do ta ?ca, i do ro ?a ?ca ! On ne peut leur trouver de meilleur éloge, parce que le Polonais né, bercé, grandi, vivant entre des femmes dont on ne sait si elles sont plus belles quand elles sont charmantes ou plus charmantes quand elles ne sont pas belles ; le Polonais ne se résignerait jamais à aimer d'amour celle que personne ne lui envierait au bal, pas plus qu'il ne chérira éternellement celle dont il ne pense pas que, plus ardente que les séraphins dans les cieux, elle fatigue de ses implorations et de ses expiations, de ses oraisons et de ces jeûnes, ce Dieu qui châtie ceux qu'il aime et qui a dit des nations : elles sont guérissables !

Pour le vrai Polonais, la femme dévote, ignorante et sans grâce, dont chaque parole ne brille pas comme une lueur, dont chaque mouvement n'exhale pas le charme d'un parfum suave, n'appartient pas à ces êtres qu'enveloppe un fluide ambiant, une vapeur tiède,—sous les lambris dorés, sous le chaume fleuri, comme derrière les grilles du chœur.—En revanche, la femme intéressée, calculatrice habile, syrène, déloyale, sans foi ni bonne foi, est un monstre si odieux qu'il ne devine même pas les ignobles écailles qui se cachent au bas de sa ceinture, artificieusement voilées. Qu'en advient-il ? Il tombe dans ses pièges et, quand il y est tombé, il est perdu pour sa génération, ce qui fait croire que les Polonais s'en vont et qu'il ne reste plus que des Polonaises ! Quelle erreur ! En fût-il ainsi, la Pologne n'aurait point à pleurer ses fils pour toujours. Comme cette illustre Italienne du moyen-âge qui défendait elle-même son château-fort et, voyant six de ses fils couchés à ses pieds sur ses créneaux, défiait l'ennemi en lui montrant son sein d'où elle ferait naître six autres guerriers non moins valeureux, les mères polonaises ont de quoi remplacer les générations énervées, les générations qui ont servi d'anneau dans la chaîne généalogique, sans laisser d'autres traces de leur triste et terne passage !

D'ailleurs, en ce siècle de calomnies, on calomnie aussi les hommes là, ou les femmes ont de quoi braver, vaincre et faire taire la calomnie. Si ces Polonaises qui changent une fleur des champs en un sceptre dont on bénit la puissance, ont un sens de la foi plus sublime que les hommes, il n'est pourtant pas plus viril ; si elles ont le goût de l'héroïsme plus exalté, il n'est pourtant pas plus impérissable ; si l'orgueil de la résistance est plus indigné chez elles, il n'est pourtant pas plus indomptable ! Tout le monde dit du mal des Polonais ; cela est si aisé !

On exagère leurs défauts, on a soin de taire leurs qualités, leurs souffrances surtout. Où donc est la nation qu'un siècle de servitude n'a point défaite, comme une semaine d'insomnie défait un soldat ? Mais, quand on aura dit tout le mal imaginable des Polonais, les Polonaises se demanderont toujours : Qui donc sait aimer comme eux ? S'ils sont souvent des infidèles, prompts à adorer toute divinité, à brûler leur encens devant chaque miracle de beauté, à adorer chaque jeune astre nouvellement monté sur l'horizon, qui donc a un cœur aussi constant, des attendrissements que vingt ans n'ont pas effacés, des souvenirs dont l'émotion se répercute jusque sous les cheveux blancs, des services empressés qui se reprennent après un quart de siècle d'interruption comme on renoue un entretien brisé la veille ? Dans quelle nation ces êtres, frêles et courageux, trouveraient-elles autant de cœurs capables de les adorer d'une dévotion si vraie, qu'il fait aimer la femme jusqu'à aimer la mort pour elle, sachant que son beau regard ne peut convier qu'à une belle mort ?

Là-bas, dans la patrie et aux temps de Chopin, l'homme ne connaissait point encore ces méfiances néfastes qui font craindre une femme comme on redoute un vampire. Il n'avait point encore entendu parler de ces magiciennes malfaisantes du dix-neuvième siècle, surnommées les «dévoreuses de cervelles» ! Il ne savait point encore qu'il existerait un jour des princesses entretenues, des comtesses courtisanes, des ambassadrices juives, des grandes dames aux gages d'une grande puissance, des espionnes de haute naissance, des voleuses de bonne maison dérobant le cœur, les secrets, l'honneur, le patrimoine de ceux dont elles recevaient l'hospitalité ! Il ignorait que sous peu on aurait formé à l'intention des grands noms de son pays, à l'intention des fils de mères incorruptibles, des héritiers d'une longue lignée de nobles ancêtres, toute une école de séductrices dressées au métier de la délation.

L'homme ne se doutait pas encore qu'il viendrait un temps où dans les sociétés d'Europe, sociétés chrétiennes cependant, un homme d'honneur passerait pour dupe de la femme qu'il n'aurait pas déshonorée, pour victime de celle qu'il n'aurait pas souillée !...

Alors, alors, dans la patrie et aux temps de Chopin, l'homme aimait pour aimer ; prêt à jouer sa vie pour une beauté qu'il aurait vue deux fois, se souvenant que le parfum de la fleur ne laisse à jamais son plus poétique souvenir que lorsqu'elle ne fut jamais cueillie, jamais flétrie ! Il eût rougi de penser aux menus plaisirs d'une volupté corrompue, en cette société où la galanterie consistait à haïr le conquérant, à mépriser ses menaces, à braver son courroux, à railler le parvenu barbare qui prétend faire oublier à l'Europe somnolente le mécanisme asiatique de sa savonnette à vilain. Alors, alors, l'homme aimait quand il se sentait aiguillonné au bien et béni par la piété, fier des grands sacrifices, entraîné aux grandes espérances par une de ces femmes dont le cœur a pour note dominante l'apitoiement. Car, en toute Polonaise, chaque tendresse jaillit d'une compatissance ; elle n'a rien à dire à celui qu'elle n'a pas à plaindre. De là vient que des sentiments qui ailleurs ne sont que des vanités ou des sensualités, se colorent chez elle d'un autre reflet : celui d'une vertu qui, trop sûre d'elle-même pour faire la grosse voix et se retrancher derrière les fortifications en carton de la pruderie, dédaigne les sécheresses rigides et reste accessible à tous les enthousiasmes qu'elle inspire, comme à tous les sentiments qu'elle peut porter devant Dieu et les hommes.

Ensemble irrésistible, qui enchante et qu'on honore ! Balzac a essayé de l'esquisser dans des lignes toutes d'antithèses, renfermant le plus précieux des encens adressé à cette «fille d'une terre étrangère, ange par l'amour, démon par la fantaisie, enfant par la foi, vieillard par l'expérience, homme par le cerveau, femme par le cœur, géante par l'espérance, mère par la douleur et poète par ses rêves» [Dédicace de Modeste Mignon.].

Berlioz, génie shakespearien qui toucha à tous les extrêmes, dut naturellement entrevoir à travers les transparences musicales de Chopin le prestige innommable et ineffable qui se mirait, chatoyait, serpentait, fascinait dans sa poésie, sous ses doigts ! Il les nomma les divines chatteries de ces femmes semi-orientales, que celles d'occident ne soupçonnent pas ; elles sont trop heureuses pour en deviner le douloureux secret. Divines chatteries en effet, généreuses et avares à la fois, imprimant au cœur épris l'ondoiement indécis et berçant d'une nacelle sans rames et sans agrès. Les hommes en sont choyés par leurs mères, câlinés par leurs sœurs, enguirlandés par leurs amies, ensorcelés par leurs fiancées, leurs idoles, leur déesses ! C'est encore avec de divines chatteries, que des saintes les gagnent au martyrologe de leur patrie. Aussi, comprend-on qu'après cela les coquetteries des autres femmes semblent grossières ou insipides et que les Polonais s'écrient, à bon droit, avec une gloriole que chaque Polonaise justifie : Niema jak Polki [L'habitude où l'on était autrefois de boire dans leur propre soulier la santé des femmes qu'on voulait fêter, est une des traditions les plus originales de la galanterie enthousiaste des Polonais.].

Le secret de ces divines chatteries fait ces êtres insaisissables, plus chers que la vie, dont les poètes comme Chateaubriand se forgent durant les brûlantes insomnies de leur adolescence une démonne et une charmeresse, quand ils trouvent dans une Polonaise de seize ans une soudaine ressemblance avec leur impossible vision, «d'une Ève innocente et tombée, ignorant tout, sachant tout, vierge et amante à la fois ! ! !» [Mémoires d'outre-tombe, 1er vol.—Incantation.] —«Mélange de l'odalisque et de la walkyrie, chœur féminin varié d'âge et de beauté, ancienne sylphide réalisée... Flore nouvelle, délivrée du joug des saisons... [Idem, 3e vol.—Atala.]

—Le poète avoue que, poursuivi dans ses rêves, enivré par le souvenir de cette apparition, il n'osa pourtant la revoir. Il sentait, vaguement, mais indubitablement, qu'en sa présence il cessait d'être un triste René, pour grandir selon ses vœux, devenir ce qu'elle voulait qu'il fût, être exhaussé et façonné par elle. Il fut assez fat pour prendre peur de ces vertigineuses hauteurs, parce que les Chateaubriand font école en littérature, mais ne font pas une nation. Le Polonais ne redoute point la charmeresse sa sœur, Flore nouvelle délivrée du joug des saisons ! Il la chérit, il la respecte, il sait mourir pour elle... et cet amour, pareil à un arôme incorruptible, préserve le sommeil de la nation de devenir mortel. Il lui conserve sa vie, il empêche le vainqueur d'en venir à bout et prépare ainsi la glorieuse résurrection de la patrie.
Il faut cependant reconnaître qu'entre toutes, une seule nation eut l'intuition d'un idéal de femme à nul autre pareil, dans ces belles exilées que tout semblait amuser, que rien ne parvenait à consoler. Cette nation fut la France. Elle seule vit entre-luire un idéal inconnu chez les filles de cette Pologne, «morte civilement» aux yeux d'une société civile, où la sagesse des Nestor politiques croyait assurer «l'équilibre européen», en traitant les peuples comme «une expression géographique» ! Les autres nations ne se doutèrent même pas qu'il pouvait y avoir quelque chose à admirer en le vénérant, dans les séductions de ces sylphides de bal, si rieuses le soir, le lendemain matin prosternées sanglotantes aux pieds des autels ; de ces voyageuses distraites qui baissaient les stores de leur voiture en

passant par la Suisse, afin de n'en pas voir les sites montagneux, écrasants pour leurs poitrines, amoureuses des horizons sans bornes de leurs plaines natales !

En Allemagne, on leur reprochait d'être des ménagères insouciantes, d'ignorer les grandeurs bourgeoises du Soll und Haben ! Pour cela, on leur en voulait à elles, dont tous les désirs, tous les vouloirs, toutes les passions se résument à mépriser l'avoir, pour sauver l'être, en livrant des fortunes millionnaires à la confiscation de vainqueurs cupides et brutaux ! À elles, qui, encore enfants, entendent leur père répéter : «la richesse a cela de bon que, donnant quelque chose à sacrifier, elle sert de piédestal à l'exil !...»—En Italie, on ne comprenait rien à ce mélange de culture intellectuelle, de lectures avides, de science ardente, d'érudition virile, et de mouvements prime-sautiers, effarés, convulsifs parfois, comme ceux de la lionne pressentant dans chaque feuille qui remue un danger pour ses petits.—Les Polonaises qui traversaient Dresde et Vienne, Carlsbad et Ems, pour chercher à Paris une espérance secrète, à Rome une foi encourageante, ne rencontrant la charité nulle part, n'arrivaient ni à Londres, ni à Madrid. Elles ne songeaient point à trouver une sympathie de cœur sur les bords de la Tamise, ni une aide possible parmi les descendants du Cid ! Les Anglais étaient trop froids, les Espagnols trop loin.
Les poètes, les littérateurs de la France, furent les seuls à s'apercevoir que dans le cœur des Polonaises, il existait un monde différent de celui qui vit et se meut dans le cœur des autres femmes. Ils ne surent pas deviner sa palingénésie ; ils ne comprirent pas que si, dans ce chœur féminin varié d'âge et de beauté, on croyait parfois retrouver les mystérieuses attractions de l'odalisque, c'est qu'elles étaient là comme une parure acquise sur un champ de bataille ; si l'on pensait y entrevoir une silhouette de walkyrie, c'est qu'elle se dégageait des vapeurs de sang qui depuis un siècle planaient sur la patrie ! Par ainsi, ces poètes et ces littérateurs ne saisirent point la dernière formule de cet idéal dans sa parfaite simplicité.

Ils ne se figurèrent point une nation de vaincus qui, enchaînée et foulée aux pieds, proteste contre l'éclatante iniquité au nom du sentiment chrétien. Le sentiment d'une nation, par quoi s'exprime-t-il ?—N'est-ce point par la poésie et l'amour ?—Et qui en sont les interprètes ?—N'est-ce point les poètes et les femmes ?—Mais, si les Français, trop habitués aux conventionalités artificielles du monde parisien, n'ont pu avoir l'intuition des sentiments dont Childe Harold entendit les accents déchirants dans les femmes de Saragosse, défendant vainement leurs foyers contre «l'étranger», ils subirent tellement la fascination qui s'échappait en ondes diaprées de ce type féminin, qu'ils lui prêtèrent des puissances presque surnaturelles.

Leur imagination, trop impressionnée par les détails, les grandit démesurément, exagérant la portée des contrastes et les facultés de la métamorphose dans ces Protées aux noirs sourcils et aux dents perlées. Elle en fit ainsi une énigme insoluble, ne sachant point, à force de se perdre entre les petits faits de l'analyse, reconstruire leur large synthèse. Dans une émotion éblouie, la poésie française crut dépeindre la Polonaise en lui jetant à la face, comme une poignée de pierreries multicolores, non serties, une poignée d'épithètes sublimes et incohérentes. Elles sont précieuses cependant, car leur éclat multicolore, leur incohérence irraisonnée, témoignent éloquemment de la violente commotion produite sur eux par ces femmes, dont les qualités françaises parlèrent à l'esprit français, mais qu'on ne connaît vraiment que lorsque les héroïsmes de leur cœur parlent au cœur.

La Polonaise d'autrefois, tant qu'elle fut la noble compagne de héros vainqueurs, n'était point ce qu'est la Polonaise d'aujourd'hui, ange consolateur de héros vaincus.

Le Polonais actuel n'est pas plus différent de ce qu'était le Polonais antique, que la Polonaise moderne n'est différente de la Polonaise des anciens temps. Jadis, elle était avant tout et surtout une patricienne honorée ; la matrone romaine devenue chrétienne. Toute Polonaise, qu'elle fut riche ou pauvre, à la cour ou à la ville, régnant sur ses palais ou sur ses champs, était grande dame. Elle l'était par suite de la situation que la société lui préparait, bien plus encore que par la noblesse de son sang et l'orgueil de son écusson. Les lois tenaient, il est vrai, sous une tutelle rigoureuse tout le sexe faible, (qui devient si souvent le sexe fort au milieu des poignantes péripéties de la vie), y compris les «hautes et puissantes châtelaines», que par respect et déférence on appelait bia ?og ?owa, parce que les femmes mariées avaient la tête couverte et les joues encadrées de blanches et vaporeuses dentelles, imitation civilisée, pudique et chrétienne, du voile musulman, injurieux et barbare. Mais, leur sujétion et leur impuissance légale, contre-balancée par les mœurs et les sentiments, loin de les diminuer, les élevaient, en préservant la sérénité de leur âme, qu'elles tenaient en dehors de l'âpre lutte des intérêts, et en ne leur permettant jamais d'être en faute.

Elles ne pouvaient disposer par elles-mêmes d'aucune fortune, d'aucune volonté, mais elles ne pouvaient non plus se tromper, être entraînées et devenir blâmables ! C'était là pour elles tout gain, tout avantage ; avantage inappréciable, dont elles connaissaient bien tous les échappatoires et les ressources infinies ! N'ayant pas le pouvoir du mal, elles compensaient cette soumission à une vigilance constante, qui dictait les proportions du cadre où elles étaient placées, en prenant un empire presque sans bornes dans la vie privée, où chaque bien était leur attribut.

Toute la dignité de la vie de famille, toute la douceur de la vie domestique leur étaient confiées ; elles gouvernaient en souveraines ce noble et important apanage, d'où elles étendaient leur pieuse et pacificatrice influence sur les affaires publiques. Car, elles étaient dès leur première adolescence les compagnes de leur père, qui les initiait à ses poursuites et à ses inquiétudes, aux difficultés et aux gloires de la res publica ; elles étaient les premières confidentes de leurs frères, souvent leurs meilleures amies la vie durant. Elles devenaient pour leur mari et leurs fils des conseillères secrètes, fidèles, perspicaces, déterminantes. L'histoire de la Pologne et le tableau de ses anciennes mœurs présentent sans cesse le type de ces courageuses et intelligentes épouses, dont l'Angleterre nous a offert un splendide exemple en 1683, lorsque dans un procès où sa tête était en jeu, Lord Russell ne voulut d'autre avocat que sa femme.

Sans ce type antique, grave et doux, jamais sec et anguleux ; tendrement pieux, jamais bigot et fatigant ; libéral et magnifique, jamais fiévreusement vain, la vraie Polonaise moderne n'aurait pas été à même de se produire. Elle enta sur l'idéal solennel de l'aïeule, la grâce et la vivacité françaises, dont sa petite-fille connut toutes les allures alors que l'irrésistible attrait des mœurs de Versailles, après avoir inondé l'Allemagne, arriva jusqu'à la Vistule. Date fatale ! On peut l'affirmer : Voltaire et la Régence sous-minèrent la Pologne et furent les auteurs de sa ruine. En perdant ces mâles vertus, dont Montesquieu dit que seules elles soutiennent les États libres, et qui effectivement avaient soutenu la Pologne durant huit siècles !... les Polonais perdirent leur patrie.

Les Polonaises étant plus fermes en la foi, moins besogneuses d'argent dont elles ne connaissaient pas le prix n'ayant pas eu l'habitude de le manier, moins accessibles à l'immoralité par une horreur innée et instinctive de l'impudeur, elles résistèrent mieux à la contagion mortifère du dix-huitième siècle ! Leur religion, ses vertus, ses enthousiasmes et ses espérances, créèrent en elles le ferment sacré qui fera ressusciter cette patrie si chère !... Les hommes le sentent ; ils le sentent si bien, qu'ils savent adorer ce qu'il y a d'adorable dans ces âmes dont chacune peut s'écrier : Rien ne m'est plus, plus ne m'est rien, tant que le ciel, assailli de leurs supplications, ne leur aura point rendu l'intégrité de leur type primitif en leur rendant la patrie !
Les poètes de la Pologne n'ont certes pas laissé à d'autres l'honneur d'ébaucher, (avec des couleurs plus fulgurantes que fondues), l'idéal de leurs compatriotes. Tous l'ont chanté, tous l'ont glorifié, tous ont connu ses secrets, tous ont tressailli avec béatitude devant ses joies et religieusement recueilli ses pleurs ! Si dans l'histoire et la littérature des «anciens jours», Zygmuntowskie czasy, on retrouve à chaque instant l'antique matrone de cette noblesse guerrière, comme l'empreinte d'un beau camée dans le sable d'or d'un fleuve dont le temps roule les flots anecdotiques, la poésie moderne dépeint l'idéal de la Polonaise actuelle, plus émouvant que ne le rêva jamais poète énamouré. Sur le premier plan se dessinent l'épique et royale figure de Gra ?yna, le sublime profil de la solitaire et secrète fiancée de Wallenrod ; la Rose des Dziady, la Sophie de Pan Tadeusz. Autour

d'elles, que de têtes charmantes et touchantes ne voit-on pas se grouper ! On les rencontre à chaque pas, au milieu des sentiers bordés de roses que dessine la poésie de ce pays, où le mot de poète n'a point cessé de correspondre à celui de prophète : wieszcz !

Dans ces vergers pleins de cerisiers en fleur ; dans ces bois de chênes pleins d'abeilleries bourdonnantes, dépeints avec tant de fraîcheur par les romanciers ; dans ces beaux jardins où s'étalent les superbes plates-bandes ; dans ces somptueux appartements où fleurissent le grenadier rouge, le cactus blanc au gland d'or, les grappes roses du Pérou et les lianes du Brésil, on aperçoit à tout instant quelque tête à la Palma-Vecchio. Des lueurs pourpres d'un splendide couchant éclairent, là aussi, une lourde chevelure qui se détache sur quelque nuage vert d'eau, encadrant de sa blonde auréole des traits où le pressentiment de tristesses futures se cache déjà sous un sourire encore folâtre [Dans l'impossibilité de citer des poèmes trop longs ou des fragments trop courts, nous ajouterons ici pour les belles compatriotes de Chopin quelques strophes d'un ton familier, qu'elles disent intraduisibles, mais peignant d'une touche fine et sentie le caractère général de celles qui habitent ces régions moyennes, où se concentrent les rayons épars du type national ; si non les plus éclatants, du moins les plus vrais.
Bo i có ? to tam za ?ywo ? ?
M ?odych Polek i uroda !
Tam wstyd szczery, tam poczciwo ? ?,
Tam po Bogu dusza mloda !

....

....

My ?l ich cicho w ?yciu ?wieci,
Pe ?ne ?ycia, jak nadzieje ;

Lubi pieśni, tańce, dzieci,
Wiosnę, kwiaty, stare dzieje...
Gdy wesołe, istne trzpiotki,
I wiewiórki i szczebiotki!
Lecz gdy w smutku myśl zagrzebie,
Wówczas Polka taka rzewna,

    I ż uwierzysz, że jéj krewna
Najsmutniejsza z gwiazd na niebie!
Choć człek duszy jéj nie zbadał,
W koło serca tak tam prawo,
Tak rozkosznie i tak łzawo,
Jakby grzechy wyspowiadał.
A gdy uśmiech łzą pokryje,
I dla ciebie serce bije:
To ci dojmie tak do żywa,
I ż to cudne, cudne dziwa,
Że się serce nie rozpłynie,
Że od szczęścia człek nie zginie!
Zda się, że to żyjesz społem
Z rajskiém dzieckiém, czy z aniołem.
Lecz to szczęście nie tak tanie,
Przeboleje dusza młoda;
Jednak lat i łez nie szkoda,
Bo raz w życiu to kochanie!
A jak ci się która poda,
Z całej duszy i statecznie,
To już twoją będzie wiecznie,
I w ład pójdzie ci z nią życie,
Bo twéj duszy nie wyziębi.
Ona sercem pojmie skrycie,
Co myśl wieku dźwiga w głębi;
Co się w czasie zrywa, waży,
To w rumieńcu na jéj twarzy,
Jak w zwierciedle się odbije,

Bo w tém ?onie przysz ?o ? ? ?yje !] !
Nous l'avons dit ; peut-être faut-il connaître de près les compatriotes de Chopin pour avoir l'intuition des sentiments dont ses Mazoures sont imprégnées, ainsi que beaucoup d'autres de ses compositions.

Presque toutes sont remplies de cette même vapeur amoureuse qui plane comme un fluide ambiant à travers ses Préludes, ses Nocturnes, ses Impromptus, où se retracent une à une toutes les phases de la passion dans des âmes spiritualistes et pures : leurres charmants d'une coquetterie inconsciente d'elle-même, attaches insensibles des inclinations, capricieux festonnages que dessine la fantaisie ; mortelles dépressions de joies étiolées qui naissent mourantes, roses noires, fleurs de deuil ; ou bien, roses d'hiver, blanches comme la neige qui les environne, attristant par le parfum même des tremblants pétales que le moindre souffle fait tomber de leurs frêles tiges. Étincelles sans reflet qu'allument les vanités mondaines, semblables à l'éclat de certains bois morts qui ne reluisent que dans l'obscurité ; plaisirs sans passé ni avenir, ravis à des rencontres de hasard, comme la conjonction fortuite de deux astres lointains ; illusions, goûts inexplicables tentant d'aventure, comme ces saveurs aigrelettes des fruits à moitié mûrs, qui plaisent tout en agaçant les dents. Ébauches de sentiment dont la gamme est interminable et auxquels l'élévation native, la beauté, la distinction, l'élégance de ceux qui les éprouvent, prêtent une poésie réelle, souvent sérieuse, quand l'un de ces accords qu'on croyait seulement effleurer dans un rapide arpège, devient tout d'un coup un thème solennel, dont les ardentes et hardies modulations prennent dans un cœur exalté les allures d'une passion, qui veut l'éternité pour demeure !
Dans le grand nombre des Mazoures de Chopin, il règne une extrême diversité de motifs et d'impressions. Plusieurs sont entremêlées de la résonnance des éperons ; mais, dans la plupart on distingue avant tout l'imperceptible frôlement du tulle et de la gaze sous le souffle léger de la danse ; le bruit des éventails, le cliquetis de l'or et des pierreries.

Quelques-unes semblent peindre le plaisir courageux, mais creusé d'anxiété, d'un bal à la veille d'un assaut ; on entend à travers le rhythme de la danse, les soupirs et les adieux défaillants dont elle cache les pleurs. Quelques autres semblent révéler les angoisses, les peines et les secrets ennuis, apportés à des fêtes dont le bruit n'assourdit pas les clameurs du cœur. Ailleurs encore, on saisit comme des terreurs étouffées : craintes, pressentiments d'un amour qui lutte et qui survit, que la jalousie dévore, qui se sent vaincu, et qui prend en pitié dédaignant de maudire. Ensuite, c'est un tourbillonnement, un délire, au milieu duquel passe et repasse une mélodie haletante, saccadée, comme les palpitations d'un cœur qui se pâme, et se brise, et se meurt d'amour. Plus loin reviennent de lointaines fanfares, distants souvenirs de gloire.—Il en est dont le rhythme est aussi indéterminé, aussi fluide, que le sentiment avec lequel deux jeunes amants contemplent une étoile levée seule au firmament !

IV.

Après avoir parlé du compositeur et de ses œuvres, où tant de sentiments immortels résonnent, où son génie, aux prises avec la douleur, lutta, parfois vainqueur, parfois vaincu, contre cet élément terrible de la réalité qu'une des missions de l'art est de réconcilier avec le ciel ; de ses œuvres où se sont épanchés, comme des pleurs dans un lacrymatoire, tous les souvenirs de sa jeunesse, toutes les fascinations de son cœur, tous les transports de ses aspirations et de ses emportements inexprimés ; de ses œuvres où, dépassant les bornes de nos sensations trop obtuses pour sa guise, de nos perceptions trop ternes à son gré, il fait incursion dans le monde des Dryades, des Oréades, des Nymphes et des Océanides,—il nous resterait à parler de l'exécution de Chopin, si nous en avions le triste courage ; si nous pouvions exhumer des émotions entrelacées à nos plus intimes souvenirs personnels, pour parer leurs linceuls des couleurs dont il faudrait les peindre.
Nous ne nous en sentons pas l'inutile force, car quel résultat pourraient obtenir nos efforts ? Réussirait-on à faire connaître à ceux qui ne l'ont pas entendu, le charme d'une ineffable poésie ? Charme subtil et pénétrant comme un de ces légers parfums exotiques, celui de la verveine ou de la calla ethiopica, qui ne s'exhalent que dans les appartements peu fréquentés et se dissipent, comme effarouchés, dans les foules compactes, au milieu desquelles l'air épaissi ne garde plus que les senteurs vivaces des tubéreuses en pleines fleurs ou des résines en pleines flammes.
Chopin avait dans son imagination et son talent quelque chose qui, par la pureté de sa diction, par ses accointances avec la Fée aux

miettes et le Lutin d'Argail, par ses rencontres de Séraphine et de Diane, murmurant à son oreille leurs plus confidentielles plaintes, leurs rêves les plus innomés, rappelait le style de Nodier, dont on rencontrait maintes fois les volumes sur les tables de son salon.

Dans la plupart de ses Valses, Ballades, Scherzos, gît embaumée la mémoire de quelque fugitive poésie inspirée par une de ces fugitives apparitions. Il l'idéalise quelquefois jusqu'à en rendre les libres si ténues et si friables qu'elles ne paraissent plus appartenir à notre nature, mais se rapprocher du monde féerique et nous dévoiler les indiscrètes confidences des Ondines, des Titanias, des Ariels, des reines Mab, des Obérons puissants et capricieux, de tous les génies des airs, des eaux et des flammes, sujets, eux aussi, aux plus amers mécomptes et aux plus insupportables ennuis.
Quand ce genre d'inspiration saisissait Chopin, son jeu prenait un caractère particulier, quelque fut du reste le genre de musique qu'il exécutait ; musique de danse ou musique rêveuse, mazoures ou nocturnes, préludes ou scherzos, valses ou tarentelles, études ou ballades. Il leur imprimait à toutes on ne sait quelle couleur sans nom, quelle apparence indéterminée, quelles pulsations tenant de la vibration, qui n'avaient presque plus rien de matériel et, comme les impondérables, semblaient agir sur l'être sans passer par les sens. Tantôt on croyait entendre les joyeux trépignements de quelque péri amoureusement taquine ; tantôt, c'étaient des modulations veloutées et chatoyantes comme la robe d'une salamandre ; tantôt, on saisissait des accents profondément découragés, comme si des âmes en peine ne trouvaient pas les charitables prières nécessaires à leur délivrance finale. D'autres fois, il s'exhalait de ses doigts une désespérance si morne, si inconsolable, qu'on croyait voir revivre le Jacopo Foscari de Byron, contempler l'abattement suprême de celui qui, mourant d'amour pour sa patrie, préférait la mort à l'exil, ne pouvant supporter de quitter Venezia la bella ! [Le Nocturne en mi mineur (œuvre 72) nous rend quelque chose des impressions subtiles, raffinées, alambiquées, que Chopin reproduisait avec une sorte de prédilection passionnée.

Nous ne nous refusons pas le plaisir de faire connaître à celles qui les comprendront, les vers que ce morceau inspira à la belle Csse Cielecka, née Csse Bni ?ska :
Kolysze zwolna, jakby fal ? morza,
Nóty dzwi ?cznemi, pelnemi uroku.
Rozja ?nia blaskiem jakby ?ycia zorza,
Któr ? witamy czasem ze ?z ? w oku.
Dalej uderza nas walki przeczucie ;
Ton coraz glo ?niéj rozlega si ? w gór ?.
Pelen, ponury, objawia w swéj nócie
 ?wiatlo ?é ukryt ? za pos ?pn ? chmur ?.
Stróny tak silne, jakby kute w stali,
 ?alosnym j ?kiem, w duszy naszej dzwoni ? :
Mówi ? o bòlu, co nam serce pali,
Lecz co zostawia dusz ? nieska ?on ? !...
Pó ?niéj, podobny do woni wspomnienia
Znów zakolysac czasem nas powraca.
Z urokiem igra ; kolyszac cierpienia,
Swoim promykiem jeszcze nas ozlaca.
Nareszcie, jako cicha na dnie woda,
Spokój gl ?boki z nurt toni si ? wznosi,
Jak serce, które o nic ju ? nie prosi,
Lecz kwiatów ?ycia, szkoda... mówi... szkoda !...]
Chopin se livrait aussi à des fantaisies burlesques ; il évoquait volontiers parfois quelque scène à la Jacques Callot, pour faire rire, grimacer, gambader des figures fantastiques, spirituelles et narquoises, pleines de saillies musicales, pétillantes d'esprit et de humour anglais, comme un feu de fagots verts.

L'Étude V nous a conservé une de ces improvisations piquantes, où les touches noires du clavier sont exclusivement attaquées, comme l'enjouement de Chopin n'attaquait que les touches supérieures de l'esprit, amoureux d'alticisme qu'il était, reculant devant la jovialité vulgaire, le rire grossier, la gaieté commune, comme devant ces animaux plus abjects encore que venimeux, dont la vue cause les plus nauséabonds éloignements à certaines natures sensitives et douillettes.

Dans son jeu, le grand artiste rendait ravissamment cette sorte de trépidation émue, timide ou haletante, qui vient au cœur quand on se croit dans le voisinage des êtres surnaturels, en présence de ceux qu'on ne sait ni comment deviner, ni comment saisir, ni comment embrasser, ni comment enchanter. Il faisait toujours onduler la mélodie, comme un esquif porté sur le sein de la vague puissante ; ou bien, il la faisait mouvoir indécise, comme une apparition aérienne, surgie à l'improviste en ce monde tangible et palpable. Dans ses écrits, il indiqua d'abord cette manière, qui donnait un cachet si particulier à sa virtuosité, par le mot de Tempo rubato : temps dérobé, entrecoupé, mesure souple, abrupte et languissante à la fois, vacillante comme la flamme sous le souffle qui l'agite, comme les épis d'un champ ondulés, par les molles pressions d'un air chaud, comme le sommet des arbres inclinés de ci et de là par les versatilités d'une brise piquante.

Mais, le mot qui n'apprenait rien à qui savait, ne disant rien à qui ne savait pas, ne comprenait pas, ne sentait pas, Chopin cessa plus tard d'ajouter cette explication à sa musique, persuadé que si on en avait l'intelligence, il était impossible de ne pas deviner cette règle d'irrégularité.

Aussi, toutes ses compositions doivent-elles être jouées avec cette sorte de balancement accentué et prosodié, cette morbidezza dont il était difficile de saisir le secret quand on ne l'avait pas souvent entendu lui-même. Il semblait désireux d'enseigner cette manière à ses nombreux élèves, surtout à ses compatriotes auxquels il voulait, plus qu'à d'autres, communiquer le souffle de son inspiration. Ceux-ci, ou plutôt celles-là, la saisissaient avec cette aptitude qu'elles ont pour toutes les choses de sentiment et de poésie. Une compréhension innée de sa pensée leur permettait de suivre toutes les fluctuations de son vague azuré.

Chopin savait, il le savait même trop, qu'il n'agissait pas sur la multitude et ne pouvait frapper les masses, car pareils à une mer de plomb, leurs flots, malléables à tous les feux, n'en sont pas moins lourds à remuer. Ils nécessitent le bras puissant de l'ouvrier athlète pour être versés dans un moule, où le métal en fusion devient tout d'un coup une idée et un sentiment sous la forme qu'on lui impose. Chopin avait conscience de n'être parfaitement goûté que dans ces réunions, malheureusement trop peu nombreuses, dont tous les esprits étaient préparés à le suivre partout où il lui plaisait de les conduire ; à se transporter avec lui dans ces sphères où les anciens ne faisaient entrer que par la porte d'ivoire des songes heureux, entourée de pilastres diamantés aux mille feux irisés. Il prenait plaisir à surmonter cette porte, dont les génies gardent les secrètes serrures, d'une coupole dans laquelle tous les rayons du prisme se jouent, sur une de ces transparences fauves comme celle des opales du Mexique, dont les foyers kaléïdoscopiques sont cachés dans une brunie olivâtre qui les efface et les dévoile tour à tour.

Par cette porte merveilleuse, il faisait entrer dans un monde où tout est miracle charmant, surprise folle, songe réalisé ! Mais, il fallait être des initiés pour savoir comment on en franchit le seuil !
Chopin se réfugiait et se complaisait volontiers en ces régions imaginées, où il n'emmenait que de rares amis. Il professait de les estimer, et les prisait effectivement, plus que celles des rudes champs de bataille de l'art musical, où l'on tombe quelquefois aux mains d'un vainqueur improvisé, conquérant stupide et fanfaron, qui n'a qu'un jour, mais auquel un jour suffit pour faucher un parterre de lis et d'asphodèles, pour intercepter l'entrée du bois sacré d'Apollon ! Pendant ce jour, le «soldat heureux» se sent bien l'égal des rois ; mais seulement des rois de la terre, ce qui est trop peu vraiment pour l'imagination qui hante les divinités des airs et les esprits peuplant les cimes.
Sur ce terrain, d'ailleurs, l'on est à la merci des caprices d'une mode de boutiques, de réclames, d'annonces, de camaraderies, mode équivoque et de naissance douteuse. Or, si la mode bien née, la mode personne de qualité, est toujours une sotte déesse, que doit-ce être d'une mode sans parents avouables ! Les natures d'artiste finement trempées, éprouveraient sûrement une répugnance bien naturelle à se mesurer corps à corps avec un de ces Hercule de foire, déguisé en prince de l'art, qui guettent le virtuose de race sur son chemin,

comme un manant prêt à assaillir de ses coups de bâton le chevalier armé de la veille, en quête de nobles aventures. Mais elles souffriraient moins peut-être d'avoir à lutter contre un si piètre adversaire, que de se voir réduites à recevoir des coups d'épingle qui simulent des coups de poignard, d'une mode vénale, d'une mode commerçante, d'une mode industrielle, insolente courtisane qui prétend en remontrer à l'Olympe des grands salons du beau-monde !

Elle voudrait même, l'insensée, s'abreuver à la coupe de Hébé qui, rougissant à son approche, implore pour la foudroyer, tantôt l'aide de Vénus, tantôt celle de Minerve ! Vainement ! Ni la beauté suprême ne parvient à éclipser son fard de marchande d'orviétan, ni la sagesse armée de toutes pièces ne peut lui arracher sa marotte dont elle se fait un sceptre de paille goudronnée ! En cette détresse, il ne reste à la déesse de l'immortalité d'autre ressource que de se détourner indignée de cette intruse de bas-étage. C'est ce qui ne manque pas d'arriver ! L'on voit alors les cosmétiques s'écailler sur ses joues bouffies et vulgaires, les rides se montrer, et la vieille édentée chassée, avant d'avoir eu le temps d'être délaissée.
Chopin avait presque quotidiennement le spectacle, peu dramatique, parfois plaisant jusqu'à la bouffonnerie, des mésaventures de quelque protégé de cette mode interlope, quoique de son temps l'effronterie des «entrepreneurs de réputations artistiques», des cornacs de bêtes plus ou moins curieuses, plus ou moins artificielles, «produit unique de la carpe et du lapin», était loin d'avoir atteint les impudentes audaces et les proportions millionnaires qu'elles ont prises depuis. Toutefois, quoique dans l'enfance de l'art, la spéculation pouvait déjà faire assez d'excursions sur le terrain réservé aux Muses pour que celui qui les hantait exclusivement, qui après sa patrie perdue n'aimait qu'elles, qui ne se consolait de sa patrie perdue qu'avec elles, fût comme épouvanté devant cette grande diablesse ! Sous l'impression terrifiée du dégoût qu'elle lui inspirait, le musicien-poète disait un jour à un artiste de ses amis, qu'on a beaucoup entendu depuis : «Je ne suis point propre à donner des concerts ; la foule m'intimide, je me sens asphyxié par ses haleines précipitées, paralysé

par ses regards curieux, muet devant ses visages étrangers ; mais toi, tu y es destiné, car quand tu ne gagnes pas ton public, tu as de quoi l'assommer».

Cependant, mettant à part la concurrence des artistes qui n'en sont pas, des virtuoses qui dansent sur la corde de leur violon, de leur harpe ou de leur piano, il est certain que Chopin se sentait mal à l'aise devant un «grand public», ce public d'inconnus, dont on ne sait jamais dix minutes à l'avance s'il faut le gagner ou l'assommer : l'entraîner par l'irrésistible aimant de l'art vers les hauteurs dont l'air raréfié dilate les poumons sains et purs, ou bien, stupéfier par ses révélations gigantesques et exultantes, des auditeurs venus pour chicaner sur des vétilles. Il est hors de doute que les concerts fatiguaient moins la constitution physique de Chopin, qu'ils ne provoquaient son irritabilité de poète. Sa volontaire abnégation des bruyants succès cachait, à qui savait le discerner, un froissement intérieur. Ayant un sentiment très distinct de sa supériorité native, (comme tous ceux qui ont su la cultiver au point de lui faire rendre cent pour cent), le pianiste polonais n'en recevait pas du dehors assez d'échos intelligents, pour gagner la tranquille certitude d'être réellement apprécié à toute sa valeur. Il avait vu d'assez près l'acclamation populaire pour connaître cette bête, parfois intuitive, parfois ingénuement et noblement passionnée, plus souvent fantasque, capricieuse, rétive, déraisonnable, ayant encore en elle du sauvage : sottement engouée, sottement encolérée, car elle s'engoue des verroteries qu'on lui jette et laisse passer inaperçus les plus nobles joyaux ; elle se fâche pour des bagatelles et se laisse enjôler par les plus fades flagorneries. Mais, chose étrange, Chopin qui la savait par cœur, en avait horreur et s'en faisait besoin. Il oubliait en elle le sauvage, pour regretter ses naïves émotions d'enfant, qui pleure, qui souffre, qui s'exalte de toute son âme, au récit de toutes les fictions, de toutes les souffrances et de toutes les extases !

Plus «ce délicat», cet épicurien du spiritualisme, perdait l'habitude de dompter et de braver le «grand public», plus il lui en imposait.

Pour rien au monde il n'eût voulu qu'une mauvaise étoile lui donne le dessous en sa présence, dans un de ces combats singuliers où l'artiste, comme un valeureux combattant dans un tournoi, jette son défi et son gant à quiconque lui conteste la beauté et la primauté de sa dame ; c'est-à-dire, de son art ! Il se disait probablement, certes avec raison, que lui, vainqueur au dehors, n'aurait pu être ni plus aimé, ni plus goûté, qu'il ne l'était déjà par le groupe spécial qui composait son «petit public». Il se demandait peut-être, non à tort, hélas ! tant sont incertaines les humaines opinions, tant sont ondoyantes les humaines affections, si lui, vaincu au dehors, ne serait pas moins aimé, moins apprécié, par ses plus fervents admirateurs ? La Fontaine l'a bien dit : «les délicats sont malheureux !»

Ayant ainsi conscience des exigences qu'entraînait la nature de son talent, il ne jouait que rarement pour tout le monde. Hormis quelques concerts de début, en 1831, dans lesquels il se fit entendre à Vienne et à Munich, il n'en donna plus que peu à Paris et à Londres et ne put guère voyager à cause de sa santé. Elle lui fit subir des crises quelquefois fort dangereuses, restant toujours débile, exigeant toujours de grandes précautions ; néanmoins, elle lui laissait de belles saisons de répit, de belles années d'un équilibre qui lui donnait une force relative. Elle ne lui eût point permis de se faire connaître dans toutes les cours et toutes les capitales d'Europe, de Lisbonne à Saint-Pétersbourg, en s'arrêtant aux villes d'université et aux cités manufacturières, comme un de ses amis dont le nom monosyllabique, aperçu un jour sur les affiches des murs de Teschen par l'Impératrice de Russie, la fit sourire en s'écriant : «Comment ! Une si grande réputation dans un si petit endroit !»

Néanmoins, la santé de Chopin ne l'eût point empêché de se faire plus souvent entendre là, où il se trouvait ; sa constitution délicate était donc moins une raison, qu'un prétexte d'abstention, pour éviter d'être mis et remis en question.

Pourquoi ne pas l'avouer ? Si Chopin souffrait de ne point prendre part à ces joûtes publiques et solennelles, où l'acclamation populaire salue le triomphateur ; s'il se sentait déprimé en s'en voyant exclu, c'est qu'il ne comptait pas assez sur ce qu'il avait, pour se passer gaiement de ce qu'il n'avait pas. Quoiqu'effarouché par le «grand public», il voyait bien que celui-ci, en prenant au sérieux son propre verdict, forçait aussi les autres à le prendre pour tel : tandis que le «petit public», le monde des salons, est un juge qui commence par ne pas se reconnaître d'autorité à lui-même : qui aujourd'hui encense, demain renie ses dieux. Il a peur des excentricités du génie, il recule devant les hardiesses d'une grande supériorité, d'une grande individualité, d'une grande âme, d'un grand esprit, ne se sentant pas assez sûr de lui-même pour reconnaître celles qui sont justifiées par les exigences intérieures d'une inspiration qui cherche sa voie, en repoussant sans hésitation celles qui ne correspondent qu'à de petites passions, n'ayant rien d'exceptionnel : à des «poses» d'un but fort ordinaire, se formulant en un désir d'éblouir un peu, pour gagner beaucoup d'argent dans un métier lucratif, au bout duquel on aperçoit une bonne retraite de rentier bourgeoisement casé.

Le monde des salons ne distingue pas ces personnalités si différentes qu'on pourrait les appeler les antipodes l'une de l'autre, parce qu'il n'a point encore pris à cœur de penser par lui-même, en dehors de la tutelle du feuilletoniste qui dirige les opinions artistiques, comme le directeur de conscience dirige les opinions religieuses.

Il ne sait donc pas distinguer les grands mouvements, les aspirations tumultueuses des sentiments jetant Ossa sur Pélion pour escalader les astres, d'avec les mouvements emphatiques de sentiments d'un amour-propre mesquin, d'une égoïste suffisance, joints à une vile courtisanerie des passions du jour, des vices élégants, de l'immoralité à la mode, de la démoralisation régnante ! Il ne distingue pas davantage la simplesse des grandes pensées, se traduisant sans aucun «effet» cherché, d'avec les conventionalités surannées d'un style qui a fait son temps et dont les vieilles douairières deviennent les gardiennes attitrées, faute de savoir suivre d'un œil intelligent les incessantes transformations de l'art.

Pour s'épargner le soin d'apprécier, en connaissance de cause, l'intégrité des sentiments du poète-artiste dont l'étoile semble monter sur le firmament de l'art ; pour s'éviter la peine de prendre l'art au sérieux, afin d'être à même de préjuger avec quelque divination des promesses que les jeunes hommes apportent et des qualités qui leur permettront de les réaliser, le monde des salons ne soutient avec constance, pour mieux dire, il ne protège avec obstination, que les médiocrités adulatrices, dont il n'a à redouter aucune nouveauté embarrassante, (keine Genialität) ; qui se laissent traiter de haut en bas et que l'on maltraite à son aise, n'ayant jamais à en craindre ni un défaut gênant, ni un lustre ineffaçable !

Ce «petit public» tant vanté peut bien mettre au jour une vogue ; mais cette vogue, d'un prestige enivrant si l'on veut, n'a pas plus de réalité qu'une heure d'ivresse charmante, produite par le vin mousseux qu'on extrait, dans le pays de Cachemire, des pétales de roses et d'œillets légèrement fermentés.

Cette vogue est une chose éphémère, chétive, sans consistance, sans vie réelle, toujours prête à s'évaporer, parce qu'elle ignore sa raison d'être et souvent n'en a aucune à donner. Pendant que le gros public, qui ignore souvent aussi pourquoi et comment il s'est senti saisi, frémissant, électrisé, «empoigné» dit le plébéien ravi, renferme du moins ces «gens du métier» qui savent ce qu'ils disent et pourquoi ils le disent,—tant que la tarantule de l'envie ne les a point piqués et ne leur fait point cracher à chaque discours, comme à la fée malfaisante des contes de Perrault, les vipères et les crapauds du mensonge, au lieu des perles fines et des fleurs odorantes de la vérité, comme le commanderaient les errements de bonne dame Justice !

Chopin semblait se demander maintes fois, non sans un secret déplaisir, jusqu'à quel point les salons d'élite remplaçaient par leurs applaudissements discrets les foules et les masses qu'il abandonnait, faisant par là acte d'abdication involontaire ? Quiconque savait lire sur sa physionomie pouvait deviner combien de fois il s'était aperçu, qu'entre ces beaux messieurs si bien frisés et pommadés, entre ces belles dames si décolletées et si parfumées, tous ne le comprenaient pas. Après quoi, il était bien moins sûr encore si ce peu qui le comprenait, le comprenait bien ? Il en résultait un mécontentement, assez indéfini peut-être pour lui-même, du moins quant à sa véritable source, mais qui le minait sourdement. On le voyait choqué presque par des éloges qui sonnaient creux ou sonnaient faux à son oreille. Tous ceux auxquels il avait droit de prétendre ne lui parvenant pas en larges bouffées, il était porté à trouver fâcheuses les louanges isolées quand elles portaient à côté, ne visant presque jamais juste, ne touchant le point sensible que par un pur hasard, que le fin regard de l'artiste savait distinguer sous les dentelles des mouchoirs humides et sous le mouvement rhythmé des éventails coquets battant des ailes !

À travers les phrases polies par lesquelles il secouait souvent, ainsi qu'une poussière dorée, mais importune, des compliments qui lui semblaient montés sur des fils-d'archal, comme les fleurs des bouquets qui encombraient les jolies mains et les empêchaient de se tendre vers lui, on pouvait, avec un peu de pénétration, découvrir qu'il se jugeait non seulement peu applaudi, mais mal applaudi. Il préférait alors n'être pas troublé dans la placide solitude de ses contemplations intérieures, de ses fantaisies, de ses rêves, de ses évocations de poète et d'artiste. Beaucoup trop fin connaisseur en raillerie, trop ingénieux moqueur lui-même, pour prêter le flanc au sarcasme, il ne se drapa point en génie méconnu. Sous une apparente satisfaction, pleine de bon goût et de bonne grâce, il dissimula si complètement la blessure de son légitime orgueil qu'on n'en remarqua presque pas l'existence. Mais, ce n'est pas sans raison qu'on attribuerait la rareté graduellement croissante des occasions dans lesquelles on pouvait obtenir de lui qu'il s'approche du piano, plus encore au désir qu'il éprouvait de fuir les hommages qui ne lui apportaient pas le genre de tribut qu'il se croyait dû, qu'à l'augmentation de sa faiblesse, mise à de tout aussi rudes épreuves par les longues heures qu'il passait à jouer chez lui, aussi bien que par les leçons qu'il n'a jamais cessé de donner.
Il est à regretter que les indubitables avantages qui devraient résulter pour l'artiste à ne cultiver que des auditeurs choisis, se trouvent ainsi diminués par la parcimonieuse expression de leurs sympathies et par l'absence complète d'une véritable entente de ce qui détermine le Beau en soi, comme des moyens qui le révèlent et qui constituent l'Art.

Les appréciations de salon ne sont que d'éternels à-peu-près, comme les appelait Saint-Beuve, dans une boutade mignonne d'un de ces feuilletons saupoudrés et pailletés de fins aperçus qui, chaque lundi, charmaient ses lecteurs. Le beau monde ne recherche que des impressions superficielles, n'ayant aucune racine dans des connaissances préalables, aucune portée et aucun avenir dans un intérêt sincère et soutenu ; impressions si passagères, qu'on peut les appeler plutôt physiques que morales.—Trop préoccupé des petits intérêts du jour, des incidents de la politique, des succès de jolies femmes, des bons-mots de ministres «à pied» ou de désœuvrés mécontents, du mariage ou des relevailles de quelque élégante du moment, des maladies d'enfants ou des liaisons peu édifiantes, de médisances qu'on traite de calomnies ou de calomnies qu'on traite de médisances, le grand monde ne veut en fait de poésie, ne supporte en fait d'art, que des émotions qui s'inhalent en quelques minutes, s'épuisent en une soirée, s'oublient le lendemain !

Le grand monde finit ainsi par n'avoir pour constants commensaux que des artistes vains et obséquieux, faute de savoir être fiers et patients. Puis, en s'affadissant le goût avec eux, il perd la virginité, l'originalité, la spontanéité primitive de ses sensations ; ensuite de quoi, il ne saurait plus saisir, ni ce qu'un artiste de grand calibre, un poète de grande lignée, veulent dire, ni s'ils le disent de la bonne manière. Par là, si haut qu'il soit, la grande poésie, le grand art surtout, demeurent au-dessus de lui ! L'Art, le grand art, a froid dans les appartements tendus de damas rouge ; il s'évanouit dans les salons jaune paille ou bleu nacré. Tout véritable artiste l'a senti, quoique tous n'ont pas su s'en rendre compte.

Un virtuose de quelque renommée, plus familiarisé que d'autres avec les variations du thermomètre intellectuel selon des divers milieux sociaux, connaissant bien ces températures toujours fraîches, parfois glaciales et glaçantes, répéta souvent : «À la cour, il faut être court !» Et il ajoutait entre amis : «Il ne s'agit donc pas de nous entendre, mais de nous avoir entendu !... Ce que nous disons importe peu, pourvu que le rhythme arrive jusqu'au bout des pieds et fasse penser à une valse passée ou future !»

D'ailleurs, le glacé conventionnel du grand monde qui recouvre la grâce de ses approbations, comme les fruits de ses desserts ; l'affectation, l'afféterie, les minauderies des femmes ; l'empressement hypocrite et envieux des jeunes gens, qui voudraient de fait étrangler celui dont la présence détourne d'eux le regard de quelque belle, l'attention de quelque oracle de salon, sont des éléments trop peu intelligents, trop peu sincères, trop factices en définitive, pour que le poète s'en contente. Lorsque des hommes qui se rengorgent, se croient «sérieux» et dansent, eux aussi, sur la corde raide des affaires, daignent laisser tomber un mot du bout de leurs lèvres fanées et sceptiques pour applaudir l'artiste qu'ils pensent honorer, cette condescendance fastueuse ne l'honore pas du tout s'ils l'applaudissent à contresens, en louant ce qu'il prise le moins dans son art et estime le moins en lui-même.

Il y trouve plutôt occasion de se convaincre que là, personne n'est admis à l'auguste fréquentation des Muses. Les femmes qui se pâment parce que leurs nerfs sont excités, sans rien saisir de l'idéal que l'artiste chante, de l'idée qu'il a voulu exprimer sous les formes du beau ; les hommes qui se morfondent dans leurs cravates blanches parce que les femmes ne s'occupent pas d'eux, ne sont, certes, ni les unes, ni les autres, préparés et disposés à voir en lui autre chose qu'un acrobate de bonne compagnie.

Que peuvent-ils savoir du beau langage des filles de Mnémosyne, des révélations d'Apollon Musagète, ces hommes et ces femmes habitués dès leur enfance à ne goûter que des plaisirs intellectuels qui frisent la platitude, cachée sous les formes mignardes d'une distinction niaise ? En fait d'arts plastiques, tous tant qu'ils sont s'affolent du bric-à-brac devenu le cauchemar des salons où l'on se pique d'avoir le goût, ne possédant pas le sentiment des arts ; on s'y éprend de l'insipide quidam qui se laisse surnommer «le dieu de la porcelaine et de la verrerie» ; on s'y arrache le fade dessinateur des vues de château, de vignettes maniérées et de madonnes guindées ! En fait de musique, on raffole des romances faciles a roucouler et des «pensées fugitives» faciles à épeler !

Une fois arraché à son inspiration solitaire, l'artiste ne peut la retrouver que dans l'intérêt de son auditoire, plus qu'attentif, vivant et animé, pour ce qu'il a de meilleur en lui ; pour ce qu'il sent de plus noble, pour ce qu'il pressent de plus élevé, pour ce qu'il veut de plus dévoué, pour ce qu'il rêve de plus sublime, pour ce qu'il dit de plus divin. Tout cela est aussi incompris qu'ignoré de nos salons actuels, où la Muse ne descend guère que par mégarde, pour aussitôt s'envoler vers d'autres régions. Une fois partie, emportant avec elle l'inspiration, l'artiste ne retrouve plus celle-ci dans les airs provoquants et les sourires sémillants qui ne demandent qu'à être désennuyés, dans les froids regards d'un aréopage de vieux diplomates blasés, sans foi et sans entrailles, qu'on dirait rassemblés pour juges des mérites d'un traité de commerce ou des expériences qui donnent droit à un brevet d'invention.

Pour que l'artiste soit véritablement à sa propre hauteur, pour qu'il s'élève au-dessus de lui-même, pour qu'il transporte son auditoire en étant hors de lui, enlevé et illuminé par le feu divin, l'estro poetico, il lui faut sentir qu'il ébranle, qu'il émeut ceux qui l'écoutent, que ses sentiments trouvent en eux l'accord des mêmes instincts, qu'il les entraîne enfin à sa suite dans sa migration vers l'infini, comme le chef des troupes ailées, lorsqu'il donne le signal du départ, est suivi par tous les siens vers de plus beaux rivages.
En thèse générale, l'artiste aurait tout à gagner de ne fréquenter qu'une société de «patriciens éclairés», car ce n'est pas sans un certain fond de raison que le Cte Joseph de Maistre, voulant une fois improviser une définition du Beau, s'écria : «le Beau, c'est ce qu'il plaît au patricien éclairé !»—Sans doute, le patricien devant être par sa position sociale au-dessus de toutes les considérations intéressées et des prédilections communes qui en découlent, appelées bourgeoises, parce que la bourgeosie tient en ses mains les intérêts matériels d'une nation ; le patricien est précisément désigné, non seulement pour comprendre, mais pour stimuler, aiguillonner, acclamer et encourager, l'expression et l'élan de tous les sentiments rares, héroïques, délicats, désintéressés, voués aux grandes choses et aux grandes idées, que l'art a pour mission de faire briller de tout leur éclat dans les créations bénies de ses formes visibles ou audibles ;

que seul il peut révéler, dépeindre et décrire, avec une intensité surhumaine ; que seul il peut glorifier, auquel seul il peut départir l'apothéose d'une immortalité terrestre ! Telle serait la thèse.—Mais, si nous envisageons l'antithèse, il faudra malheureusement avouer que, sauf des cas exceptionnels, l'artiste a quelquefois moins à gagner qu'à perdre lorsqu'il prend goût à la société de la noblesse contemporaine.

Il s'y effémine, il s'y rapetisse, il s'y réduit au rôle d'un amuseur charmant, d'un passe-temps comme il faut et coûteux ; à moins qu'on ne l'exploite adroitement, ce qui se voit au sommet et à la base de l'échelle aristocratique.
Dans les cours, depuis des temps immémoriaux, l'on éreinte le poète et l'artiste en laissant à d'autres Mécènes le soin de les récompenser véritablement et dignement, parce qu'on se figure qu'un sourire impérial, une approbation royale, une faveur souveraine, une épingle ou des boutons de diamants suffisent,—et au delà !—pour compenser toutes les pertes de temps, de facultés ardentes et d'énergies vitales, auxquelles ils s'exposent en approchant de ces centres solaires incandescents. Firdousi, l'Homère persan, recevait en monnaie de cuivre les mille pièces effigiées que son sultan lui avait promis en monnaie d'or ; Kryloff, le fabuliste, raconte dans un apologue digne d'Esope, comment l'écureuil qui avait diverti le roi-lion vingt ans durant, lui renvoyait le sac de noisettes reçu lorsqu'il n'avait plus de dents pour les croquer.
En revanche, chez les rois et les princes de la finance, où l'on contrefait plus qu'on n'imite les manières des vrais grands-seigneurs, où tout se paie argent-comptant,—même la visite d'un potentat tel que Charles-Quint, auquel on offre ses propres lettres de change pour allumer son feu de cheminée quand il daigne se faire héberger par son banquier,—le poète et l'artiste n'en sont pas à attendre un honoraire qui mette leur vieillesse à l'abri du besoin. M. de Rothschild, pour n'en citer qu'un seul, fit participer Rossini à d'excellentes affaires qui le gorgèrent de richesses. Cet exemple, qui eut ses nombreux précédents, fut suivi par plus d'un Rothschild et d'un Rossini au petit pied quand l'artiste préférait, (non sans un

soupir peut-être), acquérir à bon marché un pot-au-feu toujours fumant, en renonçant à se nourrir de l'ambroisie des dieux qui laisse l'estomac vide, l'habit râpé, la mansarde sans soleil et sans feu !...

Qu'arrive-t-il de ce contraste ? Les cours épuisent le génie et le talent de l'artiste, l'inspiration et l'imagination du poète, comme la beauté des femmes éclatantes épuise par l'admiration incessante qu'elle provoque, les forces courageuses et viriles de l'homme.—Le monde bourgeois des enrichis étouffe l'artiste et le poète dans la gloutonnerie du matérialisme ; là, femmes et hommes ne savent mieux faire que de les engraisser, comme on engraisse les King-Charles de sofas de boudoir, jusqu'à les faire crever d'embonpoint devant leur assiette en porcelaine du Japon.—De cette façon, les splendeurs des premiers et des derniers gradins de la puissance et de la richesse sont également funestes à ces êtres marqués par le sort du signe «fatale et beau» ; à ces privilégiés de la nature, dont les Grecs disaient que le maître des cieux les ayant oubliés dans la répartition des biens de la terre, leur donna en compensation le privilège de monter jusqu'à lui chaque fois qu'ils en éprouvent le beau désir. Mais, ces êtres n'étant pas moins accessibles que d'autres aux mauvaises tentations, le grand monde et le beau monde portent la responsabilité de celles qui les dévorent ou les suffoquent derrière les lourdes portières capitonnées. Quand donc ces privilégiés de la nature oublient leur droit de monter jusque chez le maître des cieux, il est juste qu'on ne les condamne pas toujours sans condamner aussi ceux qui, ne sachant point les écouter quand ils font entendre les voix d'un monde meilleur, se contentent d'exploiter leur talent sans respect pour leur inspiration !
À la cour on est trop distrait pour toujours suivre la pensée de l'artiste et le vol du poète ; trop occupé pour se souvenir de leur bien-être et des besoins de leur position sociale, (chose pardonnable après tout et qui se conçoit) ; on les exploite donc sans merci ni remords, au profit du plaisir, de l'ostentation, de la gloire.

Cependant, il vient un moment, on ne sait quand, où, la distraction cessant, l'occupation cédant, chacun y comprend le poète et l'artiste comme nul ne le comprend ailleurs ; où le souverain le récompense comme nul ne pourrait le faire ailleurs, et cet instant, qui a lieu pour quelques-uns, brille désormais aux yeux de tous comme un phare, une étoile polaire, que chacun croit devoir luire pour lui aussi ! Ce qui n'est pas.

Chez les parvenus qui s'empressent de payer leurs vanités satisfaites, ne se sentant grands que par l'argent qu'ils dépensent, on a beau écouter de toutes ses oreilles, on a beau regarder de tous ses yeux, on ne comprend ni la haute poésie, ni le grand art. Les intérêts, dits positifs, exercent là un empire trop absorbant et trop fascinant, pour permettre qu'on s'initie aux austères voluptés du renoncement, aux saintes indignations de la vertu luttant contre l'adversité, aux sacrifices que l'honneur commande et que l'enthousiasme embellit, aux nobles mépris des faveurs de la fortune, aux défis audacieux lancés à un destin cruel, à tous ces sentiments enfin qui alimentent la haute poésie et le grand art, alors qu'ils ne se souviennent même plus de l'existence des craintes, des prudences, des précautions, qui se puisent dans les livres de comptabilité en partie double. En ces parages, le poète et l'artiste sont exploités au profit de la vulgarité qui l'abaisse et parfois le dégrade.

Mais, comme le rayon solaire qui se dégage d'un trône peut ne jamais venir, comme la pluie d'or que distillent les billets de banque ne manque jamais d'endormir la Muse, qu'y aurait-il d'étonnant si dans cette alternative, plutôt que de chanter leurs plus beaux chants, de dire leurs plus beaux secrets à qui les écoute sans les entendre, l'artiste et le poète préféraient maintes fois avoir faim, avoir froid, au moral ou au physique, rester dans une d'écho, de reflets, d'expansion, pour prendre foi en elle-même ? solitude stérile, contraire à leur nature qui a besoin de chaleur,

Qu'y aurait-il d'étonnant s'ils choisissaient le sort de Shakespeare ou de Camoëns, plutôt que d'être toujours dupes d'espérances trop tardives à se réaliser, d'une admiration trop souvent mal placée et par là indifférente ; plutôt que d'être si bien repus, qu'ils en soient réduits à l'impuissance des bêtes de basse-cour ? Si quelque chose doit surprendre, c'est que beaucoup de ces êtres privilégiés ne fassent point ainsi ! C'est qu'il y en ait tant qui condescendent à préférer l'éclat des bougies et les revenant bons d'un métier d'histrion, à une vie et à une mort solitaires ! Si l'on voit si rarement un tel spectacle, il faut l'attribuer à la faiblesse de caractère de ces infortunés ! Étant poètes et artistes grâce à leurs facultés imaginatives, ils se laissent leurrer par l'imagination qui, tantôt les ravit jusqu'aux cieux, tantôt les attarde entre les pompes de la cour ou le luxe de la haute-banque, en les détournant de leur vraie vocation.

Le Cte Joseph de Maistre avait un juste pressentiment lorsqu'il parlait du «patricien éclairé», comme d'un vrai juge du Beau ; il laissa seulement sa pensée incomplète. Car l'aristocratie, en tant que telle, n'a point pour mission sociale de faire, à l'anglaise, des glosses sur Homère, des monographies sur tel poète arabe oublié et tel trouvère retrouvé ; des études approfondies sur Phidias, Apelle, Michel-Ange, Raphaël, des recherches curieuses sur Josquin-des-Près, Orlando-di-Lasso, Monteverde, Féo, etc. etc. Sa supériorité consiste à conserver dans ses mains la direction des enthousiasmes de son temps ; des aspirations, des attendrissements, des compassions propres à la génération contemporaine, qui trouvent leur expression la plus pénétrante, la plus contagieuse si l'on ose dire, dans les accents du musicien ou du dramaturge, dans les visions du peintre et du sculpteur !

Or, l'aristocratie ne peut conserver cette direction qu'en devenant la vraie providence de la poésie et de l'art. Mais pour cela, il faudrait que le patriciat n'abandonne point au hasard du goût de chacun, la protection qu'il doit à l'artiste et au poète ! Il faudrait qu'il eût dans son sein des hommes qui sachent, non moins bien que l'histoire de leur pays, de leur famille, de certaines sciences, l'histoire des beaux-arts ; celle de leurs grandes époques, de leurs grands styles, de leurs transformations dernières, de vraies causes et des vrais effets de leurs rivalités et de leurs luttes contemporaines, afin que le grand-seigneur ne fasse point une demi-douzaine de fautes d'orthographe artistique, ne laisse point échapper une douzaine de réflexions d'une ignorance naïve, privées de syntaxe et parfois de grammaire, dans la moindre de ses conversations quelque peu suivie avec un artiste ou un poète ; danger auquel il n'échappe d'ordinaire, qu'en se retranchant derrière une insignifiance qui agace encore plus l'artiste et irrite le poète.

Il faudrait aussi qu'une tradition sacrée commande au patriciat de dédaigner ces menues manifestations de l'art à bon marché, qui sous forme de chansons banales, de pianotement facile, de photographies coloriées, de mauvaise peinture, d'infâme sculpture, de hochets peints, pétris, chantés, joués, que les artistes ont honte de fabriquer, devraient être reléguées plus bas, défrayer les plaisirs de plus modestes demeures que celles dont les portes sont surmontées d'un blason séculaire.—Il faudrait qu'une tradition intelligente commande au patriciat, de ne se complaire que dans la haute poésie et dans le grand art ; de ne protéger que les poètes qui chantent les plus nobles sentiments, les artistes qui expriment les plus audacieux héroïsmes, les plus parfaites délicatesses, les plus idéales tendresses, l'amour le plus pur, le pardon le plus généreux, le dévouement le plus désintéressé, l'immolation volontaire, tout ce qui transporte l'âme humaine dans ces régions d'une haute spiritualité, dont l'atmosphère l'élève et la fait vivre au-dessus des préoccupations égoïstes et épicuriennes, que la poursuite des intérêts matériels ou spéciaux réveillent et nourrissent dans les autres classes de la société.

Même dans celles de la science, où les passions ne répudient pas toujours assez les injustices de l'irritabilité et les convoitises d'une vanité effrénée, pour atteindre aux sphères supérieures et sereines de la haute poésie et du grand art !

Il faudrait encore que le patriciat s'affranchisse du joug qu'il a eu le tort d'accepter ; le joug d'une mode venue d'en bas, dont il feint d'ignorer les ignobles origines, dont il subit sans sourciller, que dis-je ? avec empressement, le despotisme factice et malsain, dans ses «costumes» d'une coupe extravagante, dans ses divertissements d'une allure triviale, dans ses manières qui, ayant perdu toute distinction, ne laissent plus apercevoir aucune différence avec celle des «bons bourgeois de Paris !» Il faudrait enfin que le patriciat, se relevant à sa juste hauteur, reprenne son droit inné de «donner le ton», pour imposer effectivement le «bon ton» ;—le bon ton dont la vraie

caractéristique est d'inspirer le respect et l'estime de ceux qui pensent, réfléchissent, motivent leurs jugements, en même temps qu'il impose sa mode à cet innombrable troupeau de moutons de Panurge que composent les ravissantes nullités de salons, disposant d'un auditoire exquis et de rentes héréditaires à bien employer.
Mais, en eût-il été pour Chopin autrement qu'il n'a effectivement été ; eût-il recueilli toute la part d'hommages et d'admirations exaltées qu'il méritait si bien, dans ces salons renommés où le bon goût semble être seul appelé à régner, dans ce monde superlatif dont les indigènes se figurent bien être d'une autre pâte que le reste des mortels ; Chopin eût-il été entendu, comme tant d'autres, par toutes les nations et dans tous les climats ; eût-il obtenu ces triomphes éclatants qui créent un capitole partout où les populations saluent l'honneur et le génie ; eût-il été connu et reconnu par des milliers au lieu de ne l'être que par des centaines d'auditoires émus, nous ne nous arrêterions pourtant point à cette partie de sa carrière pour en énumérer les succès.

Que sont les bouquets à ceux dont le front appelle d'immortels lauriers ? Les éphémères sympathies, les louanges de passage, ne se mentionnent qu'à peine en présence d'une tombe que réclament de plus entières gloires. Les créations de Chopin sont destinées à porter dans des nations et des années lointaines, ces joies, ces consolations, ces bienfaisantes émotions, que les œuvres de l'art réveillent dans les âmes souffrantes, altérées et défaillantes, persévérantes et croyantes, auxquelles elles sont dédiées, établissant ainsi un lien continu entre les natures élevées, sur quelque coin de terre, dans quelque période des temps qu'elles aient vécu, mal devinées de leurs contemporains quand elles ont gardé le silence, souvent mal comprises quand elles ont parlé !
«Il est diverses couronnes, disait Goethe ; il est en même qu'on peut commodément cueillir durant une promenade.» Celles-ci charment quelques instants par leur fraîcheur embaumée, mais nous ne saurions les placer à côté de celles que Chopin s'est laborieusement acquises par un travail constant et exemplaire, par un amour sérieux de l'art, par un douloureux ressentiment des émotions qu'il a si bien

exprimées. Puisqu'il n'a point cherché avec une mesquine avidité ces couronnes faciles, dont plus d'un de nous a la modestie de s'enorgueillir ; puisqu'il vécut homme pur, généreux, bon et compatissant, rempli d'un seul sentiment, le plus noble des sentiments terrestres, celui de la patrie ; puisqu'il a passé parmi nous comme un fantôme consacré de tout ce que la Pologne récèle de poésie,—prenons garde de manquer de révérence à sa mémoire.
Ne lui tressons pas des guirlandes de fleurs artificielles ! Ne lui jetons pas des couronnes faciles et légères ! Élevons nos sentiments en face de ce cercueil !

Nous tous qui, par la grâce de Dieu, avons le suprême honneur d'être artistes, interprètes choisis par la nature elle-même du Beau éternel ; nous tous qui le sommes devenus, par droit de conquête aussi bien que par droit de naissance, soit que notre main assouplisse le marbre ou le bronze, soit qu'elle manie un pinceau irradiant ou le noir burin qui grave lentement ses lignes pour la postérité, soit qu'elle coure sur le clavier ou saisisse la baguette qui, le soir, commande aux fougueuses phalanges d'un orchestre, soit qu'elle tienne le compas de l'architecte emprunté à Uranie ou la plume de Melpomène trempée dans le sang, le rouleau de Polymnie que mouillent les larmes ou la lyre de Clio accordée par la vérité et la justice, apprenons de celui que nous venons de perdre, à repousser tout ce qui ne tient pas à l'élite des ambitions de l'Art ; à concentrer nos soucis sur les efforts qui tracent un sillon plus profond que la vogue du jour ! Renonçons aussi, pour nous-mêmes, aux tristes temps de futilité et de corruption artistique où nous vivons, à tout ce qui n'est pas digne de l'art, à tout ce qui ne renferme pas des conditions de durée, a tout ce qui ne contient pas en soi quelque parcelle de l'éternelle et immatérielle beauté, qu'il est enjoint à l'art de faire resplendir pour resplendir lui-même !
Ressouvenons-nous de l'antique prière des Doriens, dont la simple formule était d'une si pieuse poésie lorsqu'ils demandaient aux dieux de leur donner, le Bien par le Beau ! Au lieu de tant nous mettre en travail pour attirer les foules et leur plaire à tout prix, appliquons-nous plutôt, comme Chopin, à laisser un céleste écho de ce que nous

avons ressenti, aimé et souffert ! Apprenons enfin de lui et de l'exemple qu'il nous a légué, à exiger de nous-mêmes ce qui donne rang dans la cité mystique de l'art, plutôt que de demander au présent, sans respect de l'avenir, ces couronnes faciles qui, à peine entassées, sont incontinent fanées et oubliées !...

En leur place, les plus belles palmes que l'artiste puisse recevoir de son vivant ont été remises aux mains de Chopin par d'illustres égaux. Une admiration enthousiaste lui était vouée par un public, plus resserré encore que l'aristocratie musicale dont il fréquentait les salons. Il était formé par un groupe de noms célèbres qui s'inclinaient devant lui, comme des rois de divers empires rassemblés pour fêter un des leurs, pour être initié aux secrets de son pouvoir, pour contempler les magnificences de ses trésors, les merveilles de son royaume, les grandeurs de sa puissance, les œuvres de sa création. Ceux-là lui payaient intégralement le tribut qui lui était dû. Il n'eût pu en être autrement dans cette France, dont l'hospitalité sait discerner avec tant de goût le rang de ses hôtes.
Les esprits de plus éminents de Paris se sont maintes fois rencontrés dans le salon de Chopin. Non pas, il est vrai, dans ces réunions d'artistes d'une périodicité fantastique, telle que se les figure l'oisive imagination de quelques cercles cérémonieusement ennuyés ; telles qu'elles n'ont jamais été, car la gaieté, la verve, l'entrain, n'arrivent pour personne à heure fixe, peut-être moins qu'à personne aux véritables artistes. Tous, plus ou moins atteints de la maladie sacrée, orgueil blessé ou défaillance mortelle, il leur faut secouer ses engourdissements et ses paralysies, oublier ses froides douleurs, pour s'étourdir et s'amuser à ces jeux pyrotechniques auxquels ils excellent ; émerveillement des passants ébahis, qui aperçoivent de loin en loin quelque chandelle romaine, quelque feu de Bengale tout rose, quelque cascade aux eaux de flamme, quelque affreux et innocent dragon, sans rien comprendre aux fêtes de l'esprit qui en furent l'occasion.

Malheureusement, la gaieté et la verve ne sont aussi pour les poètes et les artistes que choses de rencontre et de hasard ! Quelques-

uns d'entre eux, plus privilégiés que d'autres, ont, il est vraie, l'heureux don de surmonter assez leur malaise intérieur, soit pour toujours porter lestement leur fardeau et se rire avec leurs compagnons de voyage des embarras de la route, soit pour conserver une sérénité bienveillante et douce, qui, comme un gage de tacite espoir et de consolation, ranime les plus sombres, relève les plus taciturnes, encourage les plus découragés, leur rendant, tant qu'ils restent dans cette atmosphère tiède et légère, une liberté d'esprit dont l'animation peut d'autant mieux mousser qu'elle fait plus contraste avec leur ennui, leur préoccupation ou leur maussaderie habituelles. Mais, les natures toujours rebondissantes ou toujours sereines sont exceptionnelles ; elles ne composent qu'une bien faible minorité. La grande majorité des êtres d'imagination, d'émotions subites et vives, d'impressions rapidement traduites en formes adéquates, échappent à la périodicité en toutes choses, surtout en fait de gaieté.
Chopin n'appartenait précisément, ni à ceux dont la verve est toujours en train, ni à ceux dont la placidité bienveillante met toujours en train celle des autres. Mais, il possédait cette grâce innée de la bienvenue polonaise qui, non contente d'asservir celui qu'on visite aux lois et devoirs de l'hospitalité, lui font encore abdiquer toute considération personnelle pour l'astreindre aux désirs et aux plaisirs de ceux qu'il reçoit. On aimait à venir chez lui, parce qu'on y était charmé et parce qu'on y était à l'aise. On y était bien parce qu'il faisait ses hôtes maîtres de toute chose, se mettant lui-même et ce qu'il possédait à leurs ordres et service.

Munificence sans réserve, dont le simple laboureur de race slave ne se départ point en faisant les honneurs de sa cabane, plus joyeusement empressé que l'Arabe sous sa tente, compensant tout ce qui manque à la splendeur de sa réception par un adage qu'il ne néglige pas de répéter, que répète aussi le grand seigneur après un repas d'une abondance homérique, servi sous des lambris dorés : Czym bohal, tym rad ! Quatre mots qu'on paraphrase ainsi aux étrangers : «Toute mon humble richesse est à vous !» [Le Polonais conserve dans son formulaire de politesse une forte empreinte des habitudes hyperboliques du langage oriental. Les titres de très puissant et très éclairé Seigneur, (Jasnie Wielmo ?ny, Jasnie Oswiecony Pan), sont encore de rigueur. On se donne constamment dans la conversation celui de Bienfaiteur (Dobrodzij), et le salut d'usage entre hommes ou d'homme à femme est : je tombe à vos pieds (padam do nóg). Celui du peuple est d'une solennité et d'une simplicité antiques : Gloire à Dieu (Slawa Bohu).]. Cette formule est débitée avec une grâce et une dignité toutes nationales à ses convives, par tout maître de maison qui conserve les minutieuses et pittoresques coutumes des anciennes mœurs de la Pologne.

Après avoir été à même de connaître les usages de l'hospitalité dans son pays, on se rend mieux compte de ce qui donnait à nos réunions chez Chopin tant d'expansion, de laisser aller, de cet entrain de bon aloi dont on ne conserve aucun arrière-goût fade ou amer et qui ne provoque aucune réaction d'humeur noire. Quoique peu facile à attirer dans le monde et encore moins enclin à recevoir, il devenait chez lui d'une prévenance charmante lorsqu'on faisait invasion dans son salon où, tout en ne paraissant s'occuper de personne, il réussissait à occuper chacun de ce qui lui était le plus agréable, à faire envers chacun preuve de courtoisie et de dévotieux empressement.

Ce n'est assurément pas sans avoir des répugnances légèrement misanthropiques à vaincre, qu'on décidait Chopin à ouvrir sa porte et son piano pour ceux auxquels une amitié aussi respectueuse que loyale permettait de le lui demander avec instance. Plus d'un de nous, sans doute, se souvient encore de cette première soirée improvisée chez lui en dépit de ses refus, alors qu'il demeurait à la Chaussée d'Antin. Son appartement, envahi par surprise, n'était éclairé que de quelques bougies réunies autour d'un de ces pianos de Pleyel qu'il affectionnait particulièrement, à cause de leur sonorité argentine un peu voilée et de leur facile toucher. Il en tirait des sons, qu'on eût cru appartenir à un de ses harmonicas que les anciens maîtres construisaient si ingénieusement, en mariant le cristal et l'eau, et dont la romanesque Allemagne conserva le monopole poétique.

Des coins laissés dans l'obscurité semblaient ôter toute borne à cette chambre et l'adosser aux ténèbres de l'espace. Dans quelque clair-obscur on entrevoyait un meuble revêtu de sa housse blanchâtre, forme indistincte, se dressant comme un spectre venu pour écouter les accents qui l'avaient appelé. La lumière, concentrée autour du piano, tombait sur le parquet. Elle glissait dessus comme une onde épandue, rejoignant les clartés incohérentes du foyer où surgissaient de temps à autre des flammes orangées, courtes et épaisses, comme des gnomes curieux attirés par des mots de leur langue. Un seul portrait, celui d'un pianiste et d'un ami sympathique et admiratif, présent lui-même cette fois, semblait invité à être le constant auditeur du flux et reflux de tons qui venaient chanter, rêver, gémir, gronder, murmurer et mourir, sur les plages de l'instrument près duquel il était placé. Par un spirituel hasard, la nappe réverbérante de la glace ne reflétait, pour le doubler à nos yeux, que le bel ovale et les soyeuses boucles blondes de la Csse d'Agoult, que tant de pinceaux ont copiés, que la gravure vient de reproduire pour ceux que charme une plume élégante.

Rassemblées dans la zone lumineuse, plusieurs têtes d'éclatante renommée étaient groupées autour du piano. Heine, ce plus triste des humoristes, écoutant avec l'intérêt d'un compatriote les narrations que lui faisait Chopin sur le mystérieux pays que sa fantaisie éthérée hantait aussi, dont il avait aussi exploré les plus délicieux parages. Chopin et lui s'entendaient à demi-mot et à demi-son. Le musicien répondait par de surprenants récits aux questions que le poète lui faisait tout bas, sur ces régions inconnues dont il lui demandait des nouvelles ; sur cette «nymphe rieuse» [Heine, Salon. Chopin.] dont il voulait savoir «si elle continuait à draper son voile d'argent sur sa verte chevelure avec la même agaçante «coquetterie ?» Au courant des jaseries et de la chronique galante de ces lieux, il s'informait : «si le Dieu marin à la longue barbe blanche poursuivait toujours une certaine naïade espiègle et mutine de son risible amour ?» Bien instruit de toutes les glorieuses féeries qu'on voit là-bas, là-bas, il demandait : «si les roses y brûlaient d'une flamme toujours aussi fière ? si au clair de la lune les arbres y chantaient toujours aussi harmonieusement ?»

Chopin répondait. Tous deux, après s'être longtemps et familièrement entretenus des charmes de cette patrie aérienne, se taisaient tristement, pris de ce mal du pays dont Heine était si atteint alors qu'il se comparait à ce capitaine hollandais du Vaisseau fantôme, éternellement roulé avec son équipage sur les froides vagues, «soupirant en vain après les épices, les tulipes, les jacinthes, les pipes en écume de mer, les tasses en porcelaine de Chine !...» Amsterdam ! Amsterdam ! quand reverrons-nous Amsterdam !«s'écriait-il, pendant que la tempête mugissait dans les cordages et le ballottait de ci et de là sur son aqueux enfer.

—«Je comprends, ajoute Heine, la rage avec laquelle un jour l'infortuné capitaine s'exclamait : Oh ! si je reviens à Amsterdam, je préférerai devenir borne au coin d'une de ses rues que de jamais les quitter ! Pauvre Van der Deken !... Pour lui, Amsterdam, c'était l'idéal !»

Heine croyait savoir, à un cheveu près, tout ce qu'avait souffert et tout ce qu'avait éprouvé le «pauvre Van der Deken», dans sa terrible et incessante course à travers l'océan qui avait enfoncé ses griffes dans l'incorruptible bois de son vaisseau, le tenant enraciné à son sol mouvant par une ancre invisible dont l'audacieux marin ne pouvait jamais trouver la chaîne pour la briser. Quand le satirique poète le voulait bien, il nous racontait les douleurs, les espérances, les désespoirs, les tortures, les abbattements des infortunés peuplant ce malheureux navire, car il était monté sur ses planches maudites, guidé et ramené par la main de quelque ondine amoureuse qui, les jours où l'hôte de sa forêt de corail et de son palais de nacre se levait plus morose, plus amer, plus mordant encore que de coutume, lui offrait entre deux repas, pour égayer son spleen, quelque spectacle digne de cet amant qui savait rêver plus de prodiges que son royaume n'en renfermait.

Sur cette impérissable carène, Heine et Chopin parcouraient ensemble les pôles où l'aurore boréale, brillante visiteuse de leurs longues nuits, mire sa large écharpe dans les gigantesques stalactites des glaces éternelles ; les tropiques où le triangle zodiacal remplace de sa lumière ineffable, durant leurs courtes obscurités, les flammes calcinantes qu'y distille un soleil douloureux. Ils traversaient dans une course rapide, et les latitudes où la vie est opprimée et celles où elle est dévorée, apprenant à connaître chemin faisant toutes les merveilles célestes qui marquent la route de ces matelots que n'attend aucun port.

Appuyés sur cette poupe sans gouvernail, ils contemplaient depuis les deux ourses qui surplombent majestueusement le nord, jusqu'à l'éclatante croix du sud, après laquelle le désert antarctique commence à s'étendre sur les têtes comme sous les pieds, ne laissant à l'œil éperdu rien à contempler sur un ciel vide et sans phare, étendu au-dessus d'une mer sans rives. Il leur arrivait de suivre longtemps, et les fugaces sillages que laissent sur l'azur les étoiles filantes, lucioles d'en haut... et ces comètes aux incalculables orbites redoutées pour leur étrange splendeur, tandis que leurs vagabondes et solitaires courses ne sont que tristes et inoffensives... et Aldébaran, cet astre distant qui, comme la sinistre étincelle d'un regard ennemi, semble guetter notre globe sans oser l'approcher... et ces radieuses Pléides versant à l'œil errant qui les cherche une lueur amie et consolatrice, comme une énigmatique promesse !

Heine avait vu toutes ces choses sous les différentes apparences qu'elles prennent à chaque méridien ! Il en avait vu bien d'autres encore dont il nous entretenait par vagues similitudes, ayant assisté à la cavalcade furieuse d'Hérodiade, ayant aussi ses entrées à la cour du Roi des Aulnes, ayant cueilli plus d'une pomme d'or au jardin des Hespérides, étant un des familiers de tous ces lieux inaccessibles à des mortels qui n'ont pas eu pour marraine quelque fée, prenant à tâche leur vie durant de tenir en échec les mauvaises fortunes en prodiguant les joyaux de leurs écrins aux étranges scintillements. Comme il entretenait souvent Chopin de ses vagabondes excursions dans le pays du surnaturel poétique, Chopin nous répétait ses discours, nous racontait ses descriptions, nous révélait ses récits, et Heine le laissait faire, oubliant notre présence lorsqu'il l'écoutait.

Au soir dont nous parlons, à côté de Heine était assis Meyerbeer, pour lequel sont épuisées depuis longtemps toutes les interjections admiratives.

Lui, harmoniste aux constructions cyclopéennes, il passait de longs instants à savourer le délectable plaisir de suivre le détail des arabesques qui enveloppaient les improvisations de Chopin, comme d'une blonde diaphane.

Plus loin, Adolphe Nourrit ; c'était un noble artiste, passionné et austère à la fois. Catholique sincère et presque ascétique, il rêvait pour l'art, avec toute la ferveur d'un maître du moyen-âge, un avenir régénérateur du beau pur, glorificateur du beau immaculé ! Dans les dernières années de sa vie, il refusait son talent à toutes les scènes d'un ordre de sentiments peu élevés ou superficiels, pour servir l'art avec un chaste et enthousiaste respect, ne l'acceptant dans ses diverses manifestations, ne le considérant à toutes les heures du jour, que comme un saint tabernacle dont la beauté forme la splendeur du vrai. Sourdement miné par une mélancolique passion pour le beau, son front semblait déjà se marbrer de cette ombre fatale que l'éclat du désespoir n'explique toujours que trop tard aux hommes, si curieux des secrets du cœur et si ineptes pour les deviner.

Hiller y était aussi : son talent s'apparentait à celui des novateurs d'alors, en particulier à Mendelssohn. Nous nous rassemblions fréquemment chez lui et en attendant les grandes compositions qu'il publia dans la suite, dont la première fut son remarquable oratorio, La Destruction de Jérusalem, il écrivait des morceaux de piano : les Fantômes, les Rêveries, ses vingt-quatre Études dédiées à Meyerbeer. Esquisses vigoureuses et d'un dessin achevé, rappellant ces études de feuillages où les paysagistes retracent d'aventure tout un petit poème d'ombre et de lumière, avec un seul arbre, une seule bruyère, une seule toupe de fleurs des bois ou de mousses aquatiques, un seul motif heureusement et largement traité.

Eugène Delacroix, le Rubens du romantisme d'alors restait étonné et absorbé devant les apparitions qui remplissaient l'air et dont on croyait entendre les frôlements. Se demandait-il quelle palette, quels pinceaux, quelle toile il aurait eu à prendre, pour leur donner la vie de son art ? Se demandait-il si c'est une toile filée par Arachné, un pinceau fait des cils d'une fée, une palette, couverte des vapeurs de l'arc-en-ciel, qu'il lui eût fallu découvrir ? Se plaisait-il à sourire en lui-même de ces suppositions et à se livrer tout entier à l'impression qui les faisait naître, par l'attrait qu'éprouvent quelques grands talents pour ceux qui leur font contraste ?...

D'entre nous, celui qui paraissait le plus près de la tombe, le vieux Niemcevicz, écoutait avec une gravité morne, un silence et une immobilité marmoréennes, ses propres Chants historiques, que Chopin transformait en dramatiques exécutions pour ce survivant des temps qui n'étaient plus. Sous les textes si populaires du barde polonais, on retrouvait le choc des armes, le chant des vainqueurs, les hymnes de fêtes, les complaintes des illustres prisonniers, les ballades sur les héros morts !... Ils remémoraient ensemble cette longue suite de gloires, de victoires, de rois, de reines, de hetmans... et le vieillard, prenant le présent pour une illusion, les croyait ressuscités, tant ces fantômes avaient de vie en apparaissant au-dessus du clavier de Chopin ! —Séparé de tous les autres, sombre et muet, Mickiewicz dessinait sa silhouette inflexible. Dante du Nord, il paraissait toujours trouver—«amer le sel de l'étranger et son escalier dur à monter...» Chopin avait beau lui parler de Gra ?yna et de Wallenrod, ce Conrad demeurait comme sourd à ces beaux accents ; sa présence seule témoignait qu'il les comprenait. Il lui semblait, à juste titre, que nul n'avait droit d'en exiger plus de lui !...

Enfoncée dans un fauteuil, accoudée sur la console, Mme Sand était curieusement attentive, gracieusement subjugée.

Elle donnait à cette audition toute la réverbération de son génie ardent, qu'elle croyait doué de la rare faculté réservé à quelques élus, d'apercevoir le beau sous toutes les formes de l'art et de la nature. Ne pourrait-elle pas être cette seconde vue, dont toutes les nations ont reconnu chez les femmes inspirées les dons supérieurs ? Magie du regard qui fait tomber devant elles l'écorce, la larve, l'enveloppe grossière du contour, pour leur faire contempler dans son essence invisible l'âme du poète qui s'y est incarnée, l'idéal que l'artiste a conjuré sous le torrent des notes ou les voiles du coloris, sous les inflexions du marbre ou les alignements de la pierre, sous les rhythmes mystérieux des strophes ou les furieuses interjections du drame ! Cette faculté n'est que vaguement ressentie par la plupart de celles qui en sont douées ; sa manifestation suprême se révèle dans une sorte d'oracle divinatoire, conscient du passé, prophétique de l'avenir ! De beaucoup moins commune qu'on ne se plaît à le supposer, elle dispense les organisations étranges qu'elle illumine du lourd bagage d'expressions techniques, avec lequel on roule pesamment vers les régions ésotériques qu'elles atteignent de prime-saut. Cette faculté prend son essor, bien moins dans l'étude des arcanes de la science qui analyse, que dans une fréquente familiarité avec les merveilleuses synthèses de la nature et de l'art.

C'est dans l'accoutumance de ces tête à tête avec la création qui font l'attrait et la grandeur de la vie de campagne, qu'on ravit à la nature, en même temps à l'art, le mot caché dans les harmonies infinies de lignes, de sons, de lumières, de fracas et de gazouillements, d'épouvantés et de voluptés ! Assemblage écrasant qui, affronté et sondé avec un courage que n'abat aucun mystère, que ne lasse aucune lenteur, laisse quelquefois apercevoir la clef des analogies, des conformités, des rapports de nos sens à nos sentiments et nous permet de simultanément connaître les ligaments occultes, qui relient des dissemblances apparentes, des oppositions identiques, des antithèses équivalentes, ainsi, que les abîmes qui séparent, d'un étroit mais infranchissable espace, ce qui est destiné à se rapprocher sans se confondre, à se ressembler sans se mélanger.

Avoir écouté de bonne heure les chuchotements par lesquels la nature initie ses privilégiés à ses rites mystiques, est un des apanages du poète. Avoir appris d'elle à pénétrer ce que l'homme rêve lorsqu'il crée à son tour et que, dans ses œuvres de toutes sortes, il manie comme elle les fracas et les gazouillements, les épouvantes et les voluptés, est un don plus subtil encore, que la femme-poète possède à un double droit ; de par l'intuition de son cœur et de son génie.

Après avoir nommé celle dont l'énergique personnalité et l'impérieuse fascination inspirèrent, à la frêle et délicate nature de Chopin, une admiration qui le consumait comme un vin trop capiteux détruit des vases trop fragiles, nous ne saurions faire sortir d'autres noms de ces limbes du passé dans lequel flottent tant d'indécises images, d'indécises sympathies, de projets incertains, d'incertaines croyances ; dans lequel chacun de nous pourrait revoir le profil de quelque sentiment né inviable ! Hélas ! De tant d'intérêts, de tendances et de désirs, d'affections et de passions, qui ont rempli une époque durant laquelle ont été fortuitement rassemblées quelques hautes âmes et lumineuses intelligences, combien en est-il qui aient possédé un principe de vitalité suffisante pour les faire survivre à toutes les causes de mort qui entourent à son berceau chaque idée, chaque sentiment, comme chaque individu ?... Combien en est-il dont, à quelque instant de leur existence, plus ou moins courte, on n'ait pas dit ce mot d'une tristesse suprême : Heureux s'il était mort ! Plus heureux s'il n'était pas né ! De tant de sentiments qui ont faire battre si fort de nobles cœurs, combien en est-il qui n'aient jamais encouru cette malédiction suprême ?

Il n'en est peut-être pas un seul qui, s'il était rallumé de sa cendre et sorti de son tombeau, comme l'amant suicidé qui dans le poème de Mickiewicz revient au jour des morts pour revivre sa vie et ressoufrir ses douleurs, pourrait apparaître sans les meutrissures, les stigmates, les mutilations, qui défigurèrent sa primitive beauté et souillèrent sa candeur ?
D'entre ces lugubres revenants, combien s'en trouveraient-ils en qui cette beauté et cette candeur aient eu des enchantements assez puissants et assez de céleste radiance durant sa vie, pour n'avoir pas à craindre, après qu'il eût défailli et expiré, d'être désavoué par ceux dont il avait fait la joie et le tourment ? Quel sépulcral dénombrement ne faudrait-il pas commencer pour les évoquer un à un, en leur demandant compte de ce qu'ils ont produit de bon et de mauvais, dans ce monde de cœurs où il leur fut donné si libéralement accès et dans le monde où régnaient ces cœurs, qu'ils ont embelli, bouleversé, illuminé, dévasté, au gré de leurs hasards ?...
Mais, si parmi les hommes qui ont formé ces groupes, dont chaque membre a attiré sur lui l'attention de bien des âmes et porté dans sa conscience l'aiguillon de bien des responsabilités, il en est un qui n'a point permis à ce qu'il y avait de plus pur dans le charme naturel qui les rassemblait en un faisceau rayonnant de s'exhaler dans l'oubli ;

qui, élaguant de son souvenir les fermentations dont ne sont point exempts les plus suaves parfums, n'a légué à l'art que le patrimoine intact de ses élévations les plus recueillies et de ses plus divins ravissements, reconnaissons en lui en de ces prédestinés dont la poésie populaire constatait l'existence par sa foi dans les bons génies.

En attribuant à ces êtres, qu'elle supposait bienfaisants aux hommes, une nature supérieure à celle du vulgaire, n'a-t-elle pas été magnifiquement confirmée par un grand poète italien qui définissait le génie une empreinte plus forte de la Divinité ? (Manzoni.) Inclinons-nous devant tous ceux qui ont été ainsi plus profondément marqués du sceau mystique ; mais vénérons surtout d'une intime tendresse ceux qui, comme Chopin, n'ont employé cette suprématie que pour donner vie et expression aux plus beaux sentiments.

V.

Une curiosité naturelle s'attache à la biographie des hommes qui ont consacré de grands talents à glorifier de nobles sentiments, dans des œuvres d'art où ils brillent comme de splendides météores aux yeux de la foule, surprise et ravie.
Celle-ci reporte volontiers les impressions admiratives et sympathiques qu'ils réveillent, à leurs noms qu'elle divinise aussitôt, dont elle voudrait immédiatement faire un symbole de noblesse et de grandeur, inclinée qu'elle est à croire que ceux qui savent si bien exprimer et faire parler les purs et beaux sentiments, n'en connaissent pas d'autres. Mais à cette bienveillante prévention, à cette présomption favorable, s'ajoute nécessairement le besoin de les voir justifiées par ceux qui en sont l'objet, ratifiées par leurs vies. Quand dans ses productions on voit le cœur du poète, sentir avec une si exquise délicatesse ce qu'il est doux d'inspirer ; deviner avec une si rapide intuition ce que voile l'orgueil, la pudeur craintive, l'ennui amer ; peindre l'amour tel que le rêve l'adolescence et tel qu'on en désespère plus tard ; quand on voit son génie dominer de si grandes situations, s'élever avec calme au-dessus de toutes les péripéties de l'humaine destinée, trouver dans les entrelacements de ses nœuds inextricables des fils qui la délient fièrement et victorieusement, planer au-dessus de toutes les grandeurs et de toutes les catastrophes, monter vers des sommets que ni les unes ni les autres n'atteignent plus ; quand on le voit posséder le secret des plus suaves modulations de ta tendresse et des plus augustes simplicités du courage, comment ne se demanderait-on pas si cette merveilleuse divination est le miracle d'une croyance sincère en ces sentiments,—ou bien—une

habile abstraction de la pensée, un jeu de l'esprit ?
On s'informe, pourrait-il en être autrement ? on cherche en quoi ces hommes, si épris du beau, ont fait différer leurs existences de celles du vulgaire ?

Comment en agissait cette superbe de la poésie, alors qu'elle était aux prises avec les réalités de la vie et ses intérêts positifs ?... En combien ces ineffables émotions de l'amour que le poète chante, étaient effectivement dégagées des aigreurs et des moisissures qui les empoisonnent d'ordinaire ?... En combien elles étaient à l'abri de cette évaporation et de cette inconstance qui habituent à n'en plus tenir compte !... On veut savoir si ceux qui ont éprouvé de si nobles indignations, ont toujours été équitables !... Si ceux qui ont exalté l'intégrité, n'ont jamais fait commerce de leur conscience ? Si ceux qui ont tant vanté l'honneur, n'ont jamais été timides ?... Si ceux qui ont fait admirer la fortitude, n'ont jamais transigé avec leurs faiblesses ?...
Beaucoup ont intérêt à connaître les transactions acceptées entre l'honneur, la loyauté, la délicatesse, et les avantages ambitieux, les profits vaniteux, les gains matériels, acquis à leurs dépens, par ceux auxquels fut départie la belle tâche d'entretenir notre foi et notre attachement aux nobles et grands sentiments, en les faisant vivre dans l'art alors qu'ils n'ont plus d'autre refuge ailleurs. Car, pour beaucoup, ces tristes transactions subies par des esprits qui savent si bien faire resplendir le sublime et si bien stigmatiser l'infamie, servent à prouver avec évidence qu'il y a impossibilité ou niaiserie à les refuser. Ils s'en prévalent pour affirmer hautement que ces transactions entre le noble et l'ignoble, entre le grand et le mesquin, entre le laid et le beau éthique, sont inhérents à la fragilité de notre être et à la force des choses, puisqu'elles jaillissent de la nature des êtres et des choses à la fois.
Aussi, lorsque des exemples de malheur viennent apporter un déplorable appui aux assertions ricaneuses des «réalistes» en morale, avec quelle hâte n'appellent-ils pas les plus belles conceptions du poète, de vains simulacres !...

De quelle sagesse ne se targuent-ils pas, en prêchant les doctrines savamment préméditées d'une mielleuse et farouche hypocrisie... d'un perpétuel et secret désaccord entre les discours et les poursuites !... Avec quelle cruelle joie ne citent-ils pas ces exemples aux âmes inquiètes et faibles, dont les aspirations juvéniles, dont les convictions de la valeur décroissantes essayent encore de se soustraire à ces tristes pactes ! De quel fatal découragement celles-ci ne sont-elles pas atteintes devant les violentes alternatives, les séduisantes insinuations, qui se présentent à chaque détour du chemin de la vie, en songeant que les cœurs les plus ardemment épris de sublime, les plus initiés aux susceptibilités de la délicatesse, les plus touchés par les beautés de la candeur, ont pourtant renié dans leurs actes les objets de leur culte et de leurs chants !... De quels doutes angoissés ne sont-elles pas saisies et dévorées devant ces flagrantes contradictions !...

Mais, ce qui peut-être fait le plus de peine à voir, ce sont les cruels sarcasmes déversés sur leurs souffrances par ceux qui répètent : la Poésie, c'est ce qui aurait pu être... se complaisant ainsi à la blasphémer par leur coupable négation !—Non !—Tous les dieux l'attestent, toutes les consciences le disent, toutes les innocences l'affirment, tous les justes le prouvent, tous les repentirs le répètent, toutes les belles âmes le sentent, tous les héros en témoignent, toutes les saintetés le proclament, la poésie n'est point l'ombre de notre imagination, projetée et grandie démesurément sur le plan fuyant de l'impossible ! «La Poésie et la Réalité»—(Dichtung und Wahrheit)—ne sont point deux éléments incompatibles, destinés à se côtoyer sans jamais se pénétrer, de l'aveu même de Goethe qui disait d'un poète contemporain, «qu'ayant vécu pour créer des poèmes, il avait fait de sa vie un poème !»—(Er lebte dichtend und dichtete lebend).

Goethe était trop poète lui-même pour ne pas savoir que la poésie n'existe que parce qu'elle trouve son éternelle réalité dans les plus beaux instincts du cœur humain. C'est là le secret que, sur ses vieux jours, le «vieillard olympien» disait avoir emmystèré—eingeheimnisst—dans ce vaste poème de Faust, dont la dernière scène nous montre comment la Poésie, qui fut déchaînée par

l'imagination sur toutes les latitudes du monde, emportée par la fantaisie sur tous les domaines de l'histoire, rentre dans les sphères célestes guidée par la Réalité de l'amour et du repentir, de l'expiation et de l'intercession !
Il nous est arrivé de dire autrefois : Aussi bien que noblesse, génie oblige [Sur Paganini, après sa mort.]. Aujourd'hui, nous voudrions dire : Plus que noblesse, génie oblige, parce que la noblesse qui vient des hommes est, comme toute chose venue d'eux, naturellement imparfaite. Le génie vient de Dieu et, comme toute chose venant de Dieu, il serait naturellement parfait si l'homme ne l'imperfectionnait. C'est lui qui le défigure, le dénature, le dégrade, au gré de ses passions, de ses illusions, de ses vindications ! Le génie a sa mission ; son nom le dit déjà en l'assimilant à ces êtres célestes qui sont les messagers de la bonne providence. Quand le génie est départi à l'artiste et au poète, sa mission n'est pas d'enseigner le vrai, de commander le bien, qu'une divine révélation a seule autorité d'imposer, qu'une noble philosophie rapproche de la raison et de la conscience humaines. Le génie de la poésie et de l'art a pour mission de faire resplendir le beau du vrai, devant l'imagination charmée et surélevée ; de stimuler au bien par le beau, des cœurs émus, entraînés vers ces hautes régions de la vie morale, où la générosité se change en délices, où le sacrifice se transforme en volupté, où l'héroïsme devient un besoin, où, la com-passion remplaçant la passion, l'amour dédaigne de rien demander, sachant que dès lors il trouvera toujours en lui-même de quoi donner !

L'art et la poésie sont donc les auxiliaires de la révélation et de la philosophie ; auxiliaires aussi indispensables, que l'indescriptible éclat des couleurs et la vague harmonie des tons le sont à la parfaite intégrité de la nature !
Aussi, l'interprète du beau dans la poésie et dans l'art doit-il,—le mot devoir n'est-il pas synonyme de dette ?—tout comme l'interprète du vrai et du bien divin, tout comme l'interprète de la raison et de la conscience humaines, après avoir agi par les œuvres de son intelligence, de son imagination, de son inspiration, de ses méditations, agir encore par les actes de sa vie ; accorder à un même

diapason son chant et son dire, son dire et son faire ! Il se le doit à lui-même, il le doit à son art et à sa muse, afin qu'on n'accuse point sa poésie d'être un subtil fantôme et son art de n'être qu'un jeu puéril. Le génie du poète et de l'artiste ne peut doter la poésie d'une incontestable réalité et l'art d'une auguste majesté, qu'en donnant à leurs plus hautes et plus pures aspirations la fécondité solaire de l'exemple, qui appose le sceau de la foi à l'enthousiasme de la manifestation. Sans l'exemple de l'artiste et du poète, la majesté de l'art est abaissée, raillée ; la réalité de la poésie est contestée, mise en suspicion, niée !

L'exemple de la froide austérité ou du désintéressement absolu de quelques caractères rigides suffit, il est vrai, à l'admiration des natures calmes et réfléchies. Mais les organisations plus passionnées et plus mobiles, à qui tout milieu terne est insipide, qui recherchent vivement, soit les joies de l'honneur, soit les plaisirs achetés à tout prix, ne se contentent pas de ces exemples aux contours roides, qui n'ont rien d'énigmatique, rien de sinueux, rien de transportant.

Tournant vers d'autres l'anxieuse interrogation de leurs regards, ces organisations complexes questionnent ceux qui se sont abreuvés à la bouillante source de douleur, jaillisante au pied des escarpements où l'âme se construit une aire. Elles se libèrent volontiers des autorités séniles ; elles déclinent leur compétence. Elles les accusent d'accaparer le monde au profit de leurs sèches passions, de vouloir disposer les effets de causes qui leur échappent, de proclamer des lois dans des sphères où elles ne peuvent pénétrer ! Elles passent outre devant les silencieuses gravités de ceux qui pratiquent le bien, sans exaltation pour le beau.

La jeunesse ardente a-t-elle le loisir d'interpréter les silences, de résoudre leurs problèmes ? Les battements de son cœur sont trop précipités pour lui laisser la claire-vue des souffrances cachées, des combats mystérieux, des luttes solitaires, dont se compose quelquefois le tranquille coup-d'œil de l'homme de bien. Les âmes agitées ne conçoivent que mal les calmes simplicités du juste, les héroïques sourires du stoïcisme. Il leur faut de l'exaltation, des émotions. L'image les persuade, les larmes leur sont des preuves, la métaphore leur inspire des convictions ! À la fatigue des arguments, elles préfèrent la conclusion des entraînements. Mais, comme chez elles le sens du bien et du mal ne s'émousse que lentement, elles ne passent point brusquement de l'un à l'autre ; elles commencent par diriger leurs regards avec une avide curiosité vers ces nobles poètes qui les ont entraînés par leurs métaphores, vers ces grands artistes qui les ont émus par leurs images, charmés par leurs élans. C'est à eux qu'elles demandent le dernier mot de ces élans et de ces enthousiasmes !

Aux heures déchirées où, au milieu de la tourmente du sort, le sens secret du bien et du mal, la conscience engourdie, non endormie, deviennent comme un lourd et importun trésor, capable de faire chavirer la frêle barque d'une destinée ou d'une passion si on ne les jette par-dessus bord, dans l'abîme de l'oubli, nul d'entre ceux qui en ont traversé les périls n'a manqué d'évoquer, alors qu'un cruel naufrage le menaçait, des ombres et des mânes glorieux, pour s'informer jusqu'à quel point leurs aspirations ont été vivaces et sincères ? Pour s'enquérir avec un ingénieux discernement, de ce qui chez eux était un divertissement, une spéculation de l'esprit, et de ce qui formait une constante habitude de sentiment ?—C'est à ces heures aussi que le dénigrement, qui à d'autres moments fut écarté et chassé, réapparaît. Pour le coup, il ne chôme pas ; il s'empare avidement des faiblesses, des fautes, des oublis de ceux qui ont flétri les fautes et les faiblesses : il n'en omet aucune. Il attire à lui ce butin, compulse ces faits, pour s'arroger un droit de dédain sur l'inspiration, à laquelle il n'accorde d'autre but que de nous fournir un amusement de bon-goût, un divertissement de haut-goût, comme se les procurent les patriciens de tous les pays, dans tous les temps d'une belle et haute civilisation ! Mais, il dénie obstinément à l'inspiration du poète, à l'enthousiasme de l'artiste, le pouvoir de guider nos actions, nos résolutions, nos acquiescements ou nos refus.
Le dénigrement moqueur et cynique sait vanner l'histoire ! Laissant tomber le bon grain, il recueille soigneusement l'ivraie, pour répandre sa noire semence sur les pages brillantes où flottent les plus purs désirs du cœur, les plus nobles rêves de l'imagination. Puis, il

demande avec l'ironie de la victoire : À quoi bon prendre au sérieux ces excursions dans un domaine où ne se recueille aucun fruit ? Quelle valeur attribuer à ces émotions et à ces enthousiasmes qui n'aboutissent qu'au calcul de l'intérêt, ne recouvrant que les intérêts de l'égoïsme ? Qu'est-ce donc que ce pur froment qui ne fait germer que la famine ? Qu'est-ce donc que ces belles paroles qui n'engendrent que des sentiments stériles ?

Pur passe-temps de palais, auquel s'associent le foyer du tiers-état, la veillée de la chaumière, mais où les âmes naïves prennent seules au sérieux la fiction, en croyant bonassement que la poésie peut devenir une réalité !...
Avec quelle arrogante dérision le dénigrement ne sait-il pas alors rapprocher, mettre en regard, le noble élan et l'indigne condescendance du poète, le beau chant et la coupable légèreté de l'artiste ! Quelle supériorité ne s'adjuge-t-il pas sur les laborieux mérites des honnêtes gens, qu'il considère comme des crustacés, destinés à ne connaître que les immobilités d'une organisation pauvre : ainsi que sur les pompeux enorgueillissements de ces fiers stoïciens, qui ne parviennent pas à répudier, même aussi bien qu'eux, la poursuite haletante de la fortune, avec ses vaines satisfactions et ses jouissances immédiates !... Quel avantage le dénigrement ne s'attribue-t-il pas, dans la concordance logique de ses poursuites avec ses négations ! Comme il triomphe lestement des hésitations, des incertitudes, des répugnances de ceux qui voudraient encore croire possible la réunion des sentiments ardents, des impressions passionnées, des dons de l'intelligence, de l'intuition poétique, avec un caractère intègre, une vie intacte, une conduite qui ne dément jamais l'idéal poétique !
Comment alors ne pas être affecté de la plus noble des tristesses, toutes les fois qu'on s'aheurte à un fait qui nous montre le poète désobéissant aux inspirations des muses, ces anges-gardiens du talent, qui lui enseigneraient si bien à faire de sa vie le plus beau de ses poèmes ? Quels désastreux scepticismes, quels regrettables découragements, quelles douloureuses apostasies, n'entraînent pas après elles les défaillances de l'artiste ?

Combien y en a-t-il qui, doutant de la révélation divine, l'ignorant parfois, se rient avec un amer mépris de la philosophie humaine, et ne savent plus à quoi se fier, à qui croire, quand ils ne peuvent plus se fier aux incitations du beau, ni croire au génie !

Et pourtant, elle serait sacrilège la voix qui confondrait ses écarts dans un même anathème, avec les rampements de la bassesse ou l'impudeur vantarde ! Elle serait sacrilège, car si l'action du poète a parfois menti à son chant, son chant n'a-il-pas encore mieux renié son action ?... Son œuvre ne peut-elle pas contenir des vertus plus efficaces, que son action n'a de forces malfaisantes !—Le mal est contagieux, mais le bien est fécond !—Si les contemporains ont été souvent atteints d'un mortel scepticisme devant le génie en flagrant délit, devant le poète qui se vautre dans les fanges dorées d'un luxe mal acquis, devant l'artiste dont les actions insultent au vrai et outragent le bien, la postérité oublie ces méchants rois de la pensée, comme elle oublia le nom du mauvais roi qui, dans la ballade d'Uhland, méconnut le caractère sacré du barde ! Le jour vient où elle jette leur mémoire aux gémonies du non-être ! Elle ne connaît plus leur histoire, pendant que, de siècle en siècle, elle abreuve de leurs œuvres sublimes, les générations qui ont la soif du beau !

Le poète apostat, l'artiste renégat, ne sauraient donc jamais être comparés à ces hommes dont la mort ne laisse après eux que la mauvaise odeur de leurs vices, les ruines accumulées par leurs méfaits, les débris informes amoncelés par qui, ayant semé le vent a recueilli la tempête ! De tels êtres ne rachètent point un mal transitoire, par un bien durable. Il serait donc injuste de flétrir le poète et l'artiste, avant d'avoir flétri ceux qui leur ont ouvert la voie ; le prince qui porte indignement un nom déjà illustre, le financier qui verse des flots d'or dans l'insatiable gueule de la corruption ! Qu'on applique d'abord sur leur front, le fer rouge de l'infamie.

Ceci fait, ce sera justice de procéder contre le poète et l'artiste ; mais, pas avant ! Qu'ils passent en premier sous les Fourches-Caudines de la honte, ceux qui passèrent les premiers sur le théâtre du grand-monde, sur les pavois d'une renommée scandaleuse et enviée, sur les tréteaux élégants et enguirlandés d'une mode parasite et d'un succès bâtard, eux, qui n'ont aucune rançon pour les affranchir devant les sentences d'une sainte indignation ! Le poète et l'artiste possèdent cette rançon. Qu'ils ne comptent point sur elles, mais qu'on ne la leur dispute pas !

En assouplissant ses convictions devant des passions indignes de son regard d'aigle, habitué à fixer le soleil ; devant des avantages plus éphémères que la vague scintillante, indignes de sa cure, le poète n'en a pas moins glorifié les sentiments qui le condamnaient et qui, en pénétrant ses œuvres, leur ont donné une action d'une portée plus vaste que celle de sa vie privée. En succombant aux tentations d'un amour impur ou coupable, en acceptant des bienfaits qui font rougir, des faveurs qui humilient, l'artiste n'en a pas moins ceint d'une immortelle auréole l'idéal de l'amour, la vertu et ses renoncements, l'austérité et ses innocences ! Ses créations lui survivent, pour faire aimer le vrai et stimuler au bien des milliers d'âmes, venues au monde après que la sienne aura expié ailleurs les fautes qu'elle a commises, en s'illuminant du bien-fait qu'elle a rêvé.—Oui !—Cela est certain ! Les œuvres du poète et de l'artiste ont consolé, rasséréné, édifié plus d'âmes, que les fluctuations de sa triste existence n'ont pu en abattre !

L'art est plus puissant que l'artiste. Ses types et ses héros ont une vie indépendante de son vacillant vouloir, car ils sont une des manifestations de l'éternelle beauté ! Plus durables que lui, elles passent de générations en générations, intactes et immarcessibles, renfermant en elles-mêmes une virtuelle faculté de rédemption pour leur auteur.

—Puisque l'on peut dire de toute bonne action qu'elle est une belle action, l'on peut dire aussi de toute belle œuvre qu'elle est une bonne œuvre.—Est-ce que le vrai ne s'en dégage pas nécessairement en quelque manière, à travers les fissures du beau, le faux ne pouvant engendrer a lui seul que le laid ? Est-ce que, pour les natures plus impressionnables que réfléchies, plus sensibles que conséquentes, le bien ne se dégage pas du beau plus sûrement presque que du vrai,

parce qu'en toute manière celui-ci est la source de l'un et de l'autre ? S'il est advenu, hélas ! que plusieurs d'entre ceux qui ont immortalisé leurs aspirations en donnent à leur idéal l'impérieux ascendant d'une entraînante éloquence, étouffèrent pourtant ces aspirations et foulèrent un jour aux pieds leur idéal, entraînant ainsi par leur funeste exemple bien des âmes qui eussent pu devenir hautes et sont devenues basses, combien n'y en a-t-il pas à côté de celles-ci, qu'ils ont secrètement confirmées, encouragées, fortifiées dans le vrai ou le bien, par les évocations de leur génie ! L'indulgence ne serait peut-être que justice pour eux ; mais qu'il est dur de réclamer justice ! Combien il déplaît d'avoir à défendre ce qu'on ne voudrait qu'admirer, d'excuser alors qu'on ne voudrait que vénérer !...
Aussi, quel doux orgueil l'ami n'éprouve-t-il pas à remémorer une carrière dans laquelle, pas de dissonances qui blessent, pas de contradictions qu'on doive indulgencier, pas d'erreurs dont il faille remonter le courant pour en trouver l'excuse, pas d'extrêmes qu'on ait à plaindre comme la conséquence d'un excès de causes. Avec quel doux orgueil l'artiste ne nomme-t-il pas celui dont la vie prouve qu'il n'est pas seulement réservé aux natures apathiques, que ne séduisent aucunes fascinations, que n'attirent aucuns mirages, qui ne sont susceptibles d'aucune illusion, qui se bornent aisément aux strictes observances et aux abstinences routinières des lois honorées et honorables, de prétendre à cette élévation d'âme que ne soumet aucun revers, qui ne se dément à aucun instant !

À ce titre le souvenir de Chopin restera doublement cher aux amis et aux artistes qu'il a rencontrés sur sa route, comme à ces amis inconnus que les chants du poète lui acquièrent ; comme aux artistes qui, en lui succédant, s'attacheront à être dignes de lui !
Dans aucun de ses nombreux replis, le caractère de Chopin n'a recelé un seul mouvement, une seule impulsion, qui ne fût dictée par le plus délicat sentiment d'honneur et la plus noble entente des affections. Et cependant, jamais nature ne fut plus appelée à se faire pardonner des travers, des singularités abruptes, des défauts excusables, mais insupportables. Son imagination était ardente, ses sentiments allaient jusqu'à la violence,—son organisation physique était faible et

maladive ! Qui peut sonder les souffrances provenant de ce contraste ? Elles ont dû être poignantes, mais il n'en donna jamais le spectacle ! Il se garda religieusement son propre secret ; il déroba ses souffrances à tous les regards sous l'impénétrable sérénité d'une fière résignation.
La délicatesse de sa constitution et de son cœur, en lui imposant le féminin martyre des tortures à jamais inavouées, donnèrent à sa destinée quelques-uns des traits des destinées féminines. Exclu par sa santé de l'arène haletante des activités ordinaires, sans goût pour ce bourdonnement inutile où quelques abeilles se joignent à tant de frelons en y dépensant la surabondance de leurs forces, il se créa une alvéole à l'écart des chemins trop frayés et trop fréquentés. Ni aventures, ni complications, ni épisodes, n'ont marqué dans sa vie qu'il a simplifiée, quoiqu'elle fut dans des conditions qui semblaient rendre ce résultat peu aisé à obtenir.

Ses sentiments et ses impressions en formèrent les événements, plus marquants et plus importants pour lui que les changements et les accidents de dehors. Les leçons qu'il donna constamment, avec régularité et assiduité, furent comme sa tâche domestique et journalière, accomplie avec conscience et satisfaction. Il épancha son cœur dans ses compositions, comme d'autres l'épanchent dans la prière, y versant toutes ces effusions refoulées, ces tristesses inexprimées, ces regrets indicibles, que les âmes pieuses versent dans leurs entretiens avec Dieu. Il disait dans ses œuvres, ce qu'elles ne disent qu'à genoux : ces mystères de passion et de douleur qu'il a été permis à l'homme de comprendre sans paroles, parce qu'il ne lui a pas été donné de les exprimer en paroles.
Le souci que Chopin prit d'éviter ce zigzag de la vie, que les allemands appelleraient anti-esthétique, (unästhetisch) ; le soin qu'il eut d'en élaguer les hors-d'œuvres, l'émiettement en parcelles informes et insubstantielles, en a éloigné les incidents nombreux. Quelques lignes vagues enveloppent son image comme une fumée bleuâtre, disparaissant sous le doigt indiscret qui voudrait la toucher et la suivre. Il ne s'est mêlé à aucune action, à aucun drame, à aucun nœud, à aucun dénouement. Il n'a exercé d'influence décisive sur

aucune existence. Sa passion n'a jamais empiété sur aucun désir ; il n'a étreint, ni massé, aucun esprit par la domination du sien. Il n'a despotisé aucun cœur, il n'a posé une main conquérante sur aucune destinée : il ne chercha rien, il eût dédaigné de rien demander. Comme du Tasse, on pouvait dire de lui :
Brama assai, poco spera, nulla chiede.
Mais aussi, échappait-il à tous les liens, à tous les rapports, à toutes les amitiés, qui eussent voulu l'entraîner à leur suite et le pousser dans de plus tumultueuses sphères.

Prêt à tout donner, il ne se donnait pas lui-même. Peut-être savait-il quel dévouement exclusif sa constance eût été digne d'inspirer, quel attachement sans restriction sa fidélité eût été digne de comprendre, de partager ! Peut-être pensait-il, comme quelques âmes ambitieuses, que l'amour et l'amitié s'ils ne sont tout, ne sont rien ! Peut-être lui a-t-il coûté plus d'efforts pour en accepter le partage, qu'il ne lui en eût fallu pour ne jamais effleurer ces sentiments et n'en connaître qu'un idéal désespéré !—S'il en a été ainsi, nul ne l'a su au juste, car il ne parlait guère ni d'amour, ni d'amitié. Il n'était pas exigeant, comme ceux dont les droits et les justes exigences dépasseraient de beaucoup ce qu'on aurait à leur offrir. Ses plus intimes connaissances ne pénétraient pas jusqu'à ce réduit sacré où habitait le secret mobile de son âme, absent du reste de sa vie : réduit si dissimulé, qu'on en soupçonnait à peine l'existence !
Dans ses relations et ses entretiens, il semblait ne s'intéresser qu'à ce qui préoccupait les autres ; il se gardait de les sortir du cercle de leur personnalité pour les ramener à la sienne. S'il livrait peu de son temps, en revanche ne se réservait-il rien de celui qu'il accordait. Ce qu'il eût rêvé, ce qu'il eût souhaité, voulu, conquis, si sa main blanche et effilée avait pu marier des cordes d'airain aux cordes d'or de sa lyre, nul ne le lui a jamais demandé, nul en sa présence n'eut eu le loisir d'y songer ! Sa conversation se fixait peu sur les sujets émouvants. Il glissait dessus et, comme il était peu prodigue de ses instants, la causerie était facilement absorbée par les détails du jour. Il prenait soin d'ailleurs de ne pas lui permettre de s'extravaser en digressions, dont il eût pu devenir le sujet.

Son individualité n'appelait guère les investigations de la curiosité, les pensées chercheuses et les stratagèmes scrutateurs ; il plaisait trop pour faire réfléchir.

L'ensemble de sa personne, étant harmonieux, ne paraissait demander aucun commentaire. Son regard bleu était plus spirituel que rêveur ; son sourire doux et fin ne devenait pas amer. La finesse et la transparence de son teint séduisaient l'œil, ses cheveux blonds étaient soyeux, son nez recourbé expressivement accentué, sa stature peu élevée, ses membres frêles. Ses gestes étaient gracieux et multipliés ; le timbre de sa voix un peu assourdi, souvent étouffé. Ses allures avaient une telle distinction et ses manières un tel cachet de haute compagnie, qu'involontairement on le traitait en prince. Toute son apparence faisait penser à celle des convolvulus, balançant sur des tiges d'une incroyable finesse leurs coupes divinement colorées, mais d'un si vaporeux tissu que le moindre contact les déchire.

Il portait dans le monde l'égalité d'humeur des personnes que ne trouble aucun ennui, car elles ne s'attendent à aucun intérêt. D'habitude il était gai ; son esprit caustique dénichait rapidement le ridicule bien au-delà des superficies où il frappe tous les yeux. Il déployait dans la pantomime une verve drolatique, longtemps inépuisée. Il s'amusait souvent à reproduire, dans des improvisations comiques, les formules musicales et les tics particuliers de certains virtuoses ; à répéter leur gestes et leurs mouvements, à contrefaire leur visage, avec un talent qui commentait en une minute toute leur personnalité. Ses traits devenaient alors méconnaissables, il leur faisait subir les plus étranges métamorphoses.

Mais, tout en imitant le laid et le grotesque, il ne perdait jamais sa grâce native ; la grimace ne parvenait même pas à l'enlaidir.

Sa gaieté était d'autant plus piquante, qu'il en restreignait les limites avec un parfait bon goût et un éloignement ombrageux de ce qui pouvait le dépasser. À aucun des instants de la plus entière familiarité, il ne trouvait qu'une parole malséante, une vivacité déplacée, puissent ne point être choquantes.

Déjà en sa qualité de Polonais, Chopin ne manquait pas de malice ;

son constant commerce avec Berlioz, Hiller, quelques autres célébrités du temps non moins coutumiers de mots, et de mots poivrés, ne manqua pas d'aiguiser plus encore ses remarques incisives, ses réponses ironiques, ses procédés à double sens. Il avait entre autres de mordantes répliques pour ceux qui eussent essayé d'exploiter indiscrètement son talent. Tout Paris se raconta un jour celle qu'il fit à un amphitryon mal avisé, lorsqu'après avoir quitté la salle à manger il lui montra un piano ouvert ! Ayant eu la bonhomie d'espérer et de promettre à ses convives, comme un rare dessert, quelque morceau exécuté par lui, il put s'apercevoir qu'en comptant sans son hôte on compte deux fois. Chopin refusa d'abord ; fatigué enfin par une insistance désagréablement indiscrète : «Ah ! monsieur», dit-il de sa voix la plus étouffée, comme pour mieux acérer sa parole, «je n'ai presque pas dîné !»—Toutefois, ce genre d'esprit était chez lui plutôt une habilité acquise qu'un plaisir naturel. Il savait se servir du fleuret et de l'épée, parer et toucher ! Mais, quand il avait fait sauter l'arme de l'adversaire, il se dégantait et jetait bas la visière, pour n'y plus songer.

Par une exclusion absolue de tout discours dont il eût été l'objet, par une discrétion jamais abandonné sur ses propres sentiments, il réussit à toujours laisser après lui cette impression si chère au vulgaire distingué, d'une présence qui nous charme sans que nous ayons à redouter qu'elle apporte avec elle les charges de ses bénéfices, qu'elle fasse succéder aux épanchements de ses gaietés entraînantes, les tristesses qu'imposent les confidences mélancoliques et les visages assombris, réactions inévitables dans les natures dont on peut dire :

Ubi mel, ibi sel. Quoique le monde ne puisse refuser une sorte de respect aux douloureux sentiments qui causent ces réactions, quoiqu'elles aient même pour lui tout l'attrait de l'inconnu et qu'il leur accorde quelque chose comme de l'admiration, il ne les goûte qu'à distance. Il fuit leur approche incommode à ses stagnants repos, aussi empressé à s'apitoyer avec emphase à leur description, qu'à se détourner de leur vue. La présence de Chopin était donc toujours fêtée. N'espérant point être deviné, dédaignant de se raconter lui-même, il s'occupait si fort de tout ce qui n'était pas lui, que sa personnalité intime restait à l'écart, inabordée et inabordable, sous une surface polie et glissante où il était impossible de prendre pied. Quoique rares, il y eut pourtant des instants où nous l'avons surpris profondément ému. Nous l'avons vu pâlir et blêmir, au point de gagner des teintes vertes et cadavéreuses. Mais dans ses plus vives émotions, il resta concentré. Il fut alors, comme de coutume, avare de paroles sur ce qu'il ressentait ; une minute de recueillement déroba toujours le secret de son impression première. Les mouvements qui y succédaient, quelque grâce de spontanéité qu'il sût leur imprimer, étaient déjà l'effet d'une réflexion dont l'énergique volonté dominait un bizarre conflit de véhémence morale et de faiblesses physiques. Ce constant empire exercé sur la violence de son caractère, rappelait la supériorité mélancolique de certaines femmes qui cherchent leur force dans la retenue et l'isolement, sachant l'inutilité des explosions de leurs colères et ayant un soin trop jaloux du mystère de leur passion pour le trahir gratuitement.

Chopin savait noblement pardonner ; nul arrière-goût de rancune ne restait dans son cœur contre les personnes qui l'avaient froissé. Mais, comme ces froissements pénétraient très avant dans son âme, ils y fermentaient en vagues peines et en souffrances intérieures, si bien que longtemps après que leurs causes avaient été effacées de sa mémoire il en éprouvait encore les morsures secrètes. Malgré cela, à force de soumettre ses sentiments à ce qui lui semblait devoir être pour être bien, il arrivait jusqu'à savoir gré des services offerts par une amitié mieux intentionnée que bien instruite, qui contrariait sans s'en douter ses susceptibilités cachées. Ces torts de la gaucherie sont cependant les plus malaisés à supporter aux natures nerveuses, condamnées à réprimer l'expression de leurs emportements et amenées par là à une irritation sourde qui, ne portant jamais sur ses vrais motifs, tromperait fort pourtant ceux qui la prendraient pour une irritabilité sans motif. Comme pourtant, manquer à ce qui lui paraissait la plus belle ligne de conduite fut une tentation à laquelle Chopin n'eut pas à résister, car probablement elle ne se présenta jamais à lui, il se garda de déceler en face d'individualités plus vigoureuses et, par cela seul, plus brusques et plus tranchantes que la sienne, les crispations que lui faisaient éprouver leur contact et leur liason.

La réserve de ses entretiens s'étendait aussi à tous les sujets auxquels s'attache le fanatisme des opinions. C'est uniquement par ce qu'il ne faisait pas dans l'étroite circonscription de son activité, qu'on arrivait à en préjuger. Sincèrement religieux et attaché au catholicisme, Chopin n'abordait jamais ce sujet, gardant ses croyances sans les témoigner par aucun apparat.

On pouvait longtemps le connaître, sans avoir de notions exactes sur ses idées à cet égard. Il s'entend de soi que, dans le milieu où ses relations intimes le transportèrent peu à peu, il dut renoncer à fréquenter les églises, à voir les ecclésiastiques, à pratiquer tout naturellement la religion, comme cela se fait dans la noble et croyante Pologne où tout homme bien né rougirait d'être tenu pour un mauvais catholique, où il considérerait comme la dernière des injures de s'entendre dire qu'il n'agit pas en bon chrétien. Or, qui ne sait qu'en s'abstenant souvent et longtemps des rites religieux, on finit nécessairement par les oublier plus ou moins ? Cependant, quoique pour ne pas donner à ses nouvelles accointances le déplaisir de rencontrer une soutane chez lui, il laissa se détendre ses rapports avec les prêtres du clergé polonais de Paris, ceux-ci ne cessèrent jamais de le chérir comme un de leurs plus nobles compatriotes, dont leurs amis communs leur donnaient de constantes nouvelles.

Son patriotisme se révéla dans la direction que prit son talent, dans ses intimités de choix, dans ses préférences pour ses élèves, dans les services fréquents et considérables qu'il aimait à rendre à ses compatriotes. Nous ne nous souvenons pas qu'il ait jamais pris plaisir à exprimer ses sentiments patriotiques, à parler longuement de la Pologne, de son passé, de son présent, de son avenir, à toucher aux questions historiques qui s'y rattachent. Malheureusement, la haine du conquérant, l'indignation virulente contre une injustice qui crie vengeance au ciel, les désirs et l'espoir d'une revanche éclatante qui étrangle à son tour le vainqueur, n'alimentaient que trop souvent les entretiens politiques dont la Pologne était l'objet.

Chopin qui avait si bien appris à l'adorer durant une sorte de trêve dans la longue histoire de ses tortures, n'avait pas eu le temps d'apprendre à haïr, à rêver la vengeance, à savourer l'espoir de souffleter un vainqueur fourbe et déloyal. Il se contentait par conséquent d'aimer le vaincu, de pleurer avec l'opprimé, de chanter et de glorifier ce qu'il aimait, sans philippiques aucunes, sans excursions sur le domaine des prévisions diplomatiques ou militaires qui, faute de mieux, finissaient par des aspirations révolutionnaires antipathiques à sa nature. Les Polonais, voyant toutes les chances de briser le fameux «équilibre européen» basé sur le partage de leur patrie se perdre de plus en plus, étaient convaincus que le monde se déjetterait sous le coup d'un pareil crime de lèse-christianisme. Ils n'avaient peut-être pas tellement tort ; l'avenir se chargera de le démontrer ! Mais, Chopin ne pouvant encore entrevoir un tel avenir, reculait instinctivement devant des espérances qui lui donnaient pour alliés des hommes et des choses qui ne devaient être que des causes ! S'il s'entretenait quelquefois sur les événements tant discutés en France, sur les idées et les opinions si vivement attaquées, si chaudement défendues, c'était plutôt pour signaler ce qu'il y trouvait de faux et d'erroné que pour en faire valoir d'autres. Amené à des rapports continus avec quelques-uns des hommes avancés qui ont le plus marqué de nos jours, il sut borner entre eux et lui les relations à une bienveillante indifférence, tout à fait indépendante de la conformité des idées. Bien souvent il les laissait s'échauffer et se haranguer entre eux des heures entières, se promenant de long en large dans le fond de la chambre sans ouvrir la bouche.

Par moment, son pas devenait plus saccadé ; personne n'y prêtait attention, sinon des visiteurs peu familiers avec ce milieu. Ils observaient aussi en lui certains soubresauts nerveux à l'énoncé de certaines énormités ineffables : ses amis s'en étonnaient quand on leur en parlait, sans s'apercevoir qu'il vivait auprès de tous, les voyait, les regardait faire, mais ne vivait avec aucun d'eux, ne leur donnant rien de son «meilleur moi» et ne prenant pas toujours ce qu'on croyait lui avoir donné.

Nous l'avons contemplé de longs instants au milieu de ces conversations vives et entraînantes, dont il s'excluait par son silence. La passion des causeurs le faisait oublier ; mais nous avons maintes fois négligé de suivre le fil de leurs raisonnements, pour fixer notre attention sur sa figure. Elle se contractait imperceptiblement et s'assombrissait souvent sous une pénible impression, quand des sujets qui tiennent aux conditions premières de l'existence sociale étaient débattus devant lui avec de si énergiques emportements, qu'on eût pu croire notre sort, notre vie ou notre mort, devoir se décider à l'instant même. Il semblait souffrir physiquement lorsqu'il entendait déraisonner si sérieusement, accumuler si imperturbablement les uns contre les autres des arguments également vides et faux, comme s'il avait entendu une suite de dissonances, voire même une cacophonie musicale. Ou bien, il devenait triste et rêveur. Alors il apparaissait comme un passager à bord d'un vaisseau que la tempête fait rebondir sur les vagues ; contemplant l'horizon, les étoiles, songeant à sa lointaine patrie, suivant la manœuvre des matelots, comptant leurs fautes, et se taisant, n'ayant pas la force requise pour saisir un des cordages de la voilure...
Son bon sens plein de finesse l'avait promptement persuadé de la parfaite vacuité de la plupart des discours politiques, des discussions philosophiques, des digressions religieuses.

Il arriva ainsi à pratiquer de bonne heure la maxime favorite d'un homme infiniment distingué, à qui nous avons souvent entendu répéter un mot dicté par la sagesse misanthropique de ses vieux ans. Cette façon de sentir surprenait alors notre impatience inexpérimentée ; mais depuis, elle nous a frappé par sa triste justesse.
—«Vous vous persuaderez un jour, comme moi, qu'il n'y a guère moyen de causer de quoi que ce soit avec qui que ce soit», disait le marquis Jules de Noailles aux jeunes gens qu'il honorait de ses bontés, lorsqu'ils se laissaient entraîner à la chaleur de naïfs débats d'opinions. Chaque fois qu'on lui voyait réprimer une volonté passagère de jeter son mot dans la discussion, Chopin semblait penser, comme pour consoler sa main oisive et la réconcilier avec son luth : Il mondo va da se !

La démocratie représentait à ses yeux une agglomération d'éléments trop hétérogènes, trop tourmentés, d'une trop sauvage puissance, pour lui être sympathique. Il y avait alors plus de vingt ans déjà, que l'avènement des questions sociales fut comparé à une nouvelle invasion de barbares. Chopin était particulièrement et péniblement frappé de ce que cette assimilation avait de terrible. Il désespérait d'obtenir des Attila conduisant les Huns modernes, le salut de Rome auquel est attaché celui de l'Europe ! Il désespérait de préserver de leurs destructions et de leurs dévastations, la civilisation chrétienne, devenue la civilisation européenne ! Il désespérait de sauver de leurs ravages, l'art, ses monuments, ses accoutumances, la possibilité en un mot de cette vie élégante, molle et raffinée, que chanta Horace et que les brutalités d'une loi agraire tuent nécessairement, puisque ne pouvant obtenir ni l'égalité, ni la fraternité, elles donnent la mort ! Il suivait de loin les événements et une perspicacité de coup d'œil, qu'on ne lui eût d'abord pas supposée, lui fit souvent prédire ce à quoi de mieux informés s'attendaient peu.

Si des observations de ce genre lui échappaient, il ne les développait point. Ses phrases courtes n'étaient remarquées que quand les faits les avaient justifiées.
Dans un seul cas Chopin se départit de son silence prémédité et de sa neutralité accoutumée. Il rompit sa réserve dans la cause de l'art, la seule sur laquelle il n'abdiqua dans aucune circonstance l'énoncé explicite de son jugement, sur laquelle il s'appliqua avec persistance à étendre l'action de son influence et de ses convictions. Ce fut comme un témoignage tacite, de l'autorité de grand artiste qu'il se sentait légitimement posséder dans ces questions. Les faisant relever de sa compétence et de son appel, il ne laissa jamais de doutes quant à sa manière de les envisager. Pendant quelques années il mit une ardeur passionnée dans ses plaidoyers ; c'était celles où la guerre des romantiques et des classiques était si vivement conduite de part et d'autre. Il se rangeait ouvertement parmi les premiers, tout en inscrivant le nom de Mozart sur sa bannière. Comme il tenait plus au fond des choses qu'aux mots et aux noms, il lui suffisait de trouver dans l'immortel auteur du Requiem, de la symphonie dite de Jupiter,

etc. les principes, les germes, les origines, de toutes les libertés dont il usait abondamment, (quelques-uns ont dit surabondamment), pour le considérer comme un des premiers qui ouvrirent à la musique des horizons inconnus : ces horizons qu'il aimait tant à explorer et où il fit des découvertes qui enrichirent le vieux monde d'un monde nouveau.
En 1832, peu après son arrivée à Paris, en musique comme en littérature, une nouvelle école se formait et il se produisait de jeunes talents qui secouaient avec éclat le joug des anciennes formules.

L'effervescence politique des premières années de la révolution de Juillet à peine assoupie, se transporta dans toute sa vivacité sur les questions de littérature et d'art qui s'emparèrent de l'attention et de l'intérêt de tous. Le romantisme fut à l'ordre du jour et l'on combattit avec acharnement pour ou contre. Il n'y eut aucune trêve entre ceux qui n'admettaient pas qu'on pût écrire autrement qu'on n'avait écrit jusque là, et ceux qui voulaient que l'artiste fût libre de choisir la forme pour l'adapter à son sentiment ; qui pensaient que, la règle de la forme se trouvant dans sa concordance avec le sentiment qu'on veut exprimer, chaque différente manière de sentir comporte nécessairement une manière différente de se traduire.
Les uns, croyant à l'existence d'une forme permanente dont la perfection représente le beau absolu, jugeaient chaque œuvre de ce point de vue préétabli. En prétendant que les grands maîtres avaient atteint les dernières limites de l'art et sa suprême perfection, ils ne laissaient aux artistes qui leur succédaient d'autre gloire à espérer que de s'en rapprocher plus ou moins par l'imitation. On les frustrait même de l'espoir de les égaler, le perfectionnement d'un procédé ne pouvant jamais s'élever jusqu'au mérite de l'invention.—Les autres niaient que le beau pût avoir une forme fixe et absolue, les styles divers leur apparaissant, à mesure qu'ils se manifestent dans l'histoire de l'art, comme des tentes dressées sur la route de l'idéal : haltes momentanées, que le génie atteint d'époque en époque, que ses héritiers immédiats doivent exploiter jusqu'à leur dernier recoin, mais que ses descendants légitimes sont appelés à dépasser.—Les uns voulaient renfermer dans l'enclos symétrique des mêmes

dispositions, les inspirations des temps et des natures les plus dissemblables.

Les autres réclamaient pour chacune d'elles la liberté de créer leur langue, leur mode d'expression, n'acceptant d'autre règle que celle qui ressort des rapports directs du sentiment et de la forme, afin que celle-ci fût adéquate à celui-là.

Aux yeux clairvoyants de Chopin, les modèles existants, quelque admirables qu'ils fussent, ne semblaient pas avoir épuisé tous les sentiments que l'art peut faire vivre de sa vie transfigurée, ni toutes les formes dont il peut user. Il ne s'arrêtait pas à l'excellence de la forme ; il ne la recherchait même qu'en tant que son irréprochable perfection est indispensable à la complète révélation du sentiment, n'ignorant pas que le sentiment est tronqué aussi longtemps que la forme, restée imparfaite, intercepte son rayonnement comme un voile opaque. Il soumettait ainsi à l'inspiration poétique le travail du métier, enjoignant à la patience du génie d'imaginer dans la forme de quoi satisfaire aux exigences du sentiment. Aussi, reprochait-il à ses classiques adversaires de réduire l'inspiration au supplice de Procuste, sitôt qu'ils n'admettaient pas que certaines manières de sentir sont inexprimables dans les formes préalablement déterminées. Il les accusait de déposséder par avance l'art, de toutes les œuvres qui auraient tenté d'y introduire des sentiments nouveaux, revêtus de ses formes nouvelles qui se puisent dans le développement toujours progressif de l'esprit humain, des instruments qui divulguent sa pensée, des ressources matérielles dont l'art dispose.

Chopin n'admettait pas, qu'on voulût écraser le fronton grec avec la tour gothique, ni qu'on démolisse les grâces pures et exquises de l'architecture italienne, au profil de la luxuriante fantaisie des constructions mauresques ; comme il n'eût pas voulu que le svelte palmier vienne à croître en place de ses élégants bouleaux, ni que l'agave des tropiques soit remplacée par le mélèze du nord.

Il prétendait goûter le même jour l'Ilyssus de Phidias et le Pensieroso de Michel-Ange, un Sacrement de Poussin et la Barque dantesque de Delacroix, une Improperia de Palestrina et la Reine

Mab de Berlioz ! Il réclamait son droit d'être pour tout ce qui est beau, admirant la richesse de la variété non moins que la perfection de l'unité. Il ne demandait également à Sophocle et à Shakespeare, à Homère et à Firdousi, à Racine et à Goethe, que d'avoir leur raison d'être dans la beauté propre de leur forme, dans l'élévation de leur pensée, proportionnée, comme la hauteur du jet-d'eau aux feux irisés, à la profondeur de leur source.

Ceux qui voyaient les flammes du talent dévorer insensiblement les vieilles charpentes vermoulues, se rattachaient à l'école musicale dont Berlioz était le représentant le plus doué, le plus vaillant, le plus hasardeux. Chopin s'y rallia complètement et fut un de ceux qui mit le plus de persévérance à se libérer des serviles formules du style conventionnel, aussi bien qu'à répudier les charlatanismes qui n'eussent remplacé de vieux abus que par des abus nouveaux plus déplaisants encore, l'extravagance étant plus agaçante et plus intolérable que la monotonie. Les nocturnes de Field, les sonates de Dussek, les virtuosités tapageuses et les expressivités décoratives de Kalkbrenner, lui étant ou insuffisantes ou antipathiques, il prétendait n'être pas attaché aux rivages fleuris et un peu mignards des uns, ni obligé de trouver bonnes les manières échevelées des autres.

Pendant les quelques années que dura cette sorte de campagne du romantisme, d'où sortirent des coups d'essai qui furent des coups de maître, Chopin resta invariable dans ses prédilections comme dans ses répulsions.

Il n'admit pas le moindre atermoiement avec aucun de ceux qui, selon lui, ne représentaient pas suffisamment le progrès ou ne prouvaient pas un sincère dévouement à ce progrès, sans désir d'exploitation de l'art au profit du métier, sans poursuite d'effets passagers, de succès surpris à la surprise de l'auditoire. D'une part, il rompit, des liens qu'il avait contractés avec respect, lorsqu'il se sentit gêné par eux et retenu trop à la rive par des amarres dont il reconnaissait la vétusté. D'autre part, il refusa obstinément d'en former avec de jeunes artistes dont le succès, exagéré à son sens, relevait trop un certain mérite. Il n'apportait pas la plus légère louange à ce qu'il ne jugeait point être une conquête effective pour l'art, une sérieuse conception de la tâche d'un artiste.

Son désintéressement faisait sa force ; il lui créait une sorte de forteresse. Car, ne voulant que l'art pour l'art, comme qui dirait le bien pour le bien, il était invulnérable ; par là imperturbable. Jamais il ne désira d'être prôné, ni par les uns ni par les autres, à l'aide de ces ménagements imperceptibles qui font perdre les batailles ; à l'aide de ses concessions que se font les diverses écoles dans la personne de leurs chefs, lesquelles ont introduit au milieu des rivalités, des empiètements, des déchéances et des envahissements des styles divers dans les différentes branches de l'art, des négociations, des traités et des pactes, semblables à ceux qui forment le but et les moyens de la diplomatie, aussi bien que les artifices et l'abandon de certains scrupules qui en sont inséparables. En refusant d'étayer ses productions d'aucun de ces secours extrinsèques qui forcent le public à leur faire bon accueil, il disait assez qu'il se fiait à leurs beautés pour être sûr qu'elles se feraient apprécier d'elles-mêmes.

Il ne tenait pas à hâter et à faciliter leur acceptation immédiate. Toutefois, Chopin était si intimement et si uniquement pénétré des sentiments dont il croyait avoir connu dans sa jeunesse les types les plus adorables, de ces sentiments que seuls il lui plaisait de confier à l'art ; il envisageait celui-ci si invariablement d'un unique et même point de vue, que ses prédilections d'artiste ne pouvaient manquer de s'en ressentir. Dans les grands modèles et les chefs-d'œuvre de l'art, il recherchait uniquement ce qui correspondait à sa nature. Ce qui s'en rapprochait lui plaisait ; ce qui s'en éloignait obtenait à peine justice de lui. Rêvant et réunissant en lui-même les qualités souvent opposées de la passion et de la grâce, il possédait une grande sûreté de jugement et se préservait d'une partialité mesquine. Il ne s'arrêtait guère devant les plus grandes beautés et les plus grands mérites, lorsqu'ils blessaient l'une ou l'autre des faces de sa conception poétique. Quelque admiration qu'il eût pour les œuvres de Beethoven, certaines parties lui en paraissaient trop rudement taillées. Leur structure était trop athlétique pour qu'il s'y complût ; leurs courroux lui semblaient trop rugissants. Il trouvait que la passion y approche trop du cataclysme ; la moelle de lion qui se

retrouve dans chaque membre de ses phrases lui était une trop substantielle matière, et les séraphiques accents, les raphaëlesques profils, qui apparaissent au milieu des puissantes créations de ce génie, lui devenaient par moments presques pénibles dans un contraste si tranché.
Malgré le charme qu'il reconnaissait à quelques-unes des mélodies de Schubert, il n'écoutait pas volontiers celles dont les contours étaient trop aigus pour son oreille, où le sentiment est comme dénudé, où l'on sent, pour ainsi dire, palpiter la chair et craquer les os sous l'étreinte de la douleur.

Toutes les rudesses sauvages lui inspiraient de l'éloignement. En musique, comme en littérature, comme dans l'habitude de la vie, tout ce qui se rapproche du mélodrame lui était un supplice. Il repoussait le côté furibond et frénétique du romantisme ; il ne supportait pas l'ahurissement des effets et des excès délirants. «Il n'aimait pas Shakespeare sans de fortes restrictions ; il trouvait ses caractères trop étudiés sur le vif et parlant un langage trop vrai ; il aimait mieux les synthèses épiques et lyriques qui laissaient dans l'ombre les pauvres détails de l'humanité. C'est pourquoi il parlait peu et n'écoutait guère, ne voulant formuler ses pensées ou recueillir celles des autres que quand elles étaient arrivées à une certaine élévation.» [Mme Sand. Lucrezia Floriani.].
Cette nature si constamment maîtresse d'elle-même, pour laquelle la divination, l'entre-vue, le pressentiment, offraient ce charme de l'inachevé, si cher aux poètes qui savent la fin des mots interrompus et des pensées tronquées ; cette nature si pleine de délicates réserves, ne pouvait éprouver qu'un ennui, comme scandalisé, devant l'impudeur de ce qui ne laissait rien à pénétrer, rien à comprendre au delà. Nous pensons que s'il lui avait fallu se prononcer à cet égard, il eût avoué qu'à son goût il n'était permis d'exprimer les sentiments qu'à condition d'en laisser la meilleure partie à deviner. Si, ce qu'on est convenu d'appeler le classique dans l'art, lui semblait imposer des restrictions trop méthodiques, s'il refusait de se laisser garrotter par ces menottes et glacer par ce système conventionnel, s'il ne voulait pas s'enfermer dans les symétries d'une cage, c'était pour s'élever

dans les nues, chanter comme l'alouette plus près du bleu du ciel, ne devoir jamais descendre de ces hauteurs.

Il eût voulu ne se livrer au repos qu'en planant dans les régions élevées, comme l'oiseau de paradis dont on disait jadis qu'il ne goûtait le sommeil qu'en restant les ailes étendues, bercé par les souffles de l'espace, au haut des airs où il suspendait son vol. Chopin se refusait obstinément à s'enfoncer dans les tanières des forêts, pour prendre note des vagissements et des hurlements dont elles sont remplies ; à explorer les déserts affreux, en y traçant des sentiers que le vent perfide roule avec ironie sur les pas du téméraire qui essaye de les former.
Tout ce qui dans la musique italienne est si franc, si lumineux, si dénué d'apprêt, en même temps que de science ; tout ce qui dans l'art allemand porte le cachet d'une énergie populaire, quoique puissante, lui plaisait également peu. À propos de Schubert il dit un jour : «que le sublime était flétri lorsque le commun ou le trivial lui succédait». Hummel, parmi les compositeurs de piano, était un des auteurs qu'il relisait avec le plus de plaisir. Mozart représentait à ses yeux le type idéal, le poète par excellence, car il condescendait plus rarement que tout autre à franchir les gradins qui séparent la distinction de la vulgarité. Il aimait précisément dans Mozart le défaut qui lui fit encourir le reproche que son père lui adressait après une représentation de l'Idoménée : «Vous avez eu tort de n'y rien mettre pour les longues oreilles». La gaieté de Papageno charmait celle de Chopin ; l'amour de Tamino et ses mystérieuses épreuves lui semblaient dignes d'occuper sa pensée ; Zerline et Mazetto l'amusaient par leur naïveté raffinée. Il comprenait les vengeances de Donna Anna, parce qu'elles ne ramenaient que plus de voiles sur son deuil.

À côté de cela, son sybaritisme de pureté, son appréhension du lieu-commun étaient tels, que même dans Don Juan, même dans cet immortel chef-d'œuvre, il découvrait des passages dont nous lui avons entendu regretter la présence» Son culte pour Mozart n'en était pas diminué, mais comme attristé. Il parvenait bien à oublier ce qui lui répugnait, mais se réconcilier avec, lui était impossible. Ne subissait-il pas en ceci les douloureuses conditions de ces supériorités d'instinct, irraisonnées et implacables, dont nulle persuasion, nulle démonstration, nul effort ne parviennent jamais à obtenir l'indulgence, ne fût-ce que celle de l'indifférence, pour des objets d'un spectacle antipathique et d'une aversion si insurmontable qu'elle est comme une sorte d'idiosyncrasie ?

Chopin donna à nos essais, à nos luttes d'alors, si remplies encore d'hésitations et d'incertitudes, d'erreurs et d'exagérations, qui rencontraient plus de sages hochant la tête que de contradicteurs glorieux, l'appui d'une rare fermeté de conviction, d'une conduite calme et inébranlable, d'une stabilité de caractère également à l'épreuve des lassitudes et des leurres, en même temps que l'auxiliaire efficace qu'apporte à une cause le mérite des ouvrages qu'elle peut revendiquer. Chopin accompagna ses hardiesses de tant de charme, de mesure et de savoir, qu'il fut justifié d'avoir eu confiance en son seul génie par la prompte admiration qu'il inspira. Les solides études qu'il avait faites, les habitudes réfléchies de sa jeunesse, le culte dans lequel il fut élevé pour les beautés classiques, le préservèrent de perdre ses forces en tâtonnements malheureux et en demi-réussites, comme il est arrivé à plus d'un partisan des idées nouvelles.

Sa studieuse patience à élaborer et à parachever ses ouvrages le mettait à l'abri des critiques qui enveniment les dissentiments, en s'emparant de victoires faciles et insignifiantes dues aux omissions et à la négligence de la mégarde.

Exercé de bonne heure aux exigences de la règle, ayant même produit de belles œuvres dans lesquelles il s'y était astreint, il ne la secouait qu'avec l'à-propos d'une justesse savamment méditée. Il avançait toujours en vertu de son principe, sans se laisser emporter à l'exagération ni séduire aux transactions, délaissant volontiers les formules théoriques pour ne poursuivre que leurs résultats. Moins préoccupé des disputes d'école et de leurs termes que de se donner la meilleure des raisons, celle d'une œuvre accomplie, il eut ainsi le bonheur d'éviter les inimitiés personnelles et les accommodements fâcheux.

Plus tard, le triomphe de ses idées ayant diminué l'intérêt de son rôle, il ne chercha pas d'autre occasion pour se placer derechef à la tête d'un groupe quelconque. En cette unique occurrence où il prit rang dans un conflit de parti, il fit preuve de convictions absolues, tenaces et inflexibles, comme toutes celles qui, en étant vives, se font rarement jour. Mais, sitôt qu'il vit son opinion avoir assez d'adhérents pour régner sur le présent et dominer l'avenir, il se retira de la mêlée, laissant les combattants s'assaillir dans des escarmouches moins utiles à la cause qu'agréables aux gens qui aiment à se battre, surtout à battre, au risque d'être battus. Vrai grand-seigneur et vrai chef de parti, il se garda de survaincre, de poursuivre une arrière-garde en déroute, se conduisant en prince victorieux auquel il suffit de savoir que sa cause est hors de danger pour ne plus se mêler aux combattants.

Avec les dehors plus modernes, plus simples, moins extatiques, Chopin avait pour l'art le culte respectueux que lui portaient les premiers maîtres du moyen-âge.

Comme pour eux, l'art était pour lui une belle, une sainte vocation. Comme eux, fier d'y avoir été appelé, il desservait ses rites avec une piété émue. Ce sentiment s'est révélé à l'heure de sa mort dans un détail, dont les mœurs de la Pologne nous expliquent seules toute la signification. Par un usage moins répandu de nos temps, mais qui toutefois y subsiste encore, on y voyait souvent les mourants choisir les vêtements dans lesquels ils voulaient être ensevelis, préparés par quelques-uns longtemps à l'avance [L'auteur de Julie et Adolphe (roman imité de la Nouvelle Héloïse et qui eut beaucoup de vogue à sa publication), le général K. qui, âgé de plus de quatre-vingts ans, vivait encore dans une campagne du gouvernement de la Volhynie à l'époque de notre séjour dans ces contrées, avait fait, conformément à la coutume dont nous parlons, construire son cercueil qui, depuis trente ans, était toujours posé à côté de la porte de sa chambre.].

Leurs plus chères, leurs plus intimes pensées, s'exprimaient ou se trahissaient ainsi, pour la dernière fois. Les robes monastiques étaient fréquemment désignées par des personnes mondaines ; les hommes préféraient ou refusaient le costume de leurs charges, selon que des souvenirs glorieux ou chagrins s'y rattachaient, Chopin, qui parmi les premiers artistes contemporains donna le moins de concerts, voulut pourtant être mis au tombeau dans les habits qu'il y avait portés. Un sentiment naturel et profond, découlant d'une source intarissable d'enthousiasme pour son art, a sans doute dicté ce dernier vœu, alors que, remplissant fervemment les derniers devoirs du chrétien, il quittait tout ce que de la terre il ne pouvait emporter aux cieux. Longtemps avant l'approche de la mort, il avait rattaché à l'immortalité son amour et sa foi en l'art.

Il voulut témoigner une fois de plus au moment ou il serait couché dans le cercueil, par un muet symbole comme de coutume, l'enthousiasme qu'il avait gardé intact pendant toute sa vie. Il mourut fidèle à lui-même, adorant dans l'art ses mystiques grandeurs et ses plus mystiques révélations.
En se retirant, ainsi que nous l'avons dit, du tournant tempêtueux de sa société, Chopin reportait ses sollicitudes et ses affections dans le rayon de sa famille, de ses connaissances de jeunesse, de ses compatriotes. Il conserva avec eux, sans aucune interruption, des rapports fréquents, qu'il entretenait avec un grand soin. Sa sœur Louise lui était surtout chère ; une certaine ressemblance dans la nature de leur esprit et la pente de leurs sentiments, les rapprocha plus particulièrement encore. Elle fit plusieurs fois le voyage de Varsovie à Paris, pour le voir ; en dernier lieu, elle vint y passer les trois derniers mois de la vie de son frère, pour l'entourer de ses soins dévoués.
Dans ses relations avec ses parents, Chopin mettait une grâce charmante. Non content d'entretenir avec eux une correspondance active, il profitait de son séjour à Paris pour leur procurer ces mille surprises que donnent les nouveautés, les bagatelles, les infiniment petits, infiniment jolis, dont la primeur fait le charme. Il recherchait tout ce qu'il croyait pouvoir être agréable à Varsovie et y envoyait continuellement des petits riens, modes ou babioles nouvelles. Il tenait à ce qu'on conservât ces objets, si futiles, si insignifiants qu'ils fussent, comme pour être toujours présent au milieu de ceux à qui il les destinait. De son côté, il attachait un grand prix à toute preuve

d'affection venue de ses parents.

Recevoir de leurs nouvelles ou des marques de leur souvenir lui était une fête ; il ne la partageait avec personne, mais on s'en apercevait au souci qu'il prenait de tous les objets qui lui arrivaient de leur part. Les moindres d'entre eux lui étaient précieux et, non seulement il ne permettait pas aux autres de s'en servir, mais il était visiblement contrarié lorsqu'on y touchait.
Quiconque arrivait de Pologne était le bienvenu auprès de lui. Avec ou sans lettre de recommandation il était reçu à bras ouverts, comme s'il eût été de la famille. Il permettait à des personnes souvent inconnues quand elles venaient de son pays, ce qu'il n'accordait à aucun d'entre nous : le droit de déranger ses habitudes. Il se gênait pour elles, il les promenait, il retournait vingt fois de suite aux mêmes lieux pour leur faire voir les curiosités de Paris, sans jamais témoigner d'ennui à ce métier de cicerone et de badaud. Puis, il donnait à dîner à ces chers compatriotes, dont la veille il avait ignoré l'existence ; il leur évitait toutes les menues-dépenses, il leur prêtait de l'argent. Mieux que cela ; on voyait qu'il était heureux de le faire, qu'il éprouvait un vrai bonheur à parler sa langue, à se trouver avec les siens, à se retrouver par eux dans l'atmosphère de sa patrie qu'il lui semblait encore respirer à côté d'eux. On voyait combien il se plaisait à écouter leurs tristes récits, à distraire leurs douleurs, à détourner leurs sanglants souvenirs, eu consolant leurs suprêmes regrets par les infinies promesses d'une espérance éloquemment chantée.
Chopin écrivait régulièrement aux siens, mais seulement à eux. Une de ses bizarreries consistait à s'abstenir de tout échange de lettres, de tout envoi de billets ; on eût pu croire qu'il avait fait vœu de n'en jamais adresser à des étrangers.

C'était chose curieuse de le voir recourir à tous les expédients pour échapper à la nécessité de tracer quelques lignes. Maintes fois il préféra traverser Paris d'un bout à l'autre pour refuser un dîner ou faire part de légères informations, plutôt que de s'en épargner la peine au moyen d'une petite feuille de papier. Son écriture resta comme inconnue à la plupart de ses amis. On dit qu'il lui est arrivé de s'écarter de cette habitude en faveur de ses belles compatriotes fixées à Paris, dont quelques-unes possèdent de charmants autographes de lui, tous en polonais. Cette infraction à ce qu'on eût pu prendre pour une règle, s'explique par le plaisir qu'il avait à parler sa langue, qu'il employait de préférence et dont il se plaisait à traduire aux autres les locutions les plus expressives. Comme les slaves en général, il possédait très bien le français ; d'ailleurs, vu son origine française, il lui avait été enseigné avec un soin particulier. Mais, il s'en accomodait mal, lui reprochant d'être peu sonore à l'oreille et d'un génie froid.

Cette manière de le juger est d'ailleurs assez répandue parmi les Polonais, qui s'en servent avec une grande facilité, le parlent beaucoup entre eux, souvent mieux que leur propre langue, sans jamais cesser de se plaindre à ceux qui ne la connaissent pas de ne pouvoir rendre dans un autre idiome que le leur, les chatoiements infinis de l'émotion, les nuances éthérées de la pensée ! C'est tantôt la majesté, tantôt la passion, tantôt la grâce, qui à leur dire fait défaut aux mots français. Si on leur demande le sens d'un vers, d'une parole citée par eux en polonais,—Oh ! c'est intraduisible !—est immanquablement la première réponse faite à l'étranger. Viennent ensuite les commentaires, qui servent surtout à commenter l'exclamation, à expliquer toutes les finesses, tous les sous-entendus, tous les contraires renfermés dans ces mots intraduisibles !

Nous en avons cité quelques exemples, lesquels joints à d'autres, nous portent à supposer que cette langue a l'avantage d'imager les substantifs abstraits et que, dans le cours de son développement, elle a dû au génie poétique de la nation d'établir entre les idées un rapprochement frappant et juste par les étymologies, les dérivations, les synonymes. Il en résulte comme un reflet coloré, ombre, ou lumière, projeté sur chaque expression.

L'on pourrait dire ainsi que les mots de cette langue font nécessairement vibrer dans l'esprit un son enharmonique imprévu, ou bien, le son correspondant d'une tierce qui module immédiatement la pensée en un accord majeur ou mineur. La richesse de son vocabulaire permet toujours le choix du ton ; mais la richesse peut devenir une difficulté et il ne serait pas impossible d'attribuer l'usage des langues étrangères, si répandues en Pologne, aux paresses d'esprit et d'études qui veulent échapper à la fatigue d'une habileté de diction, indispensable dans une langue pleine de soudaines profondeurs et d'un laconisme si énergique, que l'à-peu-près y devient difficile et la banalité insoutenable. Les vagues assonances de sentiments mal définis sont incompressibles dans les fortes nervures de sa grammaire. L'idée n'y peut sortir d'une pauvreté singulièrement dénudée, tant qu'elle reste en deçà des bornes du lieu-commun ; par contre, elle réclame une rare précision de termes pour ne pas devenir baroque au delà. La littérature polonaise compte moins que d'autres les noms d'auteurs devenus classiques ; en revanche, presque chacun d'eux dota sa patrie d'une de ces œuvres qui restent à jamais. Elle doit peut-être à ce caractère hautain et exigeant de son idiome, de voir le nombre de ses chefs-d'œuvre en proportion plus grande qu'ailleurs avec celui de ses littérateurs.

On se sent maître, quand on se hasarde à manier cette belle et riche langue [On ne saurait reprocher au polonais de manquer d'harmonie et d'être dépourvu d'attrait musical. Ce n'est pas la fréquence des consonnes qui constitue toujours et absolument la dureté d'une langue, mais le mode de leur association ; on pourrait même dire que quelques-unes n'ont un coloris terne et froid, que par l'absence de sons bien déterminés et fortement marqués. C'est la rencontre désagréable et disharmonieuse de consonnes hétérogènes, qui blesse péniblement les habitudes d'une oreille délicate et cultivée ; c'est le retour répété de certaines consonnes bien accouplées qui ombre, rhythme le langage, lui donne de la vigueur, la prépondérance des voyelles ne produisant qu'une sorte de teinte claire et pâle qui demande à être relevée par des rembrunissements. Les langues slaves emploient, il est vrai, beaucoup de consonnes, mais en général avec des rapprochements sonores, quelquefois flatteurs à l'ouïe, presque jamais tout à fait discordants, même alors qu'il sont plus frappants que mélodieux. La qualité de leurs sons est riche, pleine et très nuancée ; ils ne restent point resserrés dans une sorte de médium étroit, mais s'étendent dans un registre considérable par la variété des intonations qu'on leur applique, tantôt basses, tantôt hautes. Plus on avance vers l'orient, et plus ce trait philologique s'accentue ; on le rencontre dans les langues sémitiques : en chinois, le même mot prend un sens totalement différent, selon le diapason sur lequel on le prononce. Le ? slave, cette lettre presque impossible à prononcer à ceux qui ne l'ont pas appris dès leur enfance, n'a rien de sec. Elle donne à l'ouïe l'impression que produit sur nos doigts un épais velours de laine, rude et souple à la fois.

La réunion des consonnes clapotantes étant rare en polonais, les assonances très aisément multipliées, cette comparaison pourrait s'appliquer à l'ensemble de l'effet qu'il produit sur l'oreille des étrangers. On y rencontre beaucoup de mots imitant le bruit propre aux objets qu'ils désignent. Les répétitions réitérées du ch (h aspiré), du sz (ch en français), du rz, du cz, si effrayants à un œil profane et dont le timbre n'a pour la plupart rien de barbare, (ils se prononcent à peu près comme geai et tche), facilitent ces minologies. Le mot dzwi ?k, son, (lisez dzwienque), en offre un exemple assez caractéristique ; il paraîtrait difficile de mieux reproduire la sensation que la résonance d'un diapason fait éprouver à l'oreille.—Entre les consonnes accumulées dans des groupes qui produisent des tons très divers, tantôt métalliques, tantôt bourdonnants, sifflants ou grondants, il s'entremêle des diphthongues nombreuses et des voyelles qui deviennent souvent quelque peu nasales, l'a et l'e étant prononcés comme on et in lorsqu'ils sont accompagnés d'une cédille : ?, ?. À côté du c (tse) qu'on dit avec une grande mollesse, quelquefois ? (tsic), le s accentué, ?, est presque gazouillé. Le z a trois sons ; on croirait l'accord d'un ton. Le ? (iais), le z (zed) et le ? (zied). L'y forme une voyelle d'un son étouffé, eu, que nous ne saurions pas plus reproduire en français que celui du ? ; aussi bien que lui, elle donne un chatoyant ineffable à la langue.—Ces éléments fins et déliés permettent aux femmes de prendre dans leurs discours un accent chantant ou traînant, qu'elles transportent d'ordinaire aux autres langues, où le charme, devenant défaut, déroute au lieu de plaire. Que de choses, que de personnes qui, à peine transportées dans un milieu dont l'air ambiant, le courant de pensées diverses, ne comportent pas un genre de grâce, d'expression, d'attrait, ce qui en elles était fascinant et irrésistible devient choquant et agaçant, uniquement parce que ces mêmes séductions sont placées sous le rayon d'un autre éclairage ; parce que les ombres y perdant leurs profondeurs, les reflets lumineux n'ont plus leur éclat et leurs signifiances.

En parlant leur langue, les Polonaises ont encore l'habitude de faire succéder à des espèces de récitatifs et de thrénodies improvisées, lorsque les sujets qui les occupent sont sérieux et mélancoliques, un petit parler gras et zézayant comme celui des enfants. Est-ce pour garder et manifester les privilèges de leur suzeraineté féminine, au moment même où elles ont condescendu à être graves comme des sénateurs, de bon conseil comme le ministre d'un règne précédent et sage, profondes comme un vieux théologien, subtiles comme un métaphysicien allemand ? Mais, pour peu que la Polonaise soit en veine de gaieté, en train de laisser luire les feux de ses charmes, de laisser s'exhaler les parfums de son esprit, comme la fleur qui penche son calice sous le chaud rayon d'un soleil de printemps pour répandre dans les airs ses senteurs, on dirait son âme que tout mortel voudrait aspirer et imboire comme une bouffée de félicité arrivée des régions du paradis... elle ne semble plus se donner la peine d'articuler ses mots, comme les humbles habitants de cette vallée de larmes. Elle se met à rossignoler ; les phrases deviennent des roulades qui montent aux plus haut de la gamme d'un soprano enchanteur, ou bien les périodes se balancent en trilles qu'on dirait le tremblement d'une goutte de rosée ; triomphes charmants, hésitation plus charmantes encore, entrecoupées de petits rires perlés, de petits cris interjectifs ! Puis viennent de petits points d'orgues dans les notes sublimes du registre de la voix, lesquels descendent rapidement par on ne sait quelle succession chromatique de demi-tons et quarts de ton, pour s'arrêter sur une note grave et poursuivre des modulations infinies, brusqués, originales, qui dépaysent l'oreille inaccoutumée à ce gentil ramage, qu'une légère teinte d'ironie revêt par moments d'un faux-air de moquerie narquoise particulier au chant de certains oiseaux.

Comme les Vénitiennes, les Polonaises aiment à zinzibuler et, des diastèmes piquants, des azophies imprévues, des nuances charmantes, se trouvent tout naturellement mêlés à cette caqueterie mignonne qui fait tomber les paroles de leurs lèvres, tantôt comme une poignée de perles qui s'éparpillent et résonnent sur une vasque d'argent, tantôt comme des étincelles qu'elles regardent curieusement briller et s'éteindre, à moins que l'une d'elles n'aille s'ensevelir dans un cœur qu'elle peut dévorer et dessécher s'il ne possède point le secret de la réaction ; qu'elle peut allumer comme une haute flamme d'héroïsme et de gloire, comme un phare bienfaisant dans les tempêtes de la vie. En tout cas, quelqu'emploi qu'elles en fassent, la langue polonaise est dans la bouche des femmes bien plus douce et plus caressante que dans celle des hommes.—Quand eux ils se piquent de la parler avec élégance, ils lui impriment une sonorité mâle qui semble pouvoir s'adapter très énergiquement aux mouvements de l'éloquence, autrefois si cultivée en Pologne. La poésie puise dans ces matériaux si nombreux et variés, une diversité de rhythmes et de prosodies ; une abondance de rimes et de consonances, qui lui rendent possible de suivre, musicalement en quelque sorte, le coloris des sentiments et des scènes qu'elle dépeint, non seulement en courtes onomatopées, mais durant de longues tirades.—On a comparé avec raison l'analogie du polonais et du russe, à celle qui existe entre le latin et l'italien. En effet, la langue russe est plus mélismatique, plus alanguie, plus soupirée. Son cadencement est particulièrement approprié au chant, si bien que ses belles poésies, celles de Zukowski et de Pouschkine, paraissent renfermer une mélodie toute dessinée par le mètre des vers.

Il semble qu'on n'ait qu'à dégager un arioso ou un doux cantabile de certaines stances, telles que le Châle noir, le Talismann, et bien d'autres.—L'ancien slavon, qui est la langue de l'Église d'Orient, a un tout autre caractère. Une grande majesté y prédomine ; plus gutturale que les autres idiomes qui en découlent, elle est sévère et monotone avec grandeur, comme les peintures byzantines conservées dans le culte auquel elle est incorporée. Elle a bien la physionomie d'une langue sacrée qui n'a servi qu'à un seul sentiment, qui n'a point été modulée, façonnée, énervée, par de profanes passions, ni aplatie et réduite à de mesquines proportions par de vulgaires besoins.].

L'élégance matérielle était aussi naturelle à Chopin que celle de l'esprit. Elle se trahissait autant dans les objets qui lui appartenaient, que dans ses manières distinguées. Il avait la coquetterie des appartements ; aimant beaucoup les fleurs, il en ornait toujours le sien. Sans approcher de l'éclatante richesse dont à cette époque quelques-unes des célébrités de Paris décoraient leurs demeures, il gardait sur ce point, ainsi que sur le chapitre des élégances de cannes, d'épingles, de boutons, des bijoux fort à la mode alors, l'instinctive ligne du comme il faut, entre le trop et le trop peu.

Comme il ne confondait son temps, sa pensée, ses démarches, avec ceux de personne, la société des femmes lui était souvent plus commode en ce qu'elle obligeait à moins de rapports subséquents. Ayant toujours conservé une exquise pureté intérieure que les orages de la vie ont peu troublé, jamais souillé, car ils n'ébranlèrent jamais en lui le goût du bien, l'inclination vers l'honnête, le respect de la vertu, la foi en la sainteté, Chopin ne perdit jamais cette naïveté juvénile qui permet de se trouver agréablement dans un cercle dont la vertu, l'honnêteté, la respectabilité, font les principaux frais et le plus grand charme.

Il aimait les causeries sans portée des gens qu'il estimait ; il se complaisait aux plaisirs enfantins des jeunes personnes. Il passait volontiers de soirées entières à jouer au colin-maillard avec de jeunes filles, à leur conter des historiettes amusantes ou cocasses, à les faire rire de ces rires fous de la jeunesse qui font encore plus plaisir à entendre que le chant de la fauvette.

Tout cela réuni faisait que Chopin, si intimement lié avec quelques-unes des personnalités les plus marquantes du mouvement artistique et littéraire d'alors que leurs existences semblaient n'en faire qu'une, resta néanmoins un étranger au milieu d'elles. Son individualité ne se fondit avec aucune autre. Personne d'entre les Parisiens n'était à même de comprendre cette réunion, accomplie dans les plus hautes régions de l'être, entre les aspirations du génie et la pureté des désirs. Encore moins pouvait-on sentir le charme de cette noblesse infuse, de cette élégance innée, de cette chasteté virile, d'autant plus savoureuse qu'elle était plus inconsciente de ses dédains pour le charnel vulgaire là, où tous croyaient que l'imagination ne pouvait être coulée dans les moules d'un chef-d'œuvre, que chauffée à blanc dans les hauts fourneaux d'une sensualité âcre et pleine d'infâmes scories !

Mais, une des plus précieuses prérogatives de la pureté intérieure étant de ne pas deviner les raffinements, de ne pas apercevoir les cynismes de l'impudeur, Chopin se sentait oppressé par le voisinage de certaines personnalités dont l'œil n'avait plus de transparence, dont l'haleine était impure, dont les lèvres se plissaient comme celles d'un satyre, sans se douter le moins du monde que des faits, qu'il appelait les écarts du génie, étaient élevés à la hauteur d'un culte envers la déesse Matière !

Le lui eût-on dit mille fois, jamais on ne lui eût persuadé que la rudesse baroque des manières, le parler sans-gêne des appétits indignes, les envieuses diatribes contre les riches et les grands, étaient autre chose que le manque d'éducation d'une classe inférieure. Jamais il n'eût cru que chaque pensée lascive, chaque espoir honteux, chaque souhait rapace, chaque vœu homicide, était l'encens offert à cette basse idole et que chacune de ces exhalaisons, devenue si vite d'étourdissante, fétide, était reçue dans les cassolettes de similor d'une poésie menteuse, comme un hommage de plus dans l'apothéose sacrilège !

La campagne et la vie de château lui convenaient tellement, que pour en jouir il acceptait une société qui ne lui convenait pas du tout. On pourrait en induire qu'il lui était plus aisé d'abstraire son esprit des gens qui l'entouraient, de leur partage bruyant comme le son des castagnettes, que d'abstraire ses sens de l'air étouffé, de la lumière, terne, des tableaux prosaïques de la ville, où les passions sont excitées et surexcitées à chaque pas, les organes rarement flattés. Ce

que l'on y voit, ce que l'on y entend, ce que l'on y sent, frappe au lieu de bercer, fait sortir de soi, au lieu de faire rentrer en soi. Chopin en souffrait, mais ne se rendait pas compte de ce qui l'offusquait, aussi longtemps que des salons amis l'attendirent et que la lutte des opinions littéraires et artistiques le préoccupa vivement. L'art pouvait lui faire oublier la nature ; le beau dans les créations de l'homme pouvait lui remplacer pour quelque temps le beau des créations de Dieu ; aussi, aimait-il Paris. Mais, il était heureux chaque fois qu'il pouvait le laisser loin derrière lui !
À peine était-il arrivé dans une maison de campagne, à peine se voyait-il entouré de jardins, de vergers, de potagers, d'arbres, de hautes herbes, de fleurs telles quelles, qu'il semblait un autre homme, un homme transfiguré.

L'appétit lui revenait, sa gaieté débordait, ses bons-mots pétillaient. Il s'amusait de tout avec tous, devenait ingénieux à varier les amusements, à multiplier les épisodes égayants de cette existence au grand air qui le ranimait, de cette liberté rustique si fort de son goût. La promenade ne l'ennuyait pas ; il pouvait beaucoup marcher et roulait volontiers en voiture. Il observait et décrivait peu ces paysages agrestes ; cependant il était aisé de remarquer qu'il en avait une impression très vive. À quelques mots qui lui échappaient, on eût dit qu'il se sentait plus près de sa patrie en se trouvant au milieu des blés, des prés, des haies, des foins, des fleurs des champs, des bois qui partout ont les mêmes senteurs. Il préférait se voir entre les laboureurs, les faucheurs, les moissonneurs, qui dans tous les pays se ressemblent un peu, qu'entre les rues et les maisons, les ruisseaux et les gamins de Paris, qui certes ne ressemblent à rien et ne peuvent rien rappeler à personne, tout l'ensemble gigantesque, souvent discordant, de la «grand' ville», a quelque chose d'écrasant pour des natures sensitives et maladives.
En outre, Chopin aimait à travailler à la campagne, comme si cet air pur, sain et pénétrant, ravigotait son organisme qui s'étiolait au milieu de la fumée et de l'air épais de la rue ! Plusieurs de ses meilleurs ouvrages écrits durant ses villeggiature, renferment peut-être le souvenir de ses meilleurs jours d'alors.

VI.

Chopin est né à ?elazowa-Wola, près de Varsovie, en 1810. Par un hasard rare chez les enfants, il ne gardait pas le souvenir de son âge dans ses premières années ; il paraît que la date de sa naissance ne fut fixée dans sa mémoire que par une montre, dont une grande artiste, une vraie musicienne, lui fit cadeau en 1820, avec cette inscription : «Madame Catalani, à Frédéric Chopin âgé de dix ans». Le pressentiment de la femme douée, donna peut-être à l'enfant timide la prescience de son avenir ! Rien d'extraordinaire ne marqua du reste le cours de ses premières années. Son développement intérieur traversa probablement peu de phases, n'eut que peu de manifestations. Comme il était frêle et maladif, l'attention de sa famille se concentra sur sa santé. Dès lors sans doute il prit l'habitude de cette affabilité, de cette bonne grâce générale, de cette discrétion sur tout ce qui le faisait souffrir, nées du désir de rassurer les inquiétudes qu'il occasionnait.
Aucune précocité dans ses facultés, aucun signe précurseur d'un remarquable épanouissement, ne révélèrent dans sa première jeunesse une future supériorité d'âme, d'esprit ou de talent. En voyant ce petit être souffrant et souriant, toujours patient et enjoué, on lui sut tellement gré de ne devenir ni maussade, ni fantasque, que l'on se contenta sans doute de chérir ses qualités, sans se demander s'il donnait son cœur sans réserve et livrait le secret de toutes ses pensées. Il est des âmes qui, à l'entrée de la vie, sont comme de riches voyageurs amenés par le sort au milieu de simples pâtres, incapables de reconnaître le haut rang de leurs hôtes ; tant que ces êtres supérieurs demeurent avec eux, ils les comblent de dons qui

sont nuls relativement à leur propre opulence, suffisants toutefois pour émerveiller des cœurs ingénus et répandre le bonheur au sein de leurs paisibles accoutumances.

Ces êtres donnent en affectueuses expansions bien plus que ceux qui les entourent ; on est charmé, heureux, reconnaissant, on suppose qu'ils ont été généreux, tandis qu'en réalité ils n'ont encore été que peu prodigues de leurs trésors.
Les habitudes que Chopin connut avant toutes autres, entre lesquelles il grandit comme dans un berceau solide et moëlleux, furent celles d'un intérieur uni, calme, occupé ; aussi ces exemples de simplicité, de piété et de distinction, lui restèrent toujours les plus doux et les plus chers. Les vertus domestiques, les coutumes religieuses, les charités pieuses, les modesties rigides, l'entourèrent d'une pure atmosphère, où son imagination prit ce velouté tendre des plantes qui ne furent jamais exposées aux poussières des grands chemins.
La musique lui fut enseignée de bonne heure. À neuf ans il commença à l'apprendre et fut bientôt confié à un disciple passionné de Sébastien Bach, ?ywna, qui dirigea ses études durant de longues années selon les errements d'une école entièrement classique. Il est à supposer que lorsque, d'accord avec ses désirs et sa vocation, sa famille lui faisait embrasser la carrière de musicien, aucun prestige de vaine gloriole, aucune perspective fantastique, n'éblouissaient leurs yeux et leurs espérances. On le fit travailler sérieusement et consciencieusement, afin qu'il fût un jour maître savant et habile, sans s'inquiéter outre mesure du plus ou moins de retentissement qu'obtiendraient les fruits de ces leçons et de ces labeurs du devoir.
Il fut placé assez jeune dans un des premiers collèges de Varsovie, grâce à la généreuse et intelligente protection que le prince Antoine Radziwi ? ? accorda toujours aux arts et aux jeunes talents, dont il reconnaissait la portée avec le coup d'œil d'un homme et d'un artiste distingué.

Le prince Radziwi ? ? ne cultivait pas la musique en simple dilettante ; il fut compositeur remarquable. Sa belle partition de Faust, publiée il y a nombre d'années, continue d'être exécuté chaque hiver par l'académie de chant de Berlin. Elle nous semble encore supérieure, par son intime appropriation aux tonalités des sentiments de l'époque où la première partie de ce poème fut écrite, à diverses tentatives pareilles faites de son temps.

En subvenant aux moyens assez restreints de la famille de Chopin, le prince fit à celui-ci l'inappréciable don d'une belle éducation, dont aucune partie ne resta négligée. Son esprit élevé le mettant à même de comprendre toutes les exigences de la carrière d'un artiste, ce fut lui qui, depuis l'entrée de son protégé au collège jusqu'à l'achèvement complet de ses études, paya sa pension par l'entremise d'un ami, M. Antoine Korzuchowski, lequel garda toujours avec Chopin les relations d'une cordiale et constante amitié. De plus, le prince Radziwi ? ? faisait souvent intervenir Chopin aux parties de campagne, aux soirées, aux dîners qu'il donnait, plus d'une anecdote se rattacha dans la mémoire du jeune homme à ces charmants instants, qu'animait tout le brio de la gaieté polonaise. Il y joua souvent un rôle piquant, par son esprit comme par son talent, gardant le souvenir attendri de plus d'une beauté rapidement passée devant ses yeux. Dans le nombre, la jeune Psse Élise, fille du prince, morte à la première fleur de l'âge, lui laissa la plus suave impression d'un ange pour un moment exilé ici-bas.

Le charmant et facile caractère que Chopin apporta sur les bancs de l'école, le fit promptement aimer de ses camarades, en particulier du prince Calixte Czetwertynski et de ses frères.

Lorsque arrivaient les fêtes et, les vacances, il allait souvent les passer avec eux chez leur mère, la Psse Idalie Czetwertynska, qui cultivait la musique avec un vrai sentiment de ses beautés et qui bientôt sut découvrir le poète dans le musicien. La première peut-être, elle fit connaître à Chopin le charme d'être entendu en même temps qu'écouté. La princesse était belle encore et possédait un esprit sympathique, uni à de hautes vertus, à de charmantes qualités. Son salon était un des plus brillants et des plus recherchés de Varsovie ; Chopin y rencontra souvent les femmes les plus distinguées de cette capitale. Il y connut ces séduisantes beautés dont la célébrité était européenne, alors que Varsovie était si enviée pour l'éclat, l'élégance,

la grâce de sa société. Il eut l'honneur d'être présenté chez la Psse de Lowicz, par l'entremise de la Psse Czetwertynska ; celle-ci le rapprocha aussi de la Csse Zamoyska, de la Psse Micheline Radziwi??, de la Psse Thérèse Jablonowska, ces enchanteresses qu'entouraient tant d'autres beautés moins renommées.
Bien jeune encore, il lui arriva de cadencer leurs pas aux accords de son piano. Dans ces réunions, qu'on eût dit des assemblées de fées, il put surprendre bien des fois peut-être, rapidement dévoilés dans le tourbillon de la danse, les secrets de ces cœurs exaltés et tendres ; il put lire sans peine dans ces âmes qui se penchaient avec attrait et amitié vers son adolescence. Là, il put apprendre de quel mélange de levain et de pâte de rose, de salpêtre et de larmes angéliques, est pétri l'idéal poétique des femmes de sa nation. Quand ses doigts distraits couraient sur les touches et en tiraient subitement quelques émouvants accords, il put entrevoir comment coulent les pleurs furtifs des jeunes filles éprises, des jeunes femmes négligées ; comment s'humectent les yeux des jeunes hommes amoureux et jaloux de gloire.

Ne vit-il pas souvent alors quelque belle enfant, se détachant des groupes nombreux, s'approcher de lui et lui demander un simple prélude ? S'accoudant sur le piano pour soutenir sa tête rêveuse de sa belle main, dont les pierreries enchâssées dans les bagues et les bracelets faisaient valoir la fine transparence, elle laissait deviner sans y songer le chant que chantait son cœur, dans un regard humide où perlait une larme, dans sa prunelle ardente où le feu de l'inspiration luisait ! N'advint-il pas bien souvent aussi que tout un groupe, pareil à des nymphes folâtres, voulant obtenir de lui quelque valse d'une vertigineuse rapidité, l'environna de sourires qui le mirent d'emblée à l'unisson de leurs gaietés ?
Là, il vit déployer les chastes grâces de ses captivantes compatriotes, qui lui laissèrent un souvenir ineffaçable du prestige de leurs entraînements si vifs et si contenus, quand la mazoure ramenait quelqu'une de ses figures que l'esprit d'un peuple chevaleresque pouvait seul créer et nationaliser. Là, il comprit ce qu'est l'amour, tout ce qu'est l'amour, ce qu'il est en Pologne, ce qu'il doit être dans ses

cœurs bien nés, quand un jeune couple, un beau couple, un de ces couples qui arrachent un cri d'admiration aux vieillards en cheveux blancs, un sourire approbatif aux matrones qui croient avoir déjà contemplé tout ce que la terre produit de beau, se voyait bondir d'un bout à l'autre de la salle de bal. Il fendait l'air, dévorait l'espace, comme des âmes qui s'élanceraient dans les immensités sidérales, volant sur les ailes de leurs désirs d'un astre à un autre, effleurant légèrement du bout de leurs pieds si étroits quelque planète attardée dans sa route, repoussant plus légèrement encore l'étoile rencontrée comme un lumineux caillou… jusqu'à ce que l'homme éperdu de joie et de reconnaissance se précipite à genoux, au milieu du cercle vide où se concentrent tant de regards curieux, sans quitter le bout des doigts de sa dame dont la main reste ainsi étendue sur sa tête, comme pour la bénir.

Trois fois, il la fait tourner autour de lui ; on dirait qu'il veut ceindre son front d'une triple couronne, auréole bleue, guirlande de flammes, nimbe d'or et de gloire !… Trois fois elle y consent, par un regard, par un sourire, par une inflexion de tête ; alors, voyant sa taille penchée par la fatigue de cette rotation rapide et vertigineuse, le cavalier se redresse avec impétuosité, la saisit entre ses bras nerveux, la soulève un instant de terre, pour terminer cette fantastique course dans un tourbillon de bonheur.
Dans les années plus avancées de sa trop courte vie, Chopin jouant un jour une de ses Mazoures à un musicien ami, qui sentait déjà, plus qu'il ne comprenait encore, les clairvoyances magnétiques qui se dégageaient de son souvenir en prenant corps sur son piano, s'interrompit brusquement pour lui raconter cette figure de la danse. Puis, en se retournant vers le clavier, il murmura ces deux vers de Soumet, le poète en vogue d'alors :
Je t'aime
Sémida, et mon cœur vole vers ton image,
Tantôt comme un encens, tantôt comme un orage !…
Son regard semblait arrêté sur une de ces visions des anciens jours que nul ne voit, hormis celui qui la reconnaît pour l'avoir fixée durant sa courte réalité avec toute l'intensité de son âme, afin d'y imprimer à

jamais son ineffaçable empreinte. Il était aisé de deviner que Chopin revoyait devant lui quelque beauté, blanche comme une apparition, svelte et légère, aux beaux bras d'ivoire, aux yeux baissés, laissant s'échapper de dessous ses paupières des ondes azurées, qui enveloppaient d'une lueur béatifiante le superbe cavalier à genoux devant elle, les lèvres entr'ouvertes, ces lèvres dont semblait s'échapper un soupir, montant
Tantôt comme un encens, tantôt comme un orage !...

Chopin contait volontiers plus tard, négligemment en apparence, mais avec cette involontaire et sourde émotion qui accompagne le souvenir de nos premiers ravissements, qu'il comprit d'abord tout ce que les mélodies et les rhythmes des danses nationales pouvaient contenir et exprimer de sentiments divers et profonds, les jours où il voyait les dames du grand monde de Varsovie à quelque notable et magnifique fête, ornées de toutes les éblouissances, parées de toutes les coquetteries, qui font frôler les cœurs à leurs feux, avivent, aveuglent et infortunent l'amour. Au lieu des roses parfumées et des camélias panachés de leurs serres, elles portaient pour lors les orgueilleux bouquets de leurs écrins. Ces tissus d'un emploi plus modeste, si transparents que les Grecs les disaient tissés d'air, étaient remplacés par les somptuosités des gazes lamées d'or, des crêpes brodés d'argent, des points d'Alençon et des dentelles de Brabant. Mais il lui semblait qu'aux sons d'un orchestre européen, quelque parfait qu'il fût, elles rasaient moins rapidement le parquet ; leur rire lui paraissait moins sonore, leurs regards d'un étincellement moins radieux, leur lassitude plus prompte, qu'aux soirs où la danse avait été improvisée, parce qu'en s'asseyant au piano il avait inopinément électrisé son auditoire. S'il l'électrisait, c'est qu'il savait répéter en sons hiéroglyphiques propres à sa nation, en airs de danse éclos sur le sol de la patrie, d'entente facile aux initiés, ce que son oreille avait entre-ouï des murmurations discrètes et passionnées de ces cœurs, comparables aux fraxinelles vivaces dont les fleurs sont toujours environnées d'un gaz subtil, inflammable, qui à la moindre occasion s'allume et les entoure d'une soudaine phosphorescence.

Fantasmes illusoires, célestes visions, il vous a vu luire dans cet air si rarescible ! Il avait deviné quel essaim de passions y bourdonne sans cesse et comment elles floflottent dans les âmes ! Il avait suivi d'un regard ému ces passions toujours prêtes à s'entre-mesurer, à s'entre-entendre, à s'entre-navrer, à s'entre-ennoblir, à s'entre-sauver, sans que leurs pétillements et leurs trépidations viennent a aucun instant déranger la belle eurhythmie des grâces extérieures, le calme imposant d'une apparence simple et sciemment tranquille. C'est ainsi qu'il apprit à goûter et à tenir en si haute estime les manières nobles et mesurées, quand elles sont réunies à une intensité de sentiment qui préserve la délicatesse de l'affadissement, qui empêche la prévenance de rancir, qui défend à la convenance de devenir tyrannie, au bon goût de dégénérer en raideur ; ne permettant jamais aux émotions de ressembler, comme il leur arrive souvent ailleurs, à ces végétations calcaires, dures et frangibles, tristement nommées fleurs de fer : flos-ferri.

En ces salons, les bienséances rigoureusement observées ne servaient pas, espèces de corsets ingénieusement bâtis, à dissimuler des cœurs difformes ; elles obligeaient seulement à spiritualiser tous les contacts, à élever tous les rapports, à aristocratiser toutes les impressions. Quoi de surprenant, si ses premières habitudes, prises dans ce monde d'une si noble décence, firent croire à Chopin que les convenances sociales, au lieu d'être un masque uniforme, dérobant sous la symétrie des mêmes lignes le caractère de chaque individualité, ne servaient qu'à contenir les passions sans les étouffer, à leur enlever la crudité de tons qui les dénature, le réalisme d'expression qui les rabaisse, le sans-gêne qui les vulgarise, la véhémence qui blase, l'éxubérance qui lasse, enseignant aux amants de l'impossible à réunir toutes les vertus que la connaissance du mal fait éclore, à toutes celles qui font oublier son existence en parlant à ce qu'on aime [Lucrezia Floriani.] ; rendant ainsi presque possible, l'impossible réalisation d'une Ève, innocente et tombée, vierge et amante à la fois !

À mesure que ces premiers apperçus de la jeunesse de Chopin

s'enfonçaient dans la perspective des souvenirs, ils gagnaient encore à ses yeux en grâces, en enchantements, en prestiges, le tenant d'autant plus sous leur charme, qu'aucune réalité quelque peu contradictoire ne venait démentir et détruire cette fascination, secrètement cachée dans un coin de son imagination. Plus cette époque reculait dans le passé, plus il avançait dans la vie, et plus il s'énamourait des figures qu'il évoquait dans sa mémoire. C'étaient de superbes portraits en pied ou des pastels souriants, des médaillons en deuil ou des profils de camées, quelque gouache aux tons fortement repoussés, tous près d'une pâle et suave esquisse à la mine de plomb. Cette galerie de beautés si variées finissait par être toujours présente devant son esprit, par rendre toujours plus invincibles ses répugnances pour cette liberté d'allure, cette brutale royauté du caprice, cet acharnement à vider la coupe de la fantaisie jusqu'à la lie, cette fougueuse poursuite de tous les chocs et de toutes les disparates de la vie, qui se rencontrent dans le cercle étrange et constamment mobile qu'on a surnommé la Bohême de Paris.

En parlant de cette période de sa vie passée dans la haute société de Varsovie, si brillante alors, nous nous plaisons à citer quelques lignes, qui peuvent plus justement être appliquées à Chopin que d'autres pages où l'on a cru apercevoir sa ressemblance, mais où nous ne saurions la retrouver, sinon dans cette proportion faussée que prendrait une silhouette dessinée sur un tissu élastique, qu'on aurait biaisé par deux mouvements contraires.

«Doux, sensible, exquis en toutes choses, il avait à quinze ans toutes les grâces de l'adolescence réunies à la gravité de l'âge mûr.

Il resta délicat de corps comme d'esprit. Mais cette absence de développement musculaire lui valut de conserver une beauté, une physionomie exceptionnelle, qui n'avait, pour ainsi dire, ni âge, ni sexe. Ce n'était point l'air mâle et hardi d'un descendant de cette race d'antiques magnats, qui ne savaient que boire, chasser et guerroyer ; ce n'était point non plus la gentillesse efféminée d'un chérubin couleur de rose. C'était quelque chose comme ces créatures idéales que la poésie du moyen âge faisait servir à l'ornement des temples chrétiens. Un ange beau de visage, comme une grande femme triste, pur et svelte de forme comme un jeune dieu de l'Olympe, et pour couronner cet assemblage, une expression à la fois tendre et sévère, chaste et passionnée.

«C'était là le fond de son être. Rien n'était plus pur et plus exalté en même temps que ses pensées, rien n'était plus tenace, plus exclusif et plus minutieusement dévoué que ses affections... Mais cet être ne comprenait que ce qui était identique à lui-même... le reste n'existait pour lui que comme une sorte de songe fâcheux auquel il essayait de se soustraire en vivant au milieu du monde. Toujours perdu dans ses rêveries, la réalité lui déplaisait. Enfant, il ne pouvait toucher à un instrument tranchant sans se blesser ; homme, il ne pouvait se trouver en face d'un homme différent de lui sans se heurter contre cette contradiction vivante...

«Ce qui le préservait d'un antagonisme perpétuel, c'était l'habitude volontaire et bientôt invétérée de ne point voir et de pas entendre ce qui lui déplaisait en général, sans toucher à ses affections personnelles. Les êtres qui ne pensaient pas comme lui devenaient à ses yeux comme des espèces de fantômes, et, comme il était d'une politesse charmante, on pouvait prendre pour une bienveillance courtoise ce qui n'était chez lui qu'un froid dédain, voire une aversion insurmontable...

«Il n'a jamais eu une heure d'expansion, sans la racheter par plusieurs heures de réserve. Les causes morales en eussent été trop légères, trop subtiles pour être saisies à l'œil nu. Il aurait fallu un microscope pour lire dans son âme où pénétrait si peu de la lumière des vivants...

«Il est fort étrange qu'avec un semblable caractère il pût avoir des amis. Il en avait pourtant ; non seulement ceux de sa mère, qui estimaient en lui le digne fils d'une noble femme, mais encore des jeunes gens de son âge qui l'aimaient ardemment et qui étaient aimés de lui... Il se faisait une haute idée de l'amitié, et, dans l'âge des premières illusions, il croyait volontiers que ses amis et lui, élevés à peu près de la même manière et dans les mêmes principes, ne changeraient jamais d'opinion et ne viendraient point à se trouver en désaccord formel...

«Il était extérieurement si affectueux, par suite de sa bonne éducation et de sa grâce naturelle, qu'il avait le don de plaire même à ceux qui ne le connaissaient pas. Sa ravissante figure prévenait en sa faveur ; la faiblesse de sa constitution le rendait intéressant aux yeux des femmes ; la culture abondante et facile de son esprit, l'originalité douce et flatteuse de sa conversation, lui gagnaient l'attention des hommes éclairés. Quant à ceux d'une trempe moins fine, ils aimaient son exquise politesse et ils y étaient d'autant plus sensibles qu'ils ne concevaient pas, dans leur franche bonhomie, que ce fût l'exercice d'un devoir et que la sympathie n'y entrât pour rien.
«Ceux-là, s'ils eussent pu le pénétrer, auraient dit qu'il était plus aimable qu'aimant ; en ce qui les concernait, c'eût été vrai.

Mais comment eussent-ils deviné cela, lorsque ses rares attachements étaient si vifs, si profonds, et si peu récusables ?...
«Dans le détail de la vie, il était d'un commerce plein de charmes. Toutes les formes de la bienveillance prenaient chez lui une grâce inusitée et quand il exprimait sa gratitude, c'était avec une émotion profonde qui payait l'amitié avec usure.
«Il s'imaginait volontiers qu'il se sentait mourir chaque jour ; dans cette pensée, il acceptait les soins d'un ami et lui cachait le peu de temps qu'il jugeait devoir en profiter. Il avait un grand courage extérieur et s'il n'acceptait pas, avec l'insouciance héroïque de la jeunesse, l'idée d'une mort prochaine, il en caressait du moins l'attente avec une sorte d'amère volupté» [Lucrezia Floriani.].
C'est vers ces premiers temps de sa jeunesse que remonte son attachement pour une jeune fille, qui ne cessa jamais de lui porter un sentiment imprégné d'un pieux hommage. La tempête qui dans un pli de ses rafales emporta Chopin loin de son pays, comme un oiseau rêveur et distrait surpris sur la branche d'un arbre étranger, rompit ce premier amour et déshérita l'exilé d'une épouse dévouée et fidèle en même temps que d'une patrie. Il ne rencontra plus le bonheur qu'il avait rêvé avec elle, en rencontrant la gloire à laquelle il n'avait peut-être pas encore songé. Elle était belle et douce, cette jeune fille, comme une de ces madones de Luini dont les regards sont chargés d'une grave tendresse. Elle resta triste, mais calme ; la tristesse

augmenta sans doute dans cette âme pure, lorsqu'elle sut que nul dévouement du même genre que le sien ne vint adoucir l'existence de celui qu'elle eût adoré avec une soumission ingénue, une piété exclusive ; avec cet abandon naïf et sublime qui transforme la femme en ange.

Celles que la nature accable des dons du génie, si lourds à porter, —chargés d'une étrange responsabilité et sans cesse entraînés à l'oublier,—ont probablement le droit de poser des limites aux abnégations de leur personnalité, étant forcées à ne pas négliger les soucis de leur gloire pour ceux de leur amour. Mais, il peut se faire qu'on regrette les divines émotions que procurent les dévouements absolus, en présence de dons les plus éclatants du génie ; car, cette soumission naïve, cet abandon de l'amour, qui absorbent la femme, son existence, sa volonté, jusqu'à son nom, dans ceux de l'homme qu'elle aime, peuvent seuls autoriser cet homme à penser, lorsqu'il quitte la vie, qu'il l'a partagée avec elle et que son amour fut à même de lui acquérir ce que, ni l'amant de hasard, ni l'ami de rencontre, n'auraient pu lui donner : l'honneur de son nom et la paix de son cœur.
Inopinément séparée de Chopin, la jeune fille qui allait être sa fiancée et ne le devint pas, fut fidèle à sa mémoire, à tout ce qui restait de lui. Elle entoura ses parents de sa filiale amitié ; le père de Chopin ne voulut pas que le portrait qu'elle en avait dessiné dans des jours d'espoir, fût jamais remplacé chez lui par aucun autre, fût-il dû à un pinceau plus expérimenté. Bien des années après, nous avons vu les joues pâles de cette femme attristée se colorer lentement, comme rougirait l'albâtre devant une lueur dévoilée, lorsqu'en contemplant ce portrait son regard rencontrait le regard d'un ami arrivant de Paris.
Dès que ses années de collège furent terminées, Chopin commença ses études d'harmonie avec le professeur Joseph Elsner, qui lui enseigna la plus difficile chose à apprendre, la plus rarement sue : à être exigeant pour soi-même, à tenir compte des avantages qu'on n'obtient qu'à force de patience et de travail. Son cours musical brillamment achevé, ses parents voulurent naturellement le faire voyager, lui faire connaître les artistes célèbres et les belles

exécutions des grandes œuvres.

À cet effet, il fit quelques rapides séjours dans plusieurs villes de l'Allemagne. En 1830, il avait quitté Varsovie pour une de ces excursions momentanées, lorsque éclata la révolution du 29 novembre.
Obligé de rester à Vienne, il s'y fit entendre dans quelques concerts ; mais cet hiver-là, le public de Vienne, si intelligent d'habitude, si promptement saisi de toutes les nuances de l'exécution, de toutes les finesses de la pensée, fut distrait. Le jeune artiste n'y produisit pas toute la sensation à laquelle il avait droit de s'attendre. Il quitta Vienne dans le dessein de se rendre à Londres ; mais c'est d'abord à Paris qu'il vint, avec le projet de ne s'y arrêter que peu de temps. Sur son passeport, visé pour l'Angleterre, il avait fait ajouter : passant par Paris. Ce mot renfermait son avenir. Longues années après, lorsqu'il semblait plus qu'acclimaté, naturalisé en France, il disait encore en riant : «Je ne suis ici qu'en passant».
À son arrivée à Paris, il donna deux concerts où il fut de suite vivement admiré, autant par la société élégante que par les jeunes artistes. Nous nous souvenons de sa première apparition dans les salons de Pleyel, où les applaudissements les plus redoublés semblaient ne pas suffire à notre enthousiasme, en présence de ce talent qui révélait une nouvelle phase dans le sentiment poétique, à côté de si heureuses innovations dans la forme de son art. Contrairement à la plupart des jeunes arrivants, il n'éprouva pas un instant l'éblouissement et l'enivrement du triomphe. Il l'accepta sans orgueil et sans fausse modestie, ne ressentant aucun de ces chatouillements d'une vanité puérile étalée par les parvenus du succès.
Tous ses compatriotes qui se trouvaient alors à Paris, lui firent l'accueil le plus affectueusement empressé.

À peine arrivé, il fut de l'intimité de l'hôtel Lambert, où le vieux Pce Adam Czartoryski, sa femme et sa fille, réunissaient autour d'eux tous les débris de la Pologne que la dernière guerre avait jetés au loin. La Psse Marcelline Czartoryska l'attira encore plus dans sa maison ; elle fut une de ses élèves les plus chères, une privilégiée, celle à qui on eût dit qu'il se plaisait à léguer les secrets de son jeu, les mystères de ses évocations magiques, comme à la légitime et intelligente héritière de ses souvenirs et de ses espérances !

Il allait très souvent chez la Csse Louis Plater, née Csse Brzostowska, appelée Pani Kasztelanowa. L'on y faisait beaucoup de bonne musique, car elle savait accueillir de manière à les encourager, tous les talents qui promettaient alors de prendre leur essor et de former une lumineuse pléiade. Chez elle, l'artiste ne se sentait pas exploité par une curiosité stérile, parfois barbare ; par une sorte de badauderie élégante qui suppute à part soi combien de visites, de dîners et de soupers, chaque célébrité du jour représente, pour ne point manquer d'avoir eu celle que la mode impose, sans égarer quelque générosité excessive sur un nom moins indiqué. La Csse Plater recevait en vraie grande-dame, dans l'antique sens du mot, où celle qui l'était se considérait comme la bonne patronne de quiconque entrait dans son cercle d'élus, sur lesquels elle répandait une bénigne atmosphère. Tour à tour, fée, muse, marraine, ange-gardien, bienfaitrice délicate, sachant tout ce qui menace, devinant tout ce qui peut sauver, elle était pour chacun de nous une aimable protectrice, aussi chérie que respectée, qui éclairait, réchauffait, élevait son inspiration et manqua à sa vie quand elle ne fut plus.

Chopin fréquenta beaucoup Mme de Komar et ses filles, la Psse Ludemille de Beauveau, la Csse Delphine Potocka, dont la beauté, la grâce indescriptible et spirituelle, ont fait un des types les plus admirés des reines de salon.

Il lui dédia son deuxième Concerto, celui qui contient l'adagio que nous avons mentionné ailleurs. Sa beauté aux contours si purs faisait dire d'elle, la veille même de sa mort, qu'elle ressemblait à une statue couchée. Toujours enveloppée de voiles, d'écharpes, de flots de gaze transparente, qui lui donnaient on ne sait quelle apparence aérienne, immatérielle, la comtesse n'était pas exempte d'une certaine affectation ; mais ce qu'elle affectait était si exquis, elle l'affectait avec un charme si distingué, elle était une patricienne si raffinée dans le choix des attraits dont elle daignait rehausser sa supériorité native,

que l'on ne savait ce qu'il fallait plus admirer en elle, la nature ou l'art. Son talent, sa voix enchanteresse, enchaînaient Chopin par un prestige dont il goûtait passionnément le suave empire. Cette voix était obstinée à vibrer la dernière à son oreille, à confondre pour lui les plus doux sons de la terre avec les premiers accords des anges.
Il voyait beaucoup de jeunes gens polonais : Orda qui semblait commander à un avenir et fut tué en Algérie à vingt ans ; Fontana, les comtes Plater, Grzymala, Ostrowski, Szembeck, le prince Casimir Lubomirski etc., etc. Les familles polonaises qui dans la suite arrivèrent à Paris, s'empressant à faire connaissance avec lui, il continua toujours à fréquenter de préférence un cercle composé en grande partie de ses compatriotes. Par leur intermédiaire, il resta non seulement au courant de tout ce qui se passait dans sa patrie, mais dans une sorte de correspondance musicale avec elle. Il aimait à ce qu'on lui montrât les poésies, les airs, les chansons nouvelles, qu'en rapportaient ceux qui venaient en France. Lorsque les paroles de quelqu'un de ces airs lui plaisaient, il y substituait souvent une mélodie à lui qui se popularisait rapidement dans son pays, sans que le nom de leur auteur fût toujours connu.

Le nombre de ses pensées dues à la seule inspiration du cœur étant devenu considérable, Chopin avait songé dans les derniers temps à les réunir pour les publier. Il n'en eut plus le loisir et elles restent perdues et dispersées, comme le parfum des fleurs qui croissent aux endroits inhabités, pour embaumer un jour les sentiers du voyageur inconnu que le hasard y amène. Nous avons entendu en Pologne plusieurs de ces mélodies qui lui sont attribuées, dont quelques-unes seraient vraiment dignes de lui. Mais, qui oserait maintenant faire un triage incertain entre les inspirations du poète et de son peuple ?
La Pologne eut bien des chantres ; elle en a qui prennent rang et place parmi les premiers poètes du monde. Plus que jamais ses écrivains s'efforcent de faire ressortir les côtés les plus remarquables et les plus glorieux de son histoire, les côtés les plus saisissants et les plus pittoresques de son pays et de ses mœurs. Mais Chopin, différant d'eux en ce qu'il n'en formait pas un dessein prémédité, les surpassa peut-être en vérité par son originalité. Il n'a pas voulu, n'a

pas cherché ce résultat ; il ne se créa pas d'idéal a priori. Son art semblait de prime abord ne point se prêter a une «poésie nationale» ; aussi ne lui demanda-t-il pas plus qu'il ne pouvait donner. Il ne s'efforça pas de lui faire raconter ce qu'il n'aurait pas su chanter. Il se souvint de ses gloires patriotiques sans parti pris de les transporter dans le passé ; il comprit les amours et les larmes contemporaines sans les analyser par avance. Il ne s'étudia, ni ne s'ingénia à écrire de la musique polonaise ; il est possible qu'il eût été étonné de s'entendre appeler un musicien polonais. Pourtant, il fut un musicien national par excellence.

N'a-t-on pas vu maintes fois un poète ou un artiste, résumant en lui le sens poétique d'une société, représenter dans ses créations d'une manière absolue les types qu'elle renfermait ou voulait réaliser ?

On l'a dit à propos de l'épopée d'Homère, des satires d'Horace, des drames de Caldéron, des scènes de Terburgh, des pastels de Latour. Pourquoi la musique ne renouvellerait-elle pas à sa manière, un fait pareil ? Pourquoi n'y aurait-il pas un artiste musicien, reproduisant dans son style et dans son œuvre, tout l'esprit, le sentiment, le feu et l'idéal d'une société qui, durant un certain temps, forma un groupe spécial et caractéristique en un certain pays ! Chopin fut ce poète pour son pays et pour l'époque où il y naquit. Il résuma dans son imagination, il représenta par son talent, un sentiment poétique inhérent à sa nation et répandu alors parmi tous ses contemporains.

Comme les vrais poètes nationaux, Chopin chanta sans dessein arrêté, sans choix préconçu, ce que l'inspiration lui dictait spontanément ; c'est de la sorte que surgit dans ses chants, sans sollicitation et sans efforts, la forme la plus idéalisée des émotions qui avaient animé son enfance, accidenté son adolescence, embelli sa jeunesse. C'est ainsi que se dégagea sous sa plume «l'idéal réel» parmi les siens, si l'on ose dire ; l'idéal vraiment existant jadis, celui dont tout le monde en général et chacun en particulier se rapprochait par quelque côté. Sans y prétendre, il rassembla en faisceaux lumineux, des sentiments confusément ressentis par tous dans sa patrie, fragmentairement disséminés dans les cœurs, vaguement entrevus par quelques-uns. N'est-ce pas à ce don de renfermer dans une formule poétique qui séduit les imaginations de tous les pays, les contours indéfinis des aspirations éparses, mais souvent rencontrées parmi leurs compatriotes, que se reconnaissent les artistes nationaux ?

Puisqu'on s'attache maintenant, et non sans raison, à recueillir avec quelque soin les mélodies indigènes des diverses contrées, il nous paraîtrait plus intéressant encore de prêter quelque attention au caractère que peut affecter le talent des virtuoses et des compositeurs, plus spécialement inspirés que d'autres par le sentiment national.

Il en est peu jusques ici dont les œuvres marquantes sortent de la grande division qui s'est déjà établie entre la musique italienne, française, allemande. On peut ce nonobstant présumer, qu'avec l'immense développement que cet art semble destiné à prendre dans notre siècle, (renouvelant peut-être pour nous l'ère glorieuse des peintres au cinquecento), il apparaîtra des artistes dont l'individualité fera naître des distinctions plus fines, plus nuancées, plus ramifiées ; dont les œuvres porteront l'empreinte d'une originalité puisée dans les différences d'organisations que la différence de races, de climats et de mœurs, produit dans chaque pays. Il viendra un temps où un pianiste américain ne ressemblera pas à un pianiste allemand, où le symphoniste russe sera tout autre que le symphoniste italien. Il est à prévoir que dans la musique, comme dans les autres arts, on pourra reconnaître les influences de la patrie sur les grands et les petits maîtres, dii minores ; qu'on pourra distinguer dans les productions de tous le reflet de l'esprit des peuples, plus complet, plus poétiquement vrai, plus intéressant à étudier, que dans les ébauches frustes, incorrectes, incertaines et tremblotantes, des inspirations populaires, si émouvantes qu'elles soient pour leurs co-nationaux.

Chopin sera rangé alors au nombre des premiers musiciens qui aient ainsi individualisé en eux le sens poétique d'une seule nation, indépendemment de toute influence d'école. Et cela, non point seulement parce qu'il a pris le rhythme des Polonaises, des Mazoures des Krakowiaki, et qu'il a appelé de ce nom beaucoup de ses écrits. S'il se fût borné à les multiplier, il n'eût fait que reproduire toujours le même contour, le souvenir d'une même chose, d'un même fait :

reproduction qui eût été bientôt fastidieuse en ne servant qu'à propager une seule forme, devenue promptement plus ou moins monotone.

Son nom restera comme celui d'un poète essentiellement polonais, parce qu'il employa toutes les formes dont il s'est servi à exprimer une manière de sentir propre à son pays, presque inconnue ailleurs ; parce que l'expression des mêmes sentiments se retrouve sous toutes les formes et tous les titres qu'il donna à ses ouvrages. Ses Préludes, ses Études, ses Nocturnes, surtout, ses Scherzos, même ses Sonates et ses Concertos,—ses compositions les plus courtes, aussi bien que les plus considérables,—respirent un même genre de sensibilité, exprimée à divers dégrés, modifiée et variée en mille manières, toujours une et homogène. Auteur éminemment subjectif, Chopin a donné à toutes ses productions une même vie, il a animé toutes ses créations de sa vie à lui. Toutes ses œuvres sont donc liées par l'unité du sujet ; leurs beautés, comme leurs défauts, sont toujours les conséquences d'un même ordre d'émotion, d'un mode exclusif de sentir. Condition première du poète dont les chants font vibrer à l'unisson tous les cœurs de sa patrie [Nous nous plaisons à citer ici quelques lignes du Cte Charles Zaluski, orientaliste et diplomate distingué au service de l'Autriche, petit fils du Pce Oginski, auteur de la polonaise dont nous avons parlé plus haut et mentionné la vignette étrange. D'entre beaucoup de compatriotes de Chopin, le Cte Zaluski, musicien éminent, sut peut-être le mieux saisir le sens, l'esprit, l'âme, de ses œuvres.—Dans un intéressant article sur Chopin, que publia une Revue littéraire de Vienne, Die Dioskuren, II. Band, ce diplomate, qui est un poète élégant en même temps qu'un orientaliste distingué, dit :
Kein Werk des Meisters ist aber geeigneter, einen Einblick in den erstaunlichen Reichthum seiner Gedanken zu gewähren, als seine Präludien.

Diese zarten, oft ganz kleinen Vorspiele sind so stimmungsvoll, dass es kaum möglich ist, beim Anhören derselben sich der herandringenden poetischen Anregungen zu erwehren. An und für

sich bestimmt, musikalische Intentionen mehr auszudeuten als auszuführen, zaubern sie lebhafte Bilder hervor, oder so zu sagen selbstentstandene Gedichte, die dem Herzensdrang entsprechenden Gefühlen Ausdruck zu geben suchen. Bewegt, leidenschaftlich, zuletzt so wehmüthig ruhig ist das Prälude in Fis-moll, dass man unwillkürlich daran einen deutlichen Gedanken knüpft, indem man sagt :
Es rauschen die Föhren in herbstlicher Nacht,
Am Meer die Wogen erbrausen,
Doch wildere Stürme mit böserer Macht
Im Herzen der Sterblichen hausen.
Denn ruht wohl die See bald und seufzet kein Ast,
Das Herz, ach ! muss grollen und klagen.
Bis dass ein Glöcklein es mahnet zur Rast
Und jetzo es aufhört zu schlagen !
Zwei reizende Gegenstücke erinnern an eine Theokritische Landschaft, an einen rieselnden Bach und Hirtenflötentöne. Der Absicht, die Rollen unter beide Hände zweifach zu vertheilen, entsprang die doppelte Darstellung, deren Analogien und Contraste in fast mikroskopischen Verhältnissen wunderbar erscheinen. Sie erinnern an jene wundervollen Gebilde der Natur, die im kleinsten Raum eine so erstaunliche Zahlenmenge aufweisen. Man zähle nur die Noten des zuerst erwähnten Vorspieles ; ihre Zahl beträgt gegen fünfzehnhundert ; die kaum eine Minute ausfüllen.

—Anderswo rollen Orgeltöne im weiten Domesraum, oder es erzittern im fahlen Mondlichte Friedhofsklagetöne, während Irrlichter geisterhaft vorbeihuschen. Dort wandelt der Sänger am Meeresufer und der Athemzug des bewegten Elementes umweht ihn mit unbekannten Stimmungen aus fernen Welten.
Es fehlt nicht an traditionellen Auslegungen mancher Schöpfungen Chopin's. Wer denkt da nicht gleich an das Prälude in Es-dur, das an einem stürmischen Tage auf den Balearen entstand. Gleichmässig und immer wiederkehrend fallen bei Sonnenschein Regentropfen herab ; dann verfinstert sich der Himmel und ein Gewitter durchbraust die Natur. Nun ist es vorübergezogen und wieder lacht

die Sonne ; doch die Regentropfen fallen noch immer !...].

Toutefois, il est permis de se demander si, au moment où naissait cette musique éminemment nationale, exclusivement polonaise, elle fut aussi bien comprise par ceux-mêmes qu'elle chantait, aussi avidement acceptée comme leur bien par ceux-mêmes qu'elle glorifiait, que le furent les poèmes de Mickiewicz, les poésies de Slowacki, les pages de Krasinski ? Hélas ! L'art porte en lui un charme si énigmatique, son action sur les cœurs est enveloppée d'un si doux mystère, que ceux-mêmes qui en sont le plus subjugués ne sauraient aussitôt, ni traduire en paroles, ni formuler en images identiques, ce que dit chacune de ses strophes, ce que chante chacune de ses élégies ! Il faut que des générations aient appris à inhaler cette poésie, à respirer ce parfum, pour en saisir enfin la sapidité toute locale, pour en deviner le nom patronymique !

Ses compatriotes affluaient autour de Chopin ; ils prenaient leur part de ses succès, ils jouissaient de sa célébrité, ils se vantaient de sa renommée, parce qu'il était un des leurs.

Cependant, on peut bien se demander s'ils savaient à quel point sa musique était la leur ? Certes, elle faisait battre leurs cœurs, elle faisait couler leurs pleurs, elle dilatait leurs âmes ; mais savaient-ils toujours au juste pourquoi ? Il est permis à qui les a fréquentés avec une grande sympathie, à qui les a aimés d'une grande affection, à qui les a admirés d'un grand enthousiasme, de penser qu'ils n'étaient point assez artistes, assez musiciens, assez habitués à distinguer avec perspicacité ce que l'art veut dire, pour savoir exactement d'où venait leur profonde émotion lorsqu'ils écoutaient leur barde. À la manière dont quelques-uns et quelques-unes jouaient ses pages, on voyait qu'ils étaient fiers que Chopin fut de leur sang, mais qu'ils ne se doutaient guère que sa musique parlait expressément d'eux, qu'elle les mettait en scène et les poétisait.

Il faut dire aussi qu'un autre temps, une autre génération, étaient survenus. La Pologne que Chopin avait connue, venait de cueillir, si vaillamment et si galamment, ses premiers lauriers européens sur les champs de bataille légendaires de Napoléon I. Elle avait jeté un éclat chevaleresque avec le beau, le téméraire, l'infortuné Pce Joseph

Poniatowski, se précipitant dans les flots de l'Elster encore surpris de l'audace qu'ils eurent de l'engloutir, encore stupéfaits devant le renom qui s'attacha à leurs prosaïques bords, depuis qu'un magnifique saule pleureur vint ombrager de si illustres mânes ! La Pologne de Chopin était encore cette Pologne enivrée de gloire et de plaisirs, de danses et d'amours, qui avait héroïquement espéré au congrès de Vienne et continuait follement d'espérer sous Alexandre I.—Depuis, l'empereur Nicolas avait régné !—Les émotions élégantes et diaprées d'alors, épouvantées dès l'abord par les gibets, ne survivaient plus que la mort dans l'âme.

Bientôt elles furent submergées sous un océan de larmes ; elles périrent étouffées dans les cercueils, elles furent oubliées sous les poignantes réalités d'un exil réduit à la mendicité, sous la constante oppression des deuils saignants, de la confiscation et de la misère, des cachots de Petrozawadzk, des mines de la Sibérie, des capotes de soldat au Caucase, des trois mille coups du knout militaire ! Ceux qui avaient fui la patrie sous des impressions aussi cruelles, d'une actualité aussi lugubre, l'âme remplie de telles images, ne pouvaient guère en arrivant à Paris reprendre le fil des souvenirs de Chopin là, où il s'était brisé.
Nous eussions désiré faire comprendre ici par analogie de parole et d'image, les sensations intimes qui répondent à cette sensibilité exquise, en même temps qu'irritable, propre à des cœurs ardents et volages, à des natures fiévreusement fières et cruellement blessées. Nous ne nous flattons pas d'avoir réussi à renfermer tant de flamme éthérée et odorante, dans les étroits foyers de la parole. Cette tâche serait-elle possible d'ailleurs ? Les mots ne paraîtront-ils pas toujours fades, mesquins, froids et arides, après les puissantes ou suaves commotions que d'autres arts font éprouver ? N'est-ce point avec raison qu'une femme dont la plume a beaucoup dit, beaucoup peint, beaucoup ciselé, beaucoup chanté tout bas, a souvent répété : De toutes les façons d'exprimer un sentiment, la parole est la plus insuffisante ? Nous ne nous flattons pas d'avoir pu atteindre dans ces lignes à ce flou de pinceau, nécessaire pour retracer ce que Chopin a dépeint avec une si inimitable légèreté de touche.

Là tout est subtil, jusqu'à la source des colères et des emportements ; là, disparaissent les impulsions franches, simples, prime-sautières.

Avant de se faire jour, elles ont toutes passé à travers la filière d'une imagination fertile, ingénieuse et exigeante, qui les a compliquées et en a modifié le jet. Toutes, elles réclament de la pénétration pour être saisies, de la délicatesse pour être décrites. C'est en les saisissant avec un choix singulièrement fin, en les décrivant avec un art infini, que Chopin est devenu un artiste de premier ordre. Aussi, n'est-ce qu'en l'étudiant longuement et patiemment, en poursuivant toujours sa pensée à travers ses ramifications multiformes, qu'on arrive à comprendre tout à fait, à admirer suffisamment, le talent avec lequel il a su la rendre comme visible et palpable, sans jamais l'alourdir ni la congeler.
En ce temps, il y eut un musicien ami, auditeur ravi et transporté, qui lui apportait quotidiennement une admiration intuitive, doit-on dire, car il n'eut que bien plus tard l'entière compréhension de ce que Chopin avait vu, avait chéri, de ce qui l'avait fasciné et passionné dans sa bien-aimée patrie. Sans Chopin, ce musicien n'eût peut-être pas deviné, même en les voyant, la Pologne et les Polonaises ; ce que la Pologne fut, ce que les Polonaises sont, leur idéal ! Par contre, peut-être n'eût-il pas pénétré si bien l'idéal de Chopin, la Pologne et les Polonaises, s'il n'avait pas été dans sa patrie et n'avait vu, jusqu'au fond, l'abîme de dévouement, de générosité, d'héroïsme, renfermé dans le cœur de ses femmes. Il comprit alors que l'artiste polonais n'avait pu adorer le génie, qu'en le prenant pour un patriciat !...
Quand le séjour de Chopin se fut prolongé à Paris, il fut entraîné dans des parages fort lointains pour lui... C'étaient les antipodes du monde où il avait grandi.

Certes, jamais il ne pensa abandonner les maisons des belles et intelligentes patronnes de sa jeunesse ; pourtant, sans qu'il sut comment cela s'était fait, un jour vint où il y alla moins. Or, l'idéal polonais, encore moins celui d'un patriciat quelconque, n'avait jamais lui dans le cercle où il était entré. Il y trouva, il est vrai, la royauté du génie qui l'avait attiré ; mais cette royauté n'avait auprès d'elle

aucune noblesse, aucune aristocratie à même de l'élever sur un pavois, de la couronner d'une guirlande de lauriers ou d'un diadème de perles roses. Aussi, quand la fantaisie lui prenait par là de se faire de la musique à lui-même, son piano récitait des poèmes d'amour dans une langue que nul ne parlait autour de lui.
Peut-être souffrait-il trop du contraste qui s'établissait entre le salon où il était et ceux où il se faisait vainement attendre, pour échapper au malfaisant empire qui le retenait dans un foyer si hétérogène à sa nature d'élite ? Peut-être trouvait-il, au contraire, que le contraste n'était pas assez matériellement accentué, pour l'arracher à une fournaise dont il avait goûté les voluptés micidiales, sa patrie ne pouvant plus lui offrir chez ses filles, exilées ou infortunées, cette magie de fêtes princières qui avaient passé et repassé devant ses jeunes ans, ingénuement attendris ? Parmi les siens, qui donc alors eut osé s'amuser à une fête ? Parmi ceux qui ne connaissaient pas les siens, ses commensaux inattendus, qui donc savait quelque chose et pressentait quoique ce soit de ce monde où passaient et repassaient de pures sylphides, des péris sans reproches ; où régnaient les pudiques enchanteresses et les pieuses ensorceleuses de la Pologne ? Qui donc parmi ces chevelures incultes, ces barbes vierges de tout parfum, ces mains jamais gantées depuis qu'elles existaient, eût pu rien comprendre à ce monde aux silhouettes vaporeuses, aux impressions brûlantes et fugaces, même s'il l'avait vu de ses yeux ébahis ?

Ne s'en serait-il pas bien vite détourné, comme si son regard distraitement levé avait rencontré de ces nuées rosacés ou liliacées, laiteuses ou purpurines, d'une moire grisâtre ou bleuâtre, qui créent un paysage sur la voûte éthérée d'en haut... bien indifférente vraiment aux politiqueurs enragés !
Que n'a-t-il pas dû souffrir, grand Dieu ! lorsque Chopin vit cette noblesse du génie et du talent, dont l'origine se perd dans la nuit divine des cieux, s'abdiquer elle-même, s'embourgeoiser de gaieté de cœur, se faire «petites gens», s'oublier jusqu'à laisser traîner l'ourlet de sa robe dans la boue des chemins !... Avec quelle angoisse inénarrable son regard n'a-t-il pas dû souvent se reporter, de la réalité

sans aucune beauté qui le suffoquait dans le présent, à la poésie de son passé, où il ne revoyait que fascination ineffable, passion du même coup sans limites et sans voix, grâce à la fois hautaine et prodigue, donnant toujours ce qui nourrit l'âme, ce qui trempe la volonté ; ne souffrant jamais ce qui amollit la volonté et énerve l'âme. Retenue plus éloquente que toutes les humaines paroles, en cet air où l'on respire du feu, mais un feu qui anime et purifie sous les moites infiltrations de la vertu, de l'honneur, du bon goût, de l'élégance des êtres et des choses ! Comme Van Dyck, Chopin ne pouvait aimer qu'une femme d'une sphère supérieure. Mais, moins heureux que le peintre si distingué de l'aristocratie la plus distinguée du monde, il s'attacha à une supériorité qui n'était pas celle qu'il lui fallait. Il ne rencontra point la jeune fille grande dame, heureuse de se voir immortalisée par un chef-d'œuvre que les siècles admirent, comme Van Dyck immortalisa la blonde et suave Anglaise dont la belle âme avait reconnu qu'en lui, la noblesse du génie était plus haute que celle du pedigree !

Longtemps Chopin se tint comme à distance des célébrités les plus recherchées à Paris ; leur bruyant cortège le troublait. De son côté, il inspirait moins de curiosité qu'elles, son caractère et ses habitudes ayant plus d'originalité véritable que d'excentricité apparente. Le malheur voulut qu'il fut un jour arrêté par le charme engourdissant d'un regard, qui le voyant voler si haut, si haut, le fixa... et le fit tomber dans ses rets ! On les croyait alors de l'or le plus fin, semés des perles les plus fines ! Mais chacune de leurs mailles fut pour lui une prison, où il se sentit garrotté par des liens saturés de venin ; leurs suintements corrosifs ne purent atteindre son génie, mais ils consumèrent sa vie et l'enlevèrent de trop bonne heure à la terre, à la patrie, à l'art !

VII.

En 1836, Mme Sand avait publié, non seulement Indiana, Valentine, Jacques, mais Lélia, ce poème dont elle disait plus tard : «Si je suis fâchée de l'avoir écrit, c'est parce que je ne puis plus l'écrire. Revenue à une situation d'esprit pareille, ce me serait aujourd'hui un grand soulagement de pouvoir le recommencer» [Lettres d'un voyageur.]. En effet, l'aquarelle du roman devait paraître fade à Mme Sand, après qu'elle eut manié le ciseau et le marteau du sculpteur en taillant cette statue semi-colossale, en modelant ces grandes lignes, ces larges méplats, ces muscles sinueux, qui gardent une vertigineuse séduction dans leur immobilité monumentale et qui, longtemps contemplées, nous émeuvent douloureusement comme si, par un miracle contraire à celui de Pygmalion, c'était quelque Galathée vivante, riche en suaves mouvements, pleine d'une voluptueuse palpitation et animée par la tendresse, que l'artiste amoureux aurait enfermée dans la pierre, dont il aurait étouffé l'haleine, glacé le sang, dans l'espoir d'en grandir et d'en éterniser la beauté. En face de la nature ainsi changée en œuvre d'art, au lieu de sentir à l'admiration se surajouter l'amour, on est attristé de comprendre comment l'amour peut se transformer en admiration !
Brune et olivâtre Lélia ! tu as promené tes pas dans les lieux solitaires, sombre comme Lara, déchirée comme Manfred, rebelle comme Caïn, mais plus farouche, plus impitoyable, plus inconsolable qu'eux, car il ne s'est pas trouvé un cœur d'homme assez féminin pour t'aimer comme ils ont été aimés, pour payer à tes charmes virils le tribut d'une soumission confiante et aveugle, d'un dévouement

muet et ardent ; pour laisser protéger ses obéissances par ta force d'amazone ! Femme-héros, tu as été vaillante et avide de combats comme ces guerrières ; comme elles tu n'as pas craint de laisser hâler par tous les soleils et tout les autans la finesse satinée de ton mâle visage, d'endurcir à la fatigue tes membres plus souples que forts, de leur enlever ainsi la puissance de leur faiblesse.

Comme elles, il t'a fallu recouvrir d'une cuirasse qui l'a blessé et ensanglanté, ce sein de femme, charmant comme la vie, discret comme la tombe, adoré de l'homme lorsque son cœur en est le seul et l'impénétrable bouclier !
Après avoir émoussé son ciseau à polir cette figure dont la hauteur, le dédain, le regard angoissé et ombragé par le rapprochement de si sombres sourcils, la chevelure frémissante d'une vie électrique, nous rappellent les marbres grecs sur lesquels on admire les traits magnifiques, le front fatal et beau, le sourire sardonique et amer de cette Gorgone dont la vue stupéfiait et arrêtait le battement de cœurs, —Mme Sand cherchait en vain une autre forme au sentiment qui labourait son âme insatisfaite. Après avoir drapé avec un art infini cette altière figure qui accumulait les grandeurs viriles, pour remplacer la seule qu'elle répudiât, la grandeur suprême de l'anéantissement dans l'amour, cette grandeur que le poète au vaste cerveau fit monter au plus haut de l'empyrée et qu'il appela «l'éternel féminin» (das ewig Weibliche) ; cette grandeur qui est l'amour préexistant à toutes ses joies, survivant à toutes ses douleurs ;—après avoir fait maudire Don Juan et chanter un hymne sublime au désir, par celle qui, comme Don Juan, repoussait la seule volupté capable de combler le désir, celle de l'abnégation,—après avoir vengé Elvire en créant Sténio ;—après avoir plus méprisé les hommes que Don Juan n'avait rabaissé les femmes, Mme Sand dépeignait dans les Lettres d'un voyageur cette tressaillante atonie, ces alourdissements endoloris qui saisissent l'artiste, lorsqu'après avoir incarné dans une œuvre le sentiment qui l'inquiétait, son imagination continue à être sous son empire sans qu'il découvre une autre forme pour l'idéaliser.

Souffrance du poète bien comprise par Byron alors que,

ressuscitant le Tasse, il lui faisait pleurer ses larmes les plus brûlantes, non sur sa prison, non sur ses chaînes, non sur ses douleurs physiques, ni sur l'ignominie des hommes, mais sur son épopée terminée sur le monde de sa pensée qui, en lui échappant, le rendait enfin sensible aux affreuses réalités dont il était entouré.

Mme Sand entendit souvent parler à cette époque, par un musicien ami de Chopin, l'un de ceux qui l'avaient accueilli avec le plus de joie à son arrivée à Paris, de cet artiste si exceptionnel. Elle entendit vanter plus que son talent, son génie poétique ; elle connut ses productions et en admira l'amoureuse suavité. Elle fut frappée de l'abondance de sentiment répandu dans ces poésies, de ces effusions de cœur d'un ton si élevé, d'une noblesse si immaculée. Quelques compatriotes de Chopin lui parlaient des femmes de leur nation avec l'enthousiasme qui leur est habituel sur ce sujet, rehaussé alors par le souvenir récent des sublimes sacrifices dont elles avaient donné tant d'exemples dans la dernière guerre. Elle entrevit à travers leurs récits et les poétiques inspirations de l'artiste polonais, un idéal d'amour qui prenait les formes du culte pour la femme. Elle crut que là, préservée de toute dépendance, garantie de toute infériorité, son rôle s'élevait jusqu'aux féeriques puissances de quelque intelligence supérieure et amie de l'homme. Elle ne devina certainement pas quel long enchaînement de souffrances, de silences, de patiences, d'abnégations, de longanimités, d'indulgences et de courageuses persévérances, avait créé cet idéal, impérieux, et résigné, admirable, mais triste à contempler, comme ces plantes à corolles roses dont les tiges, s'entrelaçant en un filet de longues et nombreuses veines, donnent de la vie aux ruines.

La nature, les leur réservant pour les embellir, les fait croître sur les vieux ciments que découvrent les pierres chancelantes ; beaux voiles, qu'il est donné à son ingénieuse et inépuisable richesse de jeter sur la décadence des choses humaines !

En voyant qu'au lieu de donner corps à sa fantaisie dans le porphyre et le marbre, au lieu d'allonger ses créations en caryatides massives, dardant leur pensée d'en haut et d'aplomb comme les brûlants rayons d'un soleil monté à son zénith, l'artiste polonais les dépouillait au contraire de tout poids, effaçait leurs contours et aurait enlevé au besoin l'architecture elle-même de son sol, pour la suspendre dans les nuages, comme les palais aériens de la Fata-Morgana, Mme Sand n'en fut peut-être que plus attiré par ces formes d'une légèreté impalpable, vers l'idéal qu'elle croyait y apercevoir. Quoique son bras eût été assez puissant pour sculpter la ronde bosse, sa main était assez délicate pour avoir tracé aussi ces reliefs insensibles, où l'artiste semble ne confier à la pierre, à peine renflée, que l'ombre d'une silhouette ineffaçable. Elle n'était pas étrangère au monde supernaturel, elle devant qui, comme devant une fille de sa préférence, la nature semblait avoir dénoué sa ceinture pour lui dévoiler tous les caprices, les charmes, les jeux, qu'elle prête à la beauté.

Elle n'en ignorait aucune des plus imperceptibles grâces ; elle n'avait pas dédaigné, elle dont le regard aimait à embrasser des horizons à perte de vue, de prendre connaissance des enluminures dont sont peintes les ailes du papillon ; d'étudier le symétrique et merveilleux lacis que la fougère étend en baldaquin sur le fraisier des bois ; d'écouter les chuchotements des ruisseaux dans les gazons aquatiques, où s'entendent les sifflements de la vipère amoureuse.

Elle avait suivi les saltarelles que dansent les feux-follets au bord des prés et des marécages, elle avait deviné les demeures chimériques vers lesquelles leurs bondissements perfides égarent les piétons attardés. Elle avait prêté l'oreille aux concerts que chantent la cigale et ses amies dans le chaume des guérets, elle avait appris le nom des habitants de la république ailée des bois, qu'elle distinguait aussi bien à leurs robes plumagées qu'à leurs roulades goguenardes ou à leurs cris plaintifs. Elle connaissait toutes les mollesses de la chair du lis, les éblouissements de son teint, et aussi tous les désespoirs de Geneviève [André.], la fille énamourée des fleurs, qui ne parvenait point à imiter leurs douces magnificences.

Elle était visitée dans ses rêves par ces «amis inconnus» qui venaient la rejoindre, «lorsque prise de détresse sur une grève abandonnée, un fleuve rapide... l'amenait dans une barque grande et pleine... sur laquelle elle s'élançait pour partir vers ces rives ignorées, ce pays des chimères, qui fait paraître la vie réelle un rêve à demi effacé, à ceux qui s'éprennent dès leur enfance des grandes coquilles de nacre, où l'on monte pour aborder à ces îles où tous sont beaux et jeunes... hommes et femmes couronnés de fleurs, les cheveux flottants sur les épaules... tenant des coupes et des harpes d'une forme étrange... ayant des chants et des voix qui ne sont pas de ce monde... s'aimant tous également d'un amour tout divin !... Où des jets d'eau parfumés tombent dans des bassins d'argent... où des roses bleues croissent dans des vases de Chine... où les perspectives sont enchantées... où l'on marche sans chaussure sur des mousses unies comme des tapis de velours... où l'on court, où l'on chante, en se dispersant à travers des buissons embaumés !... [Lettres d'un voyageur.]»

Elle connaissait si bien «ces amis inconnus» qu'après les avoir revus, «elle ne pouvait y songer sans palpitations tout le long du jour...» Elle était une initiée de ce monde hoffmannique, elle qui avait surpris de si ineffables sourires sur les portraits des morts [Spiridion.] ; elle qui avait vu sur quelles fêtes les rayons du soleil viennent poser une auréole, en descendant du haut de quelque vitrage gothique comme un bras de Dieu, lumineux et intangible, entouré d'un tourbillon d'atomes ; elle qui avait reconnu de si splendides apparitions revêtues de l'or, des pourpres et des gloires du couchant ! Le fantastique n'avait point de mythe dont elle ne possédât le secret.
Elle fut donc curieuse de connaître celui qui avait fui à tire-d'ailes «vers ces paysages impossibles à décrire, mais qui doivent exister quelque part sur la terre ou dans quelqu'une de ces planètes, dont on aime à contempler la lumière dans les bois, au coucher de la lune [Lettres d'un voyageur.].» Elle voulut voir de ses yeux celui qui, les ayant aussi découverts, ne voulait plus les déserter, ni jamais faire retourner son cœur et son imagination à ce monde si semblable aux plages de la Finlande, où l'on ne peut échapper aux fanges et aux vases bourbeuses qu'en gravissant le granit décharné des rocs solitaires. Fatiguée de ce songe appesantissant qu'elle avait appelé Lélia ; fatiguée de rêver un impossible grandiose pétri avec les matériaux de cette terre, elle fut désireuse de rencontrer cet artiste, amant d'un impossible incorporel, ennuagé, avoisinant les régions sur-lunaires !

Mais, hélas ! si ces régions sont exemptes des miasmes de notre atmosphère, elles ne le sont point de nos plus désolées tristesses.

Ceux qui s'y transportent y voient des soleils qui s'allument, mais d'autres qui s'éteignent. Les plus nobles astres des plus rayonnantes constellations, y disparaissent un à un. Les étoiles tombent, comme une goutte de rosée lumineuse, dans un néant dont nous ne connaissons même pas le béant abîme et l'imagination, en contemplant ces savanes de l'éther, ce bleu sahara aux oasis errantes et périssables, s'accoutume à une mélancolie que ne parviennent plus à interrompre, ni l'enthousiasme, ni l'admiration. L'âme engouffre ces tableaux, elle les absorbe, sans même en être agitée, pareille aux eaux dormantes d'un lac qui reflètent à leur surface le cadre et le mouvement de ses rivages, sans se réveiller de leur engourdissement. —«Cette mélancolie atténue jusqu'aux vivaces bouillonnements du bonheur, par la fatigue attachée à cette tension de l'âme au-dessus de la région qu'elle habite naturellement... elle fait sentir pour la première fois l'insuffisance de la parole humaine, à ceux qui l'avaient tant étudiée et s'en étaient si bien servi... Elle transporte loin de tous les instincts actifs et pour ainsi dire militants... pour faire voyager dans les espaces, se perdre dans l'immensité en courses aventureuses, bien au-dessus des nuages,... où l'on ne voit plus que la terre est belle, car on ne regarde que le ciel,... où la réalité n'est plus envisagée avec le sentiment poétique de l'auteur de Waverley, mais où, idéalisant la poésie même, on peuple l'infini de ses propres créations, à la manière de Manfred» [Lucrezia Floriani.].
Mme Sand avait-elle pressenti à l'avance cette inénarrable mélancolie, cette volonté immiscible, cet exclusivisme impérieux qui gît au fond des habitudes contemplatives, qui s'empare des imaginations se complaisant à la poursuite de rêves dont les types n'existent pas dans le milieu où ces êtres se trouvent ? Avait-elle prévu la forme que prennent pour eux les attachements suprêmes, l'absolue absorption dont ils font le synonyme de tendresse ?

Il faut, à quelques égards du moins, être instinctivement dissimulé à leur manière pour saisir dès l'abord le mystère de ces caractères concentrés, se repliant promptement sur eux-mêmes, pareils à certaines plantes qui ferment leurs feuilles devant les moindres bises importunes, ne les déroulant qu'aux rayons d'un soleil propice. On a dit de ces natures qu'elles sont riches par exclusivité, en opposition à celles qui sont riches par exubérance. «Si elles se rencontrent et se rapprochent, elles ne peuvent se foudre l'une dans l'autre», ajoute le romancier que nous citons ; «l'une des deux doit dévorer l'autre et n'en laisser que des cendres !» Ah ! ce sont les natures comme celles du frêle musicien dont nous remémorons les jours, qui périssent en se dévorant elles-mêmes, ne voulant, ni ne pouvant vivre que d'une seule vie, une vie conforme aux exigences de leur idéal.

Chopin semblait redouter cette femme au-dessus des autres femmes qui, comme une prêtresse de Delphes, disait tant de choses que les autres ne savaient pas dire. Il évita, il retarda sa rencontre. Mme Sand ignora et, par une simplicité charmante qui fut un de ses plus nobles attraits, ne devina pas cette crainte de sylphe. Elle vint au-devant de lui et sa vue dissipa bientôt les préventions contre les femmes-auteurs, que jusque là il avait obstinément nourries.

Dans l'automne de 1837, Chopin éprouva des atteintes inquiétantes d'un mal qui ne lui laissa que comme une moitié de forces vitales. Des symptômes alarmants l'obligèrent à se rendre dans le Midi pour éviter les rigueurs de l'hiver. Mme Sand, qui fut toujours si vigilante et si compatissante aux souffrances de ses amis, ne voulut pas le voir partir seul alors que son état réclamait tant de soins.

Elle se décida à l'accompagner. On choisit pour s'y rendre les îles Baléares, où l'air de la mer, joint à un climat toujours tiède, est particulièrement salubre aux malades attaqués de la poitrine. Lorsque Chopin partait, son état fut si alarmant que plus d'une fois on exigea dans les hôtels où il n'avait passé qu'une couple de nuits, le payement du bois de lit et du matelas qui lui avaient servis afin les de brûler aussitôt, le croyant arrivé à cette période des maladies de poitrine où elles sont facilement contagieuses. Aussi, le voyant si languissant à son départ, ses amis osaient à peine espérer son retour. Et pourtant ! Quoiqu'il fît une longue et douloureuse maladie à l'île de Majorque où il resta six mois, à partir d'un bel automne jusqu'à un printemps splendide, sa santé s'y rétablit assez pour paraître améliorée pendant plusieurs années.

Fut-ce le climat seul qui le rappella à la vie ? La vie ne le retint-elle point par son charme suprême ? Peut-être ne vécut-il que parce qu'il voulut vivre, car qui sait où s'arrêtent les droits de la volonté sur notre corps ? Qui sait quel arôme intérieur elle peut dégager pour le préserver de la décadence, quelles énergies elle peut insuffler aux organes atones ! Qui sait enfin, où finit l'empire de l'âme sur la matière ? Qui peut dire en combien notre imagination domine nos sens, double leurs facultés ou accélère leur éteignement, soit qu'elle ait étendu cet empire en l'exerçant longtemps et âprement, soit qu'elle en réunisse spontanément les forces oubliées pour les concentrer dans un moment unique ? Lorsque tous les prismes du soleil sont rassemblés sur le point culminant d'un cristal, ce fragile foyer n'allume-t-il pas une flamme de céleste origine ?

Tous les prismes du bonheur se rassemblèrent dans cette époque de la vie de Chopin.

Est-il surprenant qu'ils aient rallumé sa vie et qu'elle brillât à cet instant de son plus vif éclat ? Cette solitude, entourée des flots bleus de la Méditerranée, ombragée de lauriers, d'orangers et de myrthes, semblait répondre par son site même au vœu ardent des jeunes âmes, espérant encore en leurs plus bénignes et plus naïves illusions, soupirant après le bonheur dans une île déserte ! Il y respira cet air après lequel les natures dépaysées ici-bas éprouvent une cruelle nostalgie ; cet air qu'on peut trouver partout et ne rencontrer nulle part, selon les âmes qui le respirent avec nous : l'air de ces contrées imaginées, qu'en dépit de toutes les réalités et de tous les obstacles on découvre si aisément lorsqu'on les cherche à deux ! L'air de cette patrie de l'idéal, où l'on voudrait entraîner ce que l'on chérit, en répétant avec Mignon : Dahin ! Dahin !... lass uns ziehn !

Tant que sa maladie dura, Mme Sand ne quitta pas d'un instant le chevet de celui qui l'aima d'une affection dont la reconnaissance ne perdit jamais son intensité, en perdant ses joies. Il lui resta fidèle alors même que son attachement devint douloureux, «car il semblait que cet être fragile se fût absorbé et consumé dans le foyer de son admiration.... D'autres cherchent le bonheur dans leurs tendresses : quand ils ne l'y trouvent plus, ces tendresses s'en vont tout doucement ; en cela ils sont comme tout le monde. Mais lui, aimait pour aimer. Aucune souffrance ne pouvait le rebuter. Il pouvait entrer dans une nouvelle phase, celle de la douleur, après avoir épuisé celle de l'ivresse ; mais la phase du refroidissement ne devait jamais arriver pour lui. C'eut été celle de l'agonie physique ; car son attachement était devenu sa vie et, délicieux ou amer, il ne dépendait plus de lui de s'y soustraire un seul instant» [Lucrezia Floriani.].

Jamais, en effet, depuis lors, Mme Sand ne cessa d'être aux yeux de Chopin la femme surnaturelle qui avait fait rétrograder pour lui les ombres de la mort, qui avait changé ses souffrances en langueurs adorables.
Pour le sauver, pour l'arracher à une fin si précoce, elle le disputa courageusement à la maladie. Elle l'entoura de ces soins divinatoires et instinctifs, qui sont maintes fois des remèdes plus salutaires que ceux de la science. Elle ne connut en le veillant, ni la fatigue, ni l'abattement, ni l'ennui. Ni ses forces, ni son humeur ne fléchirent à la tâche, comme chez ces mères aux robustes santés qui paraissent communiquer magnétiquement une partie de leur vigueur à leurs enfants débiles, dont on peut dire que plus ils réclament constamment leurs soins, et plus ils absorbent leurs préférences. Enfin, le mal céda. «L'obsession funèbre qui rongeait secrètement l'esprit du malade et y corrodait tout paisible contentement, se dissipa graduellement. Il laissa le facile caractère et l'aimable sérénité de son amie chasser les tristes pensées, les lugubres pressentiments, pour entretenir son bien-être intellectuel» [Lucrezia Floriani.].
Le bonheur succéda aux sombres craintes, avec la gradation progressive et victorieuse d'un beau jour qui se lève après une nuit obscure, pleine de terreurs. La voûte de ténèbres, qui pèse d'abord sur les têtes, semble si lourde qu'on se prépare à une catastrophe prochaine et dernière, sans même oser songer à la délivrance, lorsque l'œil angoissé découvre tout à coup un point où ces ténèbres s'éclaircissent, telles qu'une ouate opaque dont l'épaisseur céderait sous des doigts invisibles qui la déchirent. À ce moment pénètre le

premier rayon d'espoir dans les âmes.

On respire plus librement, comme ceux qui, perdus dans une noire caverne, aperçoivent enfin une lueur, fût-elle encore douteuse ! Cette lueur indécise est la première aube, projetant des teintes si incolores qu'on pourrait croire assister à une tombée de nuit, à l'éteignement d'un crépuscule mourant. Mais l'aurore s'annonce par la fraîcheur des brises qui, comme des avant-coureurs bénis, portent le message de salut dans leurs haleines vivaces et pures. Un baume végétal traverse l'air, comme le frémissement d'une espérance encouragée et raffermie. Un oiseau plus matinal de hasard fait entendre sa joyeuse vocalise, qui retentit dans le cœur comme le premier éveil consolé qu'on accepte pour gage d'avenir. D'imperceptibles, mais sûrs indices persuadent en se multipliant que dans cette lutte des ténèbres et de la lumière, de la mort et de la vie, ce sont les deuils de la nuit qui doivent être vaincus. L'oppression diminue. En levant les yeux vers le dôme de plomb, on croit déjà qu'il pèse moins fatalement, qu'il a perdu de sa terrifiante fixité.
Peu à peu les clartés grisâtres augmentent et s'allongent à l'horizon, en lignes étroites comme des fissures. Incontinent, elles s'élargissent : elles rongent leurs bords, elles font irruption, comme la nappe d'un étang inondant en flaques irrégulières ses arides rivages. Des oppositions tranchées se forment, des nuées s'amoncellent en bancs sablonneux ; on dirait des digues accumulées pour arrêter les progrès du jour. Mais, comme ferait l'irrésistible courroux des grandes eaux, la lumière les ébrèche, les démolit, les dévore et, à mesure qu'elle s'élève, des flots empourprés viennent les rougir. Cette lumière qui apporte la sécurité, brille en cet instant d'une grâce conquérante et timide dont la chaste douceur fait ployer le genou de reconnaissance.

Le dernier effroi a disparu, on se sent renaître !
Dès lors les objets surgissent à la vue comme s'ils ressuscitaient du néant. Un voile d'un rose uniforme semble les recouvrir, jusqu'à ce que la lumière, augmentant d'intensité sa gaze légère, se plisse çà et là en ombres d'un pâle incarnat, tandis que les plans avancés s'éclairent d'un blanc et resplendissant reflet. Tout d'un coup, l'orbe

brillant envahit le firmament. Plus il s'étend, plus son foyer gagne d'éclat. Les vapeurs s'amassent et se roulent de droite et de gauche, comme des pans de rideaux. Alors tout respire, tout palpite, s'anime, remue, bruit, chante : les sons se mêlent, se croisent, se heurtent, se confondent. L'immobilité ténébreuse fait place au mouvement ; il circule, s'accélère, se répand. Les vagues du lac se gonflent, comme un sein ému d'amour. Les larmes de la rosée, tremblantes comme celles de l'attendrissement, se distinguent de plus en plus ; l'on voit étinceler, l'un après l'autre, sur les herbes humides, des diamants qui attendent que le soleil vienne peindre leurs scintillements. À l'Orient, le gigantesque éventail de lumière s'ouvre toujours plus large et plus vaste. Des lanières d'or, des paillettes d'argent, des franges violettes, des lisérés d'écarlate, le recouvrent de leurs immenses broderies. Des reflets mordorés panachent ses branches. À son centre, le carmin plus vif prend la transparence du rubis, se nuance d'orange comme le charbon, s'évase comme une torche, grandit enfin comme un bouquet de flammes, qui monte, monte, monte encore, d'ardeurs en ardeurs, toujours plus incandescent.
Enfin le Dieu du Jour paraît ! Son front éblouissant est orné d'une chevelure lumineuse.

Il se lève lentement ; mais à peine s'est-il dévoilé tout entier, qu'il s'élance, se dégage de tout ce qui l'entoure et prend instantanément possession du ciel, laissant la terre loin au-dessous de lui.
Le souvenir des jours passés à l'île Majorque resta dans le cœur de Chopin comme celui d'un ravissement, d'une extase, que le sort n'accorde qu'une fois à ses plus favorisés. «Il n'était plus sur terre, il vivait dans un empyrée de nuages d'or et de parfums ; il semblait noyer son imagination si exquise et, si belle dans un monologue avec Dieu même, et si parfois, sur le prisme radieux où il s'oubliait, quelque incident faisait passer la petite lanterne magique du monde, il sentait un affreux malaise, comme si, au milieu d'un concert sublime, une vielle criarde venait mêler ses sons aigus et un motif musical vulgaire aux pensées divines des grands maîtres» [Lucrezia Floriani.]. Dans la suite, il parla de cette période avec une reconnaissance toujours émue, comme d'un de ces bienfaits qui

suffisent au bonheur d'une existence, il ne lui semblait pas possible de jamais retrouver ailleurs une félicité où, en se succédant, les tendresses de la femme et les étincellements du génie marquent le temps, pareillement à cette horloge de fleurs que Linné avait établie dans ses serres d'Upsal, pour indiquer les heures par leurs réveils successifs, exhalant à chaque fois d'autres parfums, révélant d'autres couleurs, à mesure que s'ouvraient leurs calices de formes diverses.
Les magnifiques pays que traversèrent ensemble le poète et le musicien, frappèrent plus nettement l'imagination du premier. Les beautés de la nature agissaient sur Chopin d'une manière moins distincte, quoique non moins forte.

Son cœur en était touché et s'harmonisait directement à leurs grandeurs et à leurs enchantements, sans que son esprit eût besoin de les analyser, de les préciser, de les classer, de les nommer. Son âme vibrait à l'unisson des paysages admirables, sans qu'il pût assigner, dans le moment, à chaque impression l'accident qui en était la source. En véritable musicien, il se contentait d'extraire, pour ainsi dire, le sentiment des tableaux qu'il voyait, paraissant abandonner à l'inattention la partie plastique, l'écorce pittoresque qui ne s'assimilaient pas à la forme de son art, n'appartenant pas à sa sphère plus spiritualisée. Et cependant (effet qu'on retrouve fréquemment dans les organisations comme la sienne), plus il s'éloignait des instants et des scènes où l'émotion avait obscurci ses sens, comme les fumées de l'encens enveloppant l'encensoir, et plus les dessins de ces lieux, les contours de ces situations semblaient gagner à ses yeux en netteté et en relief. Dans les années suivantes, il parlait de ce voyage et du séjour de Majorque, des incidents qui les ont marqués, des anecdotes qui s'y rattachaient, avec un grand charme de souvenirs. Mais alors qu'il était si pleinement heureux, il n'inventoriait pas son bonheur !
D'ailleurs, pourquoi Chopin eût-il porté un regard observateur sur les sites de l'Espagne qui ont formé le cadre de son poétique bonheur ? Ne les retrouvait-il pas plus beaux encore, dépeints par la parole inspirée de sa compagne de voyage ? Il les revoyait, ces sites délicieux, à travers le coloris de son talent passionné, comme à

travers de rouges vitraux on voit tous les objets, l'atmosphère elle-même, prendre des teintes flamboyantes. Cette garde-malade si admirable, n'était-elle pas un grand artiste ? Rare et merveilleux assemblage !

Quand la nature, pour douer une femme, unit les dons les plus brillants de l'intelligence à ces profondeurs de la tendresse et du dévouement où s'établit son véritable, son irrésistible empire, celui en dehors duquel elle n'est plus qu'une énigme sans mot,—les flammes de l'imagination en se mariant chez elle aux limpides clartés du cœur, renouvellent dans une autre sphère le miraculeux spectacle de ces feux grégeois, dont les éclatants incendies couraient autrefois sur les abîmes de la mer sans en être submergés, surajoutant dans les reflets de ses vagues les richesses de la pourpre aux célestes grâces de l'azur. Mais, le génie sait-il toujours atteindre aux plus humbles grandeurs du cœur, à ces sacrifices sans réserve de passé et d'avenir, à ces immolations aussi courageuses que mystérieuses, à ces holocaustes de soi-même, non pas temporaires et changeants, mais constants et monotones, qui donnent droit à la tendresse de s'appeler dévouement ? La force supranaturelle du génie, dénuée de forces divines et surnaturelles, ne croit-elle pas avoir droit à de légitimes exigences, et la légitime force de la femme n'est-elle pas d'abdiquer toute exigence personnelle et égoïste ? La royale pourpre et les flammes ardentes du génie, peuvent-elles flotter inoffensives sur l'azur immaculé d'une destinée de femme, quand elle ne compte qu'avec les joies d'ici-bas et n'en attend aucune de là-haut ; d'un esprit de femme qui a foi en lui-même et n'a point foi en l'amour, plus fort que la mort ? Pour marier en un ensemble presque transmondain, les stupéfiantes affirmations du génie et les adorables privations d'un attachement sans bornes et sans fin, ne faut-il pas avoir ravi en plus d'une veille angoissée, en plus d'une journée de larmes et de sacrifices, quelques-uns de leurs secrets surhumains aux chœurs angéliques ?

Parmi ses dons les plus précieux, Dieu prêta à l'homme le pouvoir de créer à son instar, en tirant du néant,—non pas comme lui créateur, auteur de tout ce qui est bon, matière et substance ;—mais, comme lui formateur, auteur de tout ce qui est beau, formes et harmonies, pour leur faire exprimer sa pensée où il incarne un sentiment incorporel en des contours corporels, dont il dispose et qu'il dispose au gré de son imagination, pour être perçues par la vue, ce sens qui fait connaître et penser ; par l'ouïe, ce sens qui fait sentir et aimer ! Véritable création, dans la plus belle signification du mot, l'art étant l'expression et la communication d'une émotion au moyen d'une sensation, sans l'intermédiaire de la parole, nécessaire pour révéler les faits et les raisonnements. Après cela, Dieu donna à l'artiste (et dans ce cas le poète devient artiste, car c'est à la forme du langage, prose ou poésie, qu'il doit son pouvoir) un autre don qui correspond au premier, comme la vie éternelle correspond à la vie du temps, la résurrection à la mort : celui de la transfiguration ! Le don de changer un passé incorrect, incomplet, fautif, brisé, en un avenir de glorification sans fin, pouvant durer tant que l'humanité dure.

Et l'homme et l'artiste peuvent être fiers de posséder de si divines puissances ! C'est en elles que gît le secret de la royauté native que l'homme, cet être chétif et misérable, exerce à bon droit sur l'incommensurable et sereine nature ; de la supériorité innée que l'artiste, cet être faible et impuissant, se sent à juste titre sur ses semblables ! Mais, l'homme n'exerce sa royauté qu'en cherchant le bien dans les limites du vrai ; l'artiste ne peut revendiquer sa supériorité qu'en renferment seulement le bien sous les contours du beau.—Comme la plupart des artistes, Chopin n'avait point un esprit généralisateur ; il n'était guère porté à la philosophie de l'esthétique, dont il n'avait même pas beaucoup entendu parler. Seulement, comme tous les vrais, les grands artistes, il arrivait aux conclusions du bien, vers lequel le penseur s'élève pas à pas sur les rudes sentiers où se cherche le vrai, par un vol vertical à travers les sphères transparentes et radieuses du beau.

Chopin se laissait posséder par la situation si neuve qui lui était faite à Majorque et dont il n'avait aucune expérience, avec cette ignorance et cette imprévoyance des futures amertumes dont les germes sont semés et épars autour de nous, que nous avons tous plus ou moins connues dans ces charmantes années d'enfance, alors qu'un amour maternel aveugle, sans prescience de l'avenir, nous entourait de son idolâtrie et gorgeait notre cœur de félicité, en préparant son irrémédiable malheur ! Tous nous avons subi l'influence de ce qui nous environnait sans nous en rendre compte, pour ne retrouver dans notre mémoire que bien plus tard, la familière image de chaque minute et de chaque objet. Mais, pour un artiste éminemment subjectif, comme l'était Chopin, le moment vient où son cœur sent un impérieux besoin de revivre un bonheur que les flots de la vie ont emporté, de reéprouver ses joies les plus intenses, de revoir leur cadre fascinateur, en les forçant à sortir de cette ombre noire du passé où un temps, peint de si vives couleurs, s'est évanoui, afin de la faire entrer dans l'immortalité lumineuse de l'art, par ce procédé mystérieux que le magnétisme du cœur communique à l'électricité de l'inspiration et que la muse enseigne, aux mortels de son choix.

Là, toute résurrection est une transfiguration ! Là, tout ce qui fut incertain, fragile, déjeté, maculé, plus senti que réalisé, obscurci au moment presque où il brillait de toute sa radiance, quelque peu dénaturé, sitôt qu'il eut atteint l'apogée de son épanouissement,— revient sous la figure d'un corps glorieux, impérissable désormais, irradiant d'une éternelle sublimité. N'étant plus enchaîné, ni aux lieux, ni aux années d'autrefois, ce qui est ainsi transfiguré après avoir été ressuscité, vit à jamais d'une vie supranaturelle, incorruptible, invulnérable, dominant la succession des âges et apparaissant partout, de par le don de subtile omniprésence qui lui permet d'entrer dans tous les cœurs, en traversant toutes leurs enveloppes.

Or, chose bien digne de remarque, Chopin n'a ni ressuscité, ni transfiguré l'époque de suprême bonheur que le séjour de Majorque marqua dans sa vie. Il s'en abstint sans y avoir réfléchi, sans en avoir donné la raison au tribunal de son jugement, sans même se l'être demandée, sans l'avoir scrutée avec un regret ou avec un désespoir. Il ne le fit pas, instinctivement. Son âme droite et nativement honnête, que les paradoxes indignes n'ont jamais pervertie, répugnait à la glorification de ce qui, ayant pu être, n'a point été ! Pour ce fils de l'héroïque Pologne, où femmes et hommes versent jusqu'à la dernière goutte de leur sang afin d'attester la réalité de leur idéal, tout idéal manqué, privé de réalité, était un avortement. Mais tout avortement, qui est une mort dans le monde des vivants, n'est même pas né dans le monde de la poésie ; l'on ignore son nom dans le monde du beau ! Aussi, Chopin a-t-il chanté les impressions, les bonheurs, les admirations, les enthousiasmes de sa jeunesse, tout naturellement, comme l'oiseau chante dans les bois, comme le ruisseau murmure dans les prés, comme la lune resplendit dans les nuits, comme la vague scintille sur le sein de la mer, comme le rayon luit dans les champs de l'éther ! Tandis qu'il n'a pas su raconter son bonheur étrange en cette île enchantée, qu'il eût souhaité pouvoir transporter sur une autre planète et qui n'était, hélas ! que trop près du rivage ! En y retournant, il vit déchirés, défigurés, dissipés, les mirages qui avaient enveloppé, circonscrit, embelli ses horizons ; il ne put donc, ni ne voulut les chanter, les idéaliser.

Pour le dire autrement, Chopin ne sentit pas le besoin de ressusciter ce passé ardent, qui empruntait aux latitudes méridionales leur feu et leur éclat ; dont les flammes exhalaient l'âcre saveur du bitume d'un volcan ; dont les explosions portaient parfois une terreur destructive sur les frais et riants versants d'une tendresse pleine de simplicité ; dont les laves brûlantes étouffaient et ensevelissaient à jamais les souvenirs d'une heure de joies naïves, innocentes et modestes.

Par ainsi, celle qui croyait être la poésie en personne, n'a point inspiré de chant ; celle qui se croyait la gloire elle-même, n'a point été glorifiée ; celle qui prétendait que, comme un verre d'eau, l'amour se donne à qui le demande, n'a point vu son amour béni, son image honorée, son souvenir porté sur les autels d'une sainte gratitude ! Près d'elle, que de femmes qui ont seulement su aimer et prier, vivent à jamais dans les annales de l'humanité d'une vie transfigurée, soit qu'on les appelle Laure de Novès ou Éléonore d'Este, soit qu'elles portent les noms enchanteurs de Nausikaa ou de Sakontala, de Juliette ou de Monime, de Thécla ou de Gretchen.

Mais non ! Durant cette existence dans une île transformée en un séjour de dieux, grâce aux hallucinations d'un cœur épris, surexcité par l'admiration, terrassé par la reconnaissance, Chopin transporta un moment, un seul moment, dans les pures régions de l'art, soudainement, par un choc de sa baguette magique !—ce fut un moment d'angoisse et de douleur ! Mme Sand le raconte quelque part, parmi les récits qu'elle fit sur ce voyage, en trahissant l'impatience que lui faisait déjà éprouver une affection trop entière, puisqu'elle osait s'identifier à elle au point de s'affoler à l'idée de la perdre, oubliant qu'elle se réservait toujours le droit de propriété sur sa personne quand elle l'exposait aux corruptions de la mort ou de la volupté.—Chopin ne pouvait encore quitter sa chambre, pendant que Mme Sand promenait beaucoup dans les alentours, le laissant seul, enfermé dans son appartement, pour le préserver des visites importunes. Un jour, elle partit pour explorer quelque partie sauvage de l'île ; un orage terrible éclata, un de ces orages du midi qui bouleversent la nature et semblent ébranler ses fondements.

Chopin, qui savait sa chère compagne voisine des torrents déchaînés, éprouva des inquiétudes qui amenèrent une crise nerveuse des plus violentes. Comme pourtant l'électricité qui surchargeait l'air finit par se transporter ailleurs, la crise passa ; il se remit avant le retour de l'intrépide promeneuse. N'ayant pas mieux à faire, il revint à son piano et y improvisa l'admirable Prélude en fis moll. Au retour de la femme aimée, il tomba évanoui. Elle fut peu touchée, fort agacée même, de cette preuve d'un attachement qui semblait vouloir empiéter sur la liberté de ses allures, limiter sa recherche effrénée de sensations nouvelles, lui soustraire quelque impression trouvée n'importe où et n'importe comment, donner à sa vie un lien, enchaîner ses mouvements par les droits de l'amour !
Le lendemain, Chopin joua le Prélude en fis moll ; elle ne comprit pas l'angoisse qu'il lui racontait. Depuis, il le rejoua souvent devant elle ; mais elle ignora, et si elle l'avait deviné, elle eût intentionnellement ignoré, quel monde d'amour de telles angoisses révélaient ! Elle n'avait que faire de ce monde, puisqu'elle ne pouvait ni connaître, ni partager, ni comprendre, ni respecter un tel amour ! Tout ce qu'il y avait d'intolérablement incompatible, de

diamétralement contraire, de secrètement antipathique, entre deux natures qui paraissaient ne s'être compénétrées par une attraction subite et factice, que pour employer de longs efforts à se repousser avec toute la force d'une inexprimable douleur et d'un véhément ennui,—se révèle en cet incident ! Son cœur à lui, éclatait et se brisait à la pensée de perdre celle qui venait de le rendre à la vie. Son esprit à elle, ne voyait qu'un passe-temps amusant dans une course aventureuse dont le péril ne contrebalançait pas l'attrait et la nouveauté.

Quoi d'étonnant, si cet épisode de sa vie française fut le seul dont l'impression se retrouve dans les œuvres de Chopin ? Après cela, il fit dans son existence deux parts distinctes. Il continua longtemps à souffrir dans le milieu trop réaliste, presque grossier, où s'était engouffré son tempérament frêle et sensitif ; puis, il échappait au présent dans les régions impalpables de l'art, s'y réfugiant parmi les souvenirs de sa première jeunesse, dans sa chère Pologne, que seule il immortalisait en ses chants.
Il n'est pourtant pas donné à un être humain, vivant de la vie de ses semblables, de tellement s'arracher à ses impressions présentes, de tellement faire abstraction de ses cuisantes souffrances quotidiennes, qu'il oublie dans ses œuvres tout ce qu'il éprouve, pour ne chanter que ce qu'il a éprouvé. C'est pourquoi nous supposerions volontiers que, dans ses dernières années, Chopin fut en proie à une sorte de travail, plutôt encore de rongement intérieur, dont il était inconscient, quoiqu'il sût qu'un mal pareil avait détruit le génie de plus d'un grand poète, de plus d'un grand artiste. Ces grandes âmes, voulant échapper à la torture de leur enfer terrestre, se transportent dans un monde qu'elles créent. Ainsi fit Milton, ainsi fit le Tasse, ainsi fit Camoëns, ainsi fit Michel Ange, etc. Mais, si leur imagination est assez puissante pour les y emporter, elle ne peut les empêcher de traîner avec eux la flèche barbelée qui s'est enfoncée dans leur flanc. Ouvrant leurs larges ailes d'archanges en exil ici-bas, ils volent haut, mais, en volant, ils souffrent des morsures de la plaie envenimée qui dévore leur chair et absorbe leurs forces ! C'est pour cela que les tristesses de l'amour méconnu se retrouvent dans le paradis de

Milton, celles d'une désespérance amoureuse sur le bûcher de Sofronie et d'Olinde, celles d'une farouche indignation sur les traits sombres de la Nuit à Florence !

Chopin ne compara point son mal à celui de ces grands hommes, tant la rare exceptionnalité, le rare resplendissement de la source intellectuelle à laquelle il l'avait puisé, le lui faisait croire hors de toute comparaison. Tête à tête avec ce mal, il espérait assez le dominer pour l'empêcher de jeter ses reflets blafards, ses regards de spectre sans sépulture décente, sur les régions aériennes, fraîches, irisées comme les vapeurs matinales d'un beau printemps, où il avait coutume de se rencontrer avec sa muse. Cependant, tout résolu qu'il fut à ne chercher dans l'art que le pur idéal de ses premiers enthousiasmes, Chopin y mêla, à son insu, les accents de douleurs qui n'y appartenaient point. Il tourmenta sa muse pour lui faire parler le langage des peines complexes, raffinées, stériles, se consumant elles-mêmes dans un lyrisme dramatique, élégiaque et tragique à la fois, que ses sujets et leur sentiment n'eussent point comporté naturellement.
Nous l'avons déjà dit : toutes les formes étranges qui ont si longtemps surpris les artistes dans ses dernières œuvres, détonnent dans l'ensemble général de son inspiration. Elles entremêlent aux murmures d'amour, aux chuchotements des tendres inquiétudes, aux complaintes héroïques, aux hymnes d'allégresse, aux chants de triomphe, aux gémissements de vaincus dignes d'un meilleur sort, que l'artiste polonais entendait dans son passé à lui,—les soupirs d'un cœur malade, les révoltes d'une âme désorientée, les colères rentrées d'un esprit fourvoyé, les jalousies trop nauséabondes pour être exprimées, qui l'oppressaient dans son présent. Toutefois, il sut si bien leur imposer ses lois, les maîtriser, les manier en roi habitué à commander que, contrairement à maints coryphées de la littérature romantique contemporaine, contrairement à l'exemple donné alors en musique par un grand-maître, il réussit à ne jamais défigurer les types et les formes sacrés du beau, quelles que fussent les émotions qu'il les chargea de traduire.

Loin de là ; dans ce besoin inconscient de rendre certaines impressions indignes d'être idéalisées et sa résolution de ne jamais avilir la muse, ni l'abaisser au langage des basses passions de la vie qu'il avait permis à son cœur d'avoisiner, il agrandit les ressources de l'art au point qu'aucune des conquêtes qu'il fit pour en étendre les limites, ne sera reniée et répudiée par aucun de ses légitimes successeurs. Car, si indiciblement qu'il ait souffert, jamais il ne sacrifia le beau dans l'art au besoin de gémir ; jamais il ne fit dégénérer le chant en cri, jamais il n'oublia son sujet pour peindre ses blessures ; jamais il ne se crut permis de transporter la réalité brutale dans l'art, cet apanage exclusif de l'idéal, sans l'avoir d'abord dépouillée de sa brutalité pour l'exhausser au point où la vérité s'idéalise. Puisse-t-il servir d'exemple à tous ceux auxquels la nature départit une âme aussi belle et un génie aussi noble, s'ils sont assez infortunés pour rencontrer, comme lui, un bonheur qui leur enseigne à maudire la vie, une admiration qui leur enseigne le mépris de l'admirable, un amour capable de leur enseigner la haine de l'amour !...

Quelque borné qu'ait été le nombre de jours que la faiblesse de sa constitution physique réservait à Chopin, ils auraient pu n'être point abrégés par les tristes souffrances qui les terminèrent. Âme tendre et ardente à la fois, pleine de délicatesses patriciennes, plus que cela, féminines et pudiques, il avait en lui des répugnances invincibles que la passion lui faisait surmonter, mais qui, refoulées, se vengeaient en déchirant les fibres vives de son âme comme des épines de fer rouge. Il se fut contenté de ne vivre que parmi les radieux fantômes de sa jeunesse qu'il savait si éloquemment invoquer, parmi les navrantes douleurs de sa patrie auxquelles il donnait un noble asile dans sa poitrine.

Il fut une victime de plus, une noble et illustre victime, de ces attraits momentanés de deux natures opposées dans leurs tendances, qui, en se rencontrant à l'improviste, éprouvent une surprise charmée qu'elles prennent pour un sentiment durable, élevant à ses proportions des illusions et des promesses qu'elles ne sauraient réaliser.

Au sortir d'un pareil rêve à deux, terminé en cauchemar affreux, c'est toujours la nature plus profondément impressionnée qui demeure brisée ou exsangue ; celle qui fut la plus absolue dans ses espérances et son attachement, celle pour qui il eût été impossible de les arracher d'un terrain que parfument les violettes et les muguets, les lis et les roses, qu'attristent seulement les scabieuses, fleurs de la viduité, les immortelles, fleurs de la gloire, pour les transplanter dans la région où croissent l'euphorbe superbe, mais vénéneuse, le mancenillier fleuri, mais mortel !—Terrible pouvoir exercé par les plus beaux dons que l'homme possède ! Ils peuvent porter après eux l'incendie et la dévastation, tels que les coursiers du soleil, lorsque la main distraite de Phaéton, au lieu de guider leur carrière bienfaisante, les laissait errer au hasard et désordonner la céleste structure.

VIII.

Depuis 1840, la santé de Chopin, à travers des alternatives diverses, déclina constamment. Les semaines qu'il passait tous les étés chez Mme Sand, à sa campagne de Nohant, formèrent, durant quelques années, ses meilleurs moments, malgré les cruelles impressions qui succédaient pour lui au temps exceptionnel de leur voyage en Espagne.

Les contacts d'un auteur avec les représentants de la publicité et ses exécutants dramatiques, acteurs et actrices, comme avec ceux qu'il distingue à cause de leurs mérites ou parce qu'ils lui plaisent ; le croisement des incidents, le coup et le contre-coup des engouements et des froissements qui en naissent, lui étaient naturellement odieux. Il chercha longtemps à y échapper en fermant les yeux, en prenant le parti de ne rien voir. Il survint pourtant de tels faits, de tels dénouements qui, en choquant par trop ses délicatesses, en révoltant par trop ses habitudes de comme il faut moral et social, finirent par lui rendre sa présence à Nohant impossible, quoiqu'il semblât d'abord y avoir éprouvé plus de répit qu'ailleurs. Comme il y travailla avec plaisir, tant qu'il put s'isoler du monde qui l'entourait, il en rapportait chaque année plusieurs compositions. Les hivers ne manquaient pourtant pas de ramener une augmentation graduelle de souffrances. Le mouvement lui devint d'abord difficile, bientôt tout à fait pénible. De 1846 à 1847, il ne marcha presque plus, ne pouvant monter un escalier sans éprouver de douloureuses suffocations ; depuis ce temps il ne vécut qu'à force de précautions et de soins.

Vers le printemps de 1847, son état empirant de jour en jour, aboutit à une maladie dont on crut qu'il ne se relèverait plus.

Il fut sauvé une dernière fois, mais cette époque se marqua par un déchirement si pénible pour son cœur, qu'il l'appela aussitôt mortel. En effet, il ne survécut pas longtemps à la rupture de son amitié avec Mme Sand qui eut lieu à ce moment. Mme de Staël, ce cœur généreux et passionné, cette intelligence large et noble, qui n'eut que le défaut d'empeser souvent sa phrase par un pédantisme qui lui ôtait la grâce de l'abandon, disait à un de ces jours où la vivacité de ses émotions la faisait s'échapper des solennités de la raideur genévoise : «En amour, il n'y a que des commencements !...»
Exclamation d'amère expérience sur l'insuffisance du cœur humain ; sur l'impossibilité où il est de correspondre à tout ce que l'imagination sait rêver, quand on l'abandonne à elle-même ; quand on ne la retient pas dans son orbite par une idée exacte du bien et du mal, du permis et de l'impermis ! Sans doute, il est des sentiments qui courent sur l'ourlet de ce précipice qu'on nomme le Mal, avec assez d'empire sur eux-mêmes pour n'y pas tomber, alors même que le blanc festonnage de leur robe virginale se déchire à quelque ronce du bord et se laisse empoussiérer sur un chemin trop battu ! Le béant entonnoir du mal a tant d'étages inférieurs, qu'on peut prétendre n'y être pas descendu, tant qu'on n'effleura que ses échancrures, sans perdre pied sur la route qui continue au grand soleil. Toutefois, ces téméraires excursions ne donnent, comme le disait Mme de Staël, que des commencements !
Pourquoi ? diront les cœurs jeunes que le vertige fascine de son ivresse énervante.—Pourquoi ?—Parce que, sitôt que l'âme a quitté les ornières et les sécurités que crée une vie de devoirs et de dévouement, d'amour dans le sacrifice et d'espérances dans le ciel, pour aspirer les senteurs qui voltigent au-dessus du gouffre, pour se délecter dans les frissons alanguissants qu'elles répandent en tous les membres, pour se livrer, timide, mais altérée, aux rapides éblouissements qu'ils donnent, les sentiments nés en ces parages ne sauraient avoir la force d'y vieillir.

Ils ne peuvent plus vivre qu'en s'arrachant du sol, qu'en résistant aux attractions d'un aimant terrestre pour quitter la terre et planer au-dessus ! Êtres insubstantiels, quand la vie réelle ne saurait offrir à ses sentiments les horizons calmes et infinis d'un bonheur consacré et sacré, ils ne trouvent de refuge à la pureté de leur essence, à la noblesse de leur naissance, aux privilèges de leur consanguinité, qu'en changeant de nom et de latitude, de nature et de forme ; en devenant protection consciencieuse ou tendre reconnaissance, dévouement positif ou bienfait désintéressé, pieuse sollicitude pour l'harmonie des nuances de la vie morale ou constant intérêt pour les quiétudes nécessaires du bien-être physique. À moins que ces sentiments ne montent dans les régions sublunaires de l'art, pour s'y incarner en quelque idéal irréalisé et irréalisable ; ou bien dans les régions solaires de la prière, pour s'élancer vers le ciel en ne laissant après eux d'autres traces visibles que le lumineux sillage (dont personne ne cherche la source) d'une rédemption, d'une expiration, d'une rançon payée au ciel, d'un salut obtenu de Dieu ! Alors, il est vrai, ce qu'il y avait d'immortel en ses sentiments d'élection, survit à jamais à leurs commencements ; mais d'une vie surnaturelle, transfigurée ! C'est plus que de l'amour ; ce n'est plus l'amour qu'on croyait !

Tel pourtant est rarement le sort des amours nés sur l'ourlet du précipice, où de gradin fleuri en gradin décoré, de gradin décoré en gradin badigeonné, de gradin badigeonné en gradin dénudé, on descend jusqu'aux fanges livides du mal.

Pour peu que les attraits soudains, nés sur les terrains limitrophes —the border-lands, disent les Anglais—aient plus de ce feu qui brûle que de cette lumière qui brille, pour peu qu'ils aient plus d'énergie arrogante que de suaves mollesses, plus d'appétits charnels que d'aspirations intenses, plus d'avides convoitises que d'adorations sincères, plus de concupiscence et d'idolâtrie que de bonté et de générosité... l'équilibre se perd, et... celui qui pensait ne jamais quitter le gradin fleuri, se voit un beau jour éclaboussé par les fanges du précipice ! Peu à peu il cesse d'être éclairé par les chatoyants rayons d'un amour qui ne demeure pur, quand il est inavouable, qu'aussi longtemps qu'il s'ignore, le poète ayant bien reconnu qu'il ne dit ; J'aime ! que lorsque, ayant épuisé toutes les autres manières de le dire, il désire plus qu'il ne chérit. Les jours qui suivent ces premières ombres, venues, on ne sait comment, sur quelque anfractuosité du précipice terrible, sont remplis d'on ne sait quel ferment qu'on croit sentir bon ; mais, à peine goûté, il se change en une vase informe qui soulève le cœur et le corrompt à jamais, si elle n'est rejetée et maudite à l'instant. Ces amours-là, n'ont eu aussi que des commencements !

Mais comme de tels amours ne sont nés plus haut, sur les gradins fleuris, qu'en se mirant dans deux cœurs à la fois, il en est un d'ordinaire qui, en s'aventurant sur ce sol, si odoriférant et si glissant, se maintient moins longtemps sur la zone où il vit le jour, trébuche, descend, condescend, tombe, essaie vainement de se relever, roule de chûte en chûte, abandonne un haut idéal pour une réalité fiévreuse, passe de cette fièvre à une autre qui devient une insanité ou un délire, aboutissant à un état qui donne, avec le dégoût de la satiété ou l'irrationalité du vice, le dédain de l'indifférence ou la dureté de l'oubli envers l'autre, dont il devient l'éternel tourment, si ce n'est l'éternelle horreur.

Alors certes, l'amour n'a eu que des commencements !... Mais, restant chez l'un toujours élevé, toujours distingué, en présence de celui qui ne recule pas devant l'ignoble et le vulgaire, il se change pour lui en un souvenir ou en un regret qui, sans être le remords auquel pourtant il ressemble, se change en un ver rongeur. Sa dent impitoyable s'enfonce dans le cœur et le fait saigner, jusqu'à ce que son dernier souffle de vie s'éteigne dans un dernier spasme de douleur.

Ces commencements, dont parlait Mme de Staël, étaient depuis longtemps épuisés entre l'artiste polonais et le poète français. Ils ne s'étaient même survécus chez l'un que par un violent effort de respect pour l'idéal qu'il avait doré de son éclat foudroyant, chez l'autre, par une fausse honte qui sophistiquait sur la prétention de conserver la constance sans la fidélité. Le moment vint où cette existence factice, qui ne réussissait plus à galvaniser des fibres desséchées sous les yeux de l'artiste spiritualiste, lui sembla dépasser ce que l'honneur lui permettait de ne pas apercevoir. Nul ne sut quelle fut la cause ou le

prétexte d'une rupture soudaine ; on vit seulement qu'après une opposition violente au mariage de la fille de la maison, Chopin quitta brusquement Nohant pour n'y plus revenir.
Malgré cela, il parla souvent alors et presque avec insistance de Mme Sand, sans aigreur et sans récriminations. Il rappelait, il ne racontait jamais. Il mentionnait sans cesse ce qu'elle faisait, comment elle le faisait, ce qu'elle avait dit, ce qu'elle avait coutume de répéter. Les larmes lui montaient quelquefois aux yeux en nommant cette femme, dont il ne pouvait se séparer et qu'il voulait quitter.

En supposant qu'il ait comparé les délicieuses impressions qui inaugurèrent sa passion, à l'antique cortège de ces belles canéphores portant des fleurs pour orner une victime, on pourrait encore croire qu'arrivé aux derniers instants de la victime qui allait expirer, il mettait un tendre orgueil à oublier les convulsions de son agonie, pour ne contempler que les fleurs qui l'avaient enguirlandée peu auparavant. On eût dit qu'il voulait en ressaisir le parfum enivrant, en contempler les pétales fanés, mais encore imprégnés de l'haleine enfiévrée, donnant des soifs qui, loin de s'étancher au contact de lèvres incandescentes, n'en éprouvent qu'une exaspération de désirs.
En dépit des subterfuges qu'employaient ses amis pour écarter ce sujet de sa mémoire, afin d'éviter l'émotion redoutée qu'il amenait, il aimait à y revenir, comme s'il eût voulu s'asphyxier dans ce mortel dictame et détruire sa vie par les mêmes sentiments qui l'avaient ranimée jadis ! Il s'adonnait avec une sorte de brûlante douceur à la ressouvenance énamérée des jours anciens, défeuillés désormais de leurs prismatiques signifiances. Se sentir frénollir en contemplant la défiguration dernière de ses derniers espoirs, lui était un dernier charme. En vain cherchait-on à en éloigner sa pensée ; il en reparlait toujours ; et lorsqu'il n'en parlait plus, n'y songeait-il pas encore ? On eût dit qu'il humait avidement ce poison, pour avoir moins longtemps à le respirer.
Faut-il plaindre, faut-il admirer ? Il faut plaindre et admirer à la fois. Il faut plaindre d'abord, car les Syrènes de l'antiquité, comme les Mélusines du moyen âge, ont toujours attiré les malheureux qui rasaient leur rescif, les nobles chevaliers qui s'égaraient aux alentours

de leurs écueils, par des accents pleins de suavité, par des formes qui charmaient l'œil éperdu, par des blancheurs qu'on eût dit empruntées aux lis des jardins, par des chevelures qu'on eût cru nouées avec les rayons d'un soleil d'hiver, tiède et caressant...

Ceux qui n'ont jamais connu la syrène attrayante et la fée malfaisante, ne savent pas combien il faut plaindre le mortel qu'elles ont enlacé de leurs bras perfides, au moment où, couché sur un cœur inhumain, bercé sur des genoux déformés, il aperçoit tout d'un coup, avec un effroi terrifié, l'humaine nature et sa spiritualité transformée en une animalité hideuse !

Il faut admirer, car entre tant de milliers d'hommes qui ont exhalé leur dernier souffle dans un soupir de volupté ignominieuse, dans une imprécation furibonde ou dans un exorcisme tremblant et couard, bien peu ont su allier avec le respect qu'on se garde à soi-même, en respectant le souvenir de ce qu'on a eu tort d'aimer, mais de ce que l'on n'a point aimé d'un amour indigne... le respect qu'on doit à son honneur en brisant un lien qui devient déshonorant ! C'est là qu'il faut un mâle courage, que tant de mâles héros n'ont pas eu. Chopin a su le déployer, se montrant ainsi vrai gentilhomme, digne de cette société qui l'avait enchâssé dans ses cadres, digne de ces femmes dont le regard l'avait si souvent transpercé de part en part de leur suave rayon. Il ne récrimina point, il ne permit aucun tiraillement. En éloignant l'idéal qu'il portait en lui, d'une réalité odieuse, il fut aussi inflexible dans sa résolution que doux pour le souvenir de ce qu'il avait aimé !

Chopin sentit, et répéta souvent, que cette longue affection, ce lien si fort, en se brisant, brisait sa vie. N'eût-il pas mieux valu que moins inexpérimenté, plus réfléchi, mieux préparé à des séductions fallacieuses, il eût agi selon la vraie nature de son être intérieur, selon les vrais penchants de son caractère, selon les nobles accoutumances de son âme, en refusant fermement, avec une force virile, d'accepter le tissu de joies éphémères, d'illusions à courte échéance, de douleurs consumantes, si bien symbolisées dans l'antiquité (elle les connut aussi !), par cette fameuse robe de Déjanire qui, s'identifiant à la chair du malheureux héros, le fit misérablement périr ?

Si une femme donna la mort au noble Alcide par le subtil réseau de ses souvenirs, comment une femme n'eût-elle pas mené à la mort un être aussi frêle que l'était notre poète-musicien, en l'enveloppant d'un réseau semblable ?

Durant sa première maladie, en 1847, on désespéra de Chopin pendant plusieurs jours. M. Gutmann, un de ses élèves les plus distingués, l'ami que dans ces dernières années il admit le plus à son intimité, lui prodigua les témoignages de son attachement ; ses soins et ses prévenances étaient sans pareils. Lorsque la Psse Marcelline Czartoryska arrivait, le visitant tous les jours, craignant plus d'une fois de ne plus le retrouver au lendemain, il lui demandait avec cette timidité craintive des malades et cette tendre délicatesse qui lui était particulière : «Est-ce que Gutmann n'est pas bien fatigué ?...» Sa présence lui étant plus agréable que toute autre, il craignait de le perdre, et l'eût perdu plutôt que d'abuser de ses forces. Sa convalescence fut fort lente et fort pénible ; elle ne lui rendit plus qu'un souffle de vie. Il changea à cette époque, au point de devenir presque méconnaissable. L'été suivant lui apporta ce mieux précaire que la belle saison accorde aux personnes qui s'éteignent. Pour ne pas aller à Nohant et, en allant ailleurs, ne pas se donner à lui-même la certitude palpable que Nohant était fermé pour lui par sa propre volonté, devenu inexorable dans sa muette décision, il ne voulut pas quitter Paris. Il se priva ainsi de l'air pur de la campagne et des bienfaits de cet élément vivifiant.

L'hiver de 1847 à 1848 ne fut qu'une pénible et continuelle succession d'allègements et de rechutes.

Toutefois, il résolut d'accomplir au printemps son ancien projet de se rendre à Londres, espérant se débarrasser, en ce climat septentrional et brumeux, de la continuelle obsession de ses réminiscences méridionales et ensoleillées. Lorsque la révolution de février éclata, il était encore alité ; par un mélancolique effort, il fit semblant de s'intéresser aux événements du jour et en parla plus que d'habitude. Mais, l'art seul garda toujours sur lui son pouvoir absolu. Dans les instants toujours plus courts où il lui fut possible de s'en occuper, la musique l'absorbait aussi vivement qu'aux jours où il était plein de vie et d'espérances. M. Gutmann continua à être son plus intime et son plus constant visiteur ; ce furent ses soins qu'il accepta de préférence jusqu'à la fin.

Au mois d'avril, se trouvant mieux, il songea à réaliser son voyage et à visiter ce pays où il croyait aller, alors que la jeunesse et la vie lui offraient encore leurs plus souriantes perspectives. Néanmoins, avant de quitter Paris, il y donna un concert dans les salons de Pleyel, un des amis avec lesquels ses rapports furent les plus fréquents, les plus constants et les plus affectueux ; celui qui maintenant rend un digne hommage à sa mémoire et à son amitié, en s'occupant avec zèle et activité de l'exécution d'un monument pour sa tombe. À ce concert, son public, aussi choisi que fidèle, l'entendit pour la dernière fois. Après cela, il partit en toute hâte pour l'Angleterre, sans attendre presque l'écho de ses derniers accents. On eût pensé qu'il ne voulait ni s'attendrir à la pensée d'un dernier adieu, ni se rattacher à ce qu'il abandonnait par d'inutiles regrets ! À Londres, ses ouvrages avaient déjà trouvé un public intelligent ; ils y étaient généralement connus et admirés [Depuis plusieurs années, les compositions de Chopin étaient très répandues et très goûtées en Angleterre.

Les meilleurs virtuoses les exécutaient fréquemment. Nous trouvons dans une brochure publiée à ce moment à Londres, chez M. Wessel et Stappleton, sous le titre An Essay on the works of F. Chopin, quelques lignes tracées avec justesse. L'épigraphe de cette petite brochure est ingénieusement choisie ; l'on ne pouvait mieux appliquer qu'à Chopin les deux vers de Shelley : (Peter Bell the third)
He was a mighty poet—and
A subtle-souled psychologist.
L'auteur des pages que nous mentionnons parle avec enthousiasme de cet «originative genius untrammeled by conventionalities, unfettered by pedantry ;...» de ces : «outpourings of an unwordly and tristful soul, those musical floods of tears and gushes of pure joyfulness,— those exquisite embodiments of fugitive thoughts,—those infinitesimal delicacies», qui donnent tant de prix aux plus petits croquis de Chopin. L'auteur anglais dit plus loin : «One thing is

certain, viz : to play with proper feeling and correct execution the Préludes and Studies of Chopin, is to be neither more nor less than a finished pianist and moreover, to comprehend them thoroughly, to give a life and a tongue to their infinite and most eloquent subtleties of expression, involves the necessity of being in no less a degree a poet than a pianist, a thinker than a musician. Commonplace is instinctively avoided in all the works of Chopin ; a stale cadence or a trite progression, a hum-drum subject or a hackneyed sequence, a vulgar twist of the melody or a worn out passage, a meagre harmony or an unskilful counterpoint, may in vain be looked for throughout the entire range of his compositions, the prevailing characteristics of which are, a feeling as uncommon as beautiful, a treatment as original as felicitous, a melody and a harmony as new, fresh, vigorous and striking, as they are utterly unexpected and out of the ordinary track.

In taking up one of the works of Chopin you are entering, as it were, a fairy land, untrodden by human footsteps, a path hitherto unfrequented but by the great composer himself ; a faith and a devotion, a desire to appreciate, and a determination to understand, are absolutely necessary, to do it anything like adequate justice...... Chopin in his Polonaises and in his Mazoures has aimed at those characteristics which distinguish the national music of his country so markedly from that of all others, that quaint idiosyncrasy, that identical wildness and fantasticality, that delicious mingling of the sad and the cheerful, which invariably and forcibly individualize the music of those northern countries, whose language delights in combination of consonants......»]. Il quitta la France dans cette disposition d'esprit que les Anglais appellent low spirits. L'intérêt momentané qu'il s'était efforcé de prendre aux changements politiques avait complètement disparu. Il était devenu plus silencieux que jamais ; si, par distraction, il lui échappait quelques mots, ce n'était qu'une exclamation de regret. À son départ, son affection pour le petit nombre de personnes qu'il continuait à voir, prenait les teintes douloureuses des émotions qui précèdent les derniers adieux. Son indifférence s'étendait de plus en plus ostensiblement au reste des choses.

Arrivé à Londres, il y fut accueilli avec un empressement qui l'électrisa et lui fit secouer sa tristesse ; on se figura presque que son abattement allait se dissiper. Il crut peut-être lui-même, ou feignit de croire, qu'il parviendrait à le vaincre en jetant tout dans l'oubli, jusqu'à ses habitudes passées ; en négligeant les prescriptions des médecins, les précautions qui lui rappelaient son état maladif.

Il joua deux fois en public et maintes fois dans des soirées particulières. Chez la duchesse de Sutherland, il fut présenté à la reine ; après cela, tous les salons distingués recherchèrent plus encore l'avantage de le posséder. Il alla beaucoup dans le monde, prolongea ses veilles, s'exposa à toutes les fatigues, sans se laisser arrêter par aucune considération de santé. Voulait-il ainsi en finir de la vie, sans paraître la rejeter ? Mourir, sans donner à personne ni le remords, ni la satisfaction de sa mort ?

Il partit enfin pour Édimbourg, dont le climat lui fut particulièrement nuisible. À son retour d'Écosse, il se trouva très affaibli ; les médecins l'engagèrent à abandonner au plus tôt l'Angleterre, mais il ajourna longtemps son départ. Qui pourrait dire le sentiment qui causait ce retard ?... Il joua encore à un concert donné pour les Polonais. Dernier signe d'amour envoyé à sa patrie, dernier regard, dernier soupir et dernier regret ! Il fut fêté, applaudi et entouré, par tous les siens. Il leur dit à tous un adieu qu'ils ne croyaient pas encore devoir être éternel.

Quelle pensée occupait son esprit lorsqu'il traversait la mer pour rentrer dans Paris ?... Ce Paris, si différent pour lui de celui qu'il avait trouvé sans le chercher en 1831 ?... Cette fois, il y fut surpris dès son arrivée par un chagrin aussi vif qu'inattendu. Celui, dont les conseils et l'intelligente direction lui avaient déjà sauvé la vie dans l'hiver de 1847, auquel il croyait seul devoir depuis bien des années la prolongation de son existence, le docteur Molin se mourait. Cette perte lui fut plus que sensible ; elle lui apporta ce découragement final si dangereux, dans des moments où la disposition d'esprit exerce tant d'empire sur les progrès de la maladie.

Chopin proclama aussitôt que personne ne saurait remplacer les soins de Molin, prétendant ne plus avoir confiance en aucun médecin. Il en changea constamment depuis lors, mal satisfait de tous, ne comptant sur la science d'aucun. Une sorte d'accablement irrémédiable s'empara de lui ; on eût dit qu'il savait avoir obtenu son but, avoir épuisé les dernières ressources de la vie, nul lien plus fort que la vie, nul amour aussi fort que la mort, ne venant lutter contre cette amère apathie.

Depuis l'hiver de 1848, Chopin n'avait plus été à même de travailler avec suite. Il retouchait de temps à autre quelques feuilles ébauchées, sans réussir à en coordonner les pensées. Un respectueux soin de sa gloire lui dicta le désir de les voir brûlées pour empêcher qu'elles fussent tronquées, mutilées, transformées en œuvres posthumes peu dignes de lui. Il ne laissa de manuscrits achevés qu'un dernier Nocturne et une Valse très courte, comme un lambeau de souvenir.

En dernier lieu, il avait projeté d'écrire une méthode de piano, dans laquelle il eût résumé ses idées sur la théorie et la technique de son art, consigné le fruit de ses longs travaux, de ses heureuses innovations et de son intelligente expérience. La tâche était sérieuse et exigeait un redoublement d'application, même pour un travailleur aussi assidu que l'était Chopin. En se réfugiant dans ces arides régions, il voulait peut-être fuir jusqu'aux émotions de l'art, auquel la sérénité, la solitude, les drames secrets et poignants, la joie au l'enténèbrement du cœur, prêtent des aspects si différents ! Il n'y chercha plus qu'une occupation uniforme et absorbante, ne lui demanda plus que ce que Manfred demandait vainement aux forces de la magie : l'oubli !...

L'oubli, que n'accordent ni les distractions, ni l'étourdissement, lesquels au contraire semblent, avec une ruse pleine de venin, compenser en intensité le temps qu'elles enlèvent aux douleurs. Il voulut chercher l'oubli dans ce labeur journalier, qui «conjure les orages de l'âme»,—der Seele Sturm beschwört,—en engourdissant la mémoire, lorsqu'il ne l'anéantit pas. Un poète, qui fut aussi la proie d'une inconsolable mélancolie, chercha également, en attendant une mort précoce, l'apaisement de ces regrets découragés dans le travail,

qu'il invoque comme un dernier recours contre l'amertume de la vie à la fin d'une mâle élégie !
Beschäftigung, die nie ermattet,
Die langsam schafft, doch nie zerstört,
Die zu dem Bau der Ewigkeiten
Zwar Sandkorn nur für Sandkorn reicht,
Doch von der grossen Schuld der Zeiten
Minuten, Tage, Jahre streicht» [Schiller, Die Ideale.].
Mais les forces de Chopin ne suffirent plus à son dessein ; cette occupation fut trop abstraite, trop fatigante. Il poursuivit en idée le contour de son projet, il en parla à diverses reprises, l'exécution lui en devint impossible. Il ne traça que quelques pages de sa méthode ; elles furent consumées avec le reste.
Enfin, le mal augmenta si visiblement que les craintes de ses amis commencèrent à prendre un caractère désespéré. Il ne quitta bientôt plus son lit et ne parla presque plus. Sa sœur, arrivée de Varsovie à cette nouvelle, s'établit à son chevet et ne s'en éloigna pas. Il vit ce redoublement de tristesses autour de lui, ses angoisses, ces présages, sans témoigner de l'impression qu'il en recevait.

Il s'entretenait de sa fin avec un calme et une résignation toute masculine, voulant dérober à tous, se dérober peut-être à lui-même, ce qu'il avait pu faire pour l'amener et la hâter. Aussi, avec ses amis ne cessa-t-il jamais de prévoir un lendemain. Ayant toujours aimé à changer de demeure, il manifesta encore ce goût en prenant alors un autre logement, pour éviter, disait-il, les incommodités de celui qu'il occupait ; il disposa son ameublement à neuf, en se préoccupant à cet effet d'arrangements minutieux. Quoiqu'il fût bien mal, ne se faisait certainement pas illusion sur son état, il s'obstina à ne point décommander les mesures qu'il avait ordonnées pour l'installation de son nouvel appartement. Bientôt, on commença à déménager certains objets et il arriva que, le jour même de son décès, on transportait quelques meubles dans des chambres où il ne devait plus entrer !
Craignit-il que la mort ne remplît pas ses promesses ? Qu'après l'avoir touché de son doigt, elle ne le laissât encore une fois à la terre ? Que la vie ne lui fût plus cruelle encore, s'il lui fallait la

reprendre après en avoir rompu tous les fils ? Éprouvait-il cette double influence qu'ont ressentie quelques organisations supérieures à la veille d'événements qui décidaient de leur sort, contradiction flagrante entre le cœur qui pressent le secret de l'avenir et l'intelligence qui n'ose le prévoir ? Dissemblance si entière entre des prévisions simultanées, qu'à certains moments elle dicta aux esprits les plus fermes des discours que leurs actions semblaient démentir, qui néanmoins découlaient d'une égale persuasion ? Nous croirions plutôt qu'après avoir succombé à un impérieux désir de quitter cette vie, après avoir fait en Angleterre tout ce qu'il fallait pour abréger ses derniers jours, il voulut écarter tout ce qui eût pu laisser soupçonner cette faiblesse, qu'avec sa manière de voir il eût jugé dans un autre romanesque, théâtrale, ridicule.

Il eût rougi d'agir comme les héros des mélodrames qu'il détestait, comme un Bocage en scène [Bocage, un des acteurs les plus renommés du temps de Mme Dorval, était dans l'art dramatique un des brillants représentants du romantisme échevelé et, à ce titre, il fut pendant quelque temps très bien vu à Nohant.], comme un personnage quelconque d'un de ces romans du jour qu'il méprisait profondément. Si, malgré ces mépris, malgré ces dédains, il n'avait pu résister à la grande fascination de la mort, cette dernière ivresse de ceux que le désespoir a intoxiqué de son amer et vertigineux breuvage, il chercha probablement à ce que personne ne découvre cette défaillance, commune à tous ceux qui furent blessés par une femme d'une de ces blessures dont on ne guérit qu'en en mourant !
En apprenant qu'il était si mal, et dans l'absence d'un ecclésiastique polonais qui avait été autrefois le confesseur de Chopin, l'abbé Alexandre Jelowicki, un des hommes les plus distingués de l'émigration, vint le voir, quoique leurs rapports eussent été détendus dans les dernières années. Renvoyé trois fois par ceux qui l'entouraient, il connaissait trop bien le malade pour se rebuter et ne pas être certain de le voir sitôt qu'il le saurait si près de lui. Aussi, quand il eut trouvé moyen de lui faire connaître sa présence, il en fut reçu sans délai. D'abord, il y eut dans l'accueil du pauvre ami expirant, meurtri, contusionné, saignant, haletant, à bout de douleurs

et de courage, quelque froideur, pour mieux dire quelque embarras, provenant de cette crainte et de cette trépidation intérieure qu'on éprouve toujours, lorsque, ayant été ami de Dieu, l'on a suspendu ses rapports avec lui et qu'on se retrouve en présence d'un de ses ministres, dont la seule vue rappelle sa tendresse paternelle et l'ingratitude de notre oubli.

L'abbé Jelowicki revint le lendemain, puis tous les jours à la même heure, comme s'il n'apercevait, ni ne comprenait, ni n'admettait, qu'il fût survenu la moindre différence dans leurs rapports. Il lui parlait toujours polonais, comme s'ils s'étaient vus la veille, comme s'il ne s'était rien passé dans l'entre-temps, comme s'ils ne vivaient pas à Paris, mais à Varsovie. Il l'entretenait de tous les petits faits qui avaient eu lieu dans le groupe de leurs ecclésiastiques émigrés, des nouvelles persécutions qui étaient fondues sur la religion en Pologne, des églises enlevées au culte, des milliers de confesseurs envoyés en Sibérie pour n'avoir pas voulu abjurer leur Dieu, des nombreux martyrs morts sous le knout ou la fusillade pour avoir refusé d'abandonner leur foi !... Il est aisé de deviner combien de tels récits pouvaient se prolonger ! Les détails abondaient, tous plus émouvants, plus poignants, plus tragiques, plus cruels, les uns que les autres.
Les visites du père Jelowicki, en se répétant, devenaient tous les jours plus intéressantes pour le pauvre alité. Elles le reportaient tout naturellement, sans effort et sans secousses, dans son atmosphère natale ; elles renouaient son présent à son passé, elles le ramenaient en quelque sorte dans sa patrie, dans cette chère Pologne qu'il revoyait plus que jamais couverte de sang, baignée de larmes, flagellée et déchirée, humiliée et raillée, mais toujours reine sous sa pourpre de dérision et sous sa couronne d'épines. Un jour, Chopin dit tout simplement à son ami qu'il ne s'était pas confessé depuis longtemps et voudrait le faire, ce qui eut lieu à l'instant même, le confessé et le confesseur s'étant déjà depuis longtemps préparés, sans se le dire, à ce grand et beau moment.
À peine le prêtre et l'ami eut-il prononcé la dernière parole de l'absolution, que Chopin, poussant un grand soupir de soulagement et

souriant à la fois, l'embrassa de ses deux bras, «à la polonaise», en s'écriant :

«Merci, merci mon cher ! Grâce à vous, je ne mourrai pas comme un cochon (iak swinia) !» Nous tenons ces détails de la bouche même de l'abbé Jelowicki, qui les reproduisit plus tard dans une de ses Lettres spirituelles. Il nous disait la profonde commotion que produisit sur lui l'emploi de cette expression, si vulgairement énergique, dans la bouche d'un homme connu pour le choix et l'élégance de tous les termes dont il se servait. Ce mot, si étrange sur ses lèvres, semblait rejeter de son cœur tout un monde de dégoûts qui s'y était amassé !
De semaine en semaine, bientôt de jour en jour, l'ombre fatale apparaissait plus intense. La maladie touchait à son dernier terme ; les souffrances devenaient de plus en plus vives, les crises se multipliaient et, à chaque fois, rapprochaient davantage la dernière. Lorsqu'elles faisaient trêve, Chopin retrouva jusqu'à la fin sa présence d'esprit ; sa volonté vivace ne perdait ni la lucidité de ses idées, ni la claire-vue de ses intentions. Les souhaits qu'il exprimait à ses moments de répit, témoignent de la calme solennité avec laquelle il voyait approcher sa fin. Il voulut être enterré à côté de Bellini, avec lequel il avait eu des rapports aussi fréquents qu'intimes durant le séjour que celui-ci fit à Paris. La tombe de Bellini est placée au cimetière du Père-Lachaise, à côté de celle de Cherubini ; le désir de connaître ce grand maître, dans l'admiration duquel il avait été élevé, fut un des motifs qui, lorsqu'en 1831 Chopin quitta Vienne pour se rendre à Londres, le décidèrent à passer par Paris où il ne prévoyait pas que son sort devait le fixer. Il est couché maintenant entre Bellini et Cherubini, génies si différents, et dont cependant Chopin se rapprochait à un égal degré, attachant autant de prix à la science de l'un, qu'il avait d'inclination pour la spontanéité, l'entrain, le brio de l'autre.

Il était désireux de réunir, dans une manière grande et élevée, la vaporeuse vaguesse de l'émotion spontanée aux mérites des maîtres consommés, respirant le sentiment mélodique comme l'auteur de Norma, aspirant à la valeur harmonique du docte vieillard qui avait écrit Médée.

Continuant jusqu'à la fin la réserve de ses rapports, il ne demanda à revoir personne pour la dernière fois, mais il dora d'une reconnaissance attendrie les remercîments qu'il adressait aux amis qui venaient le visiter. Les premiers jours d'octobre ne laissèrent plus ni doute, ni espoir. L'instant fatal approchait ; on ne se fiait plus à la journée, à l'heure suivante. La sœur de Chopin et M. Gutmann, l'assistant constamment, ne s'éloignèrent plus un instant de lui. La comtesse Delphine Potocka, absente de Paris, y revint en apprenant que le danger devenait imminent. Tous ceux qui approchaient du mourant ne pouvaient se détacher du spectacle de cette âme si belle, si grande à ce moment suprême.

Quelque violentes ou quelque frivoles que soient les passions qui agitent les cœurs, quelque force ou quelque indifférence qu'ils déploient en face d'accidents imprévus qui sembleraient devoir être le plus saisissants, la vue d'une lente et belle mort recèle une imposante majesté, qui émeut, frappe, attendrit et élève les âmes les moins préparées à ces saints recueillements. Le départ lent et graduel de l'un d'entre nous pour les rives de l'inconnu, la mystérieuse gravité de ses pressentiments secrets, des révélations intraduisibles qu'il reçoit, de ses commémorations d'idées et de faits, sur ce seuil étroit qui sépare le passé de l'avenir, le temps de l'éternité, nous remue plus profondément que quoi que ce soit en ce monde.

Les catastrophes, les abîmes que la terre ouvre sous nos pas, les conflagrations qui enlacent des villes entières de leurs écharpes enflammées, les horribles alternatives subies par le fragile navire dont la tempête se fait un hochet, le sang que font couler les armes en le mêlant à la sinistre fumée des batailles, l'horrible charnier lui-même qu'un fléau contagieux établit dans les habitations, nous éloignent moins sensiblement de toutes les indignes attaches qui passent, qui lassent, qui cassent, que la vue prolongée d'une âme consciente d'elle même, contemplant silencieusement les aspects multiformes du temps et la porte muette de l'éternité. Le courage, la résignation, l'élévation, l'affaissement qui la familiarisent avec l'inévitable dissolution, si répugnante à nos instincts, impressionnent plus profondément les assistants que les péripéties les plus affreuses, lorsqu'elles dérobent le tableau de ce déchirement et de cette méditation.

Dans le salon avoisinant la chambre à coucher de Chopin, se trouvaient constamment réunies quelques personnes qui venaient tour à tour auprès de lui, recueillir son geste et son regard à défaut de sa parole éteinte ! Parmi elles la plus assidue fut la Psse Marcelline Czartoryska, qui, au nom de toute sa famille, bien plus encore en son propre nom, comme l'élève préférée du poète, la confidente des secrets de son art, venait tous les jours passer un couple d'heures près du mourant. Elle ne le quitta à ses derniers moments, qu'après avoir longtemps prié auprès de celui qui venait de fuir ce monde d'illusions et de douleurs, pour entrer dans un monde de lumière et de félicité !

Le dimanche, 15 octobre, des crises plus douloureuses encore que les précédentes durèrent plusieurs heures de suite.

Il les supportait avec patience et grande force d'âme. La comtesse Delphine Potocka, présente à cet instant, était vivement émue ; ses larmes coulaient. Il l'aperçut debout au pied de son lit, grande, svelte, vêtue de blanc, ressemblant aux plus belles figures d'anges qu'imagina jamais le plus pieux des peintres ; il put la prendre pour quelque céleste apparition. Un moment vint où la crise lui laissa un peu de repos ; alors il lui demanda de chanter. On crut d'abord qu'il délirait, mais il répéta sa demande avec instance. Qui eût osé s'y opposer ? Le piano du salon fut roulé jusqu'à la porte de sa chambre, la comtesse chanta avec de vrais sanglots dans la voix. Les pleurs ruisselaient le long de ses joues et jamais, certes, ce beau talent, cette voix admirable, n'avaient atteint une si pathétique expression.

Chopin sembla moins souffrir pendant qu'il l'écoutait. Elle chanta le fameux cantique à la Vierge qui, dit-on, avait sauvé la vie à Stradella. «Que c'est beau ! mon Dieu, que c'est beau ! dit-il ; encore... encore !» Quoique accablée par l'émotion, la comtesse eut le noble courage de répondre à ce dernier vœu d'un ami et d'un compatriote ; elle se remit au piano et chanta un psaume de Marcello. Chopin se

trouva plus mal, tout le monde fut saisi d'effroi. Par un mouvement spontané, tous se jetèrent à genoux. Personne n'osant parler, l'on n'entendit plus que la voix de la comtesse ; elle plana comme une céleste mélodie au-dessus des soupirs et des sanglots, qui en formaient le sourd et lugubre accompagnement. C'était à la tombée de la nuit ; une demi-obscurité prêtait ses ombres mystérieuses à cette triste scène. La sœur de Chopin, prosternée près de son lit, pleurait et priait ; elle ne quitta plus guère cette attitude, tant que vécut ce frère si chéri d'elle !...
Pendant la nuit, l'état du malade empira ; il fut mieux au matin du lundi.

Comme si, par avance, il avait connu l'instant désigné et propice, il demanda aussitôt à recevoir les derniers sacrements. En l'absence du prêtre-ami avec lequel il avait été très lié depuis leur commune expatriation, ce fut naturellement l'abbé Jelowicki qui arriva. Lorsque le saint viatique et l'extrême-onction lui furent administrés, il les reçut avec une grande dévotion, en présence de tous ses amis. Peu après, il fit approcher de son lit tous ceux qui étaient présents, un à un, pour leur dire à chacun un dernier adieu, appelant la bénédiction de Dieu sur eux, leurs affections et leurs espérances. Tous les genoux se ployèrent, les fronts s'inclinèrent, les paupières étaient humides, les cœurs serrés et élevés.
Des crises toujours plus pénibles revinrent et continuèrent le reste du jour. La nuit du lundi au mardi, Chopin ne prononça plus un mot et semblait ne plus distinguer les personnes qui l'entouraient ; ce n'est que vers onze heures du soir qu'une dernière fois, il se sentit quelque peu soulagé. L'abbé Jelowicki ne l'avait plus quitté. À peine Chopin eut-il recouvré la parole, qu'il désira réciter avec lui les litanies et les prières des agonisants ; il le fit en latin, d'une voix parfaitement intelligible. À partir de ce moment, il tint sa tête constamment appuyée sur l'épaule de M. Gutmann, qui durant tout le cours de cette maladie lui avait consacré et ses jours et ses veilles.
Une convulsive somnolence dura jusqu'au 17 octobre 1849. Vers deux heures, l'agonie commença, la sueur froide coulait abondamment de son front ; après un court assoupissement, il

demanda d'une voix à peine audible : «Qui est près de moi ?» Il pencha sa tête pour baiser la main de M. Gutmann qui le soutenait, rendant l'âme dans ce dernier témoignage d'amitié et de reconnaissance.

Il expira comme il avait vécu, en aimant !—Lorsque les portes du salon s'ouvrirent, on se précipita autour de son corps inanimé et longtemps ne purent cesser les larmes qu'on versa autour de lui.
Son goût pour les fleurs étant bien connu, le lendemain il en fut apporté une telle quantité, que le lit sur lequel il était déposé, la chambre entière, disparurent sous leurs couleurs variées ; il sembla reposer dans un jardin. Sa figure reprit une jeunesse, une pureté, un calme inaccoutumé, sa juvénile beauté, si longtemps éclipsée par la souffrance, reparut. On reproduisit ces traits charmants auxquels la mort avait rendu leur primitive grâce, dans une esquisse qu'on modela de suite et qu'on exécuta depuis en marbre pour son tombeau. L'admiration pieuse de Chopin pour le génie de Mozart, lui fit demander que son Requiem fût exécuté à ses funérailles ; ce vœu fut accompli. Ses obsèques eurent lieu à l'église de la Madeleine, le 30 octobre 1849, retardées jusqu'à ce jour afin que l'exécution de cette grande œuvre fût digne du maître et du disciple. Les principaux artistes de Paris voulurent y prendre part. À l'introït on entendit la Marche funèbre du grand artiste qui venait de mourir ; elle fut instrumentée à cette occasion par M. Reber. Le mystérieux souvenir de la patrie qu'il y avait enfoui, accompagna le noble barde polonais à son dernier séjour. À l'offertoire, M. Lefébure-Wély exécuta sur l'orgue les admirables Préludes de Chopin en si et mi mineurs. Les parties de solos du Requiem furent réclamées par Mmes Viardot et Castellan ; Lablache, qui avait chanté le Tuba mirum de ce même Requiem, en 1827, à l'enterrement de Beethoven, le chanta encore cette fois.

Meyerbeer, qui alors en avait joué la partie de timbales, conduisit le deuil avec le prince Adam Czartoryski. Les coins du poêle étaient tenus par le prince Alexandre Czartoryski, Delacroix, Franchomme et Gutmann.

Quelque insuffisantes que soient ces pages pour parler de Chopin selon nos désirs, nous espérons que l'attrait qu'à si juste titre son nom exerce, comblera tout ce qui leur manque. Si à ces lignes, empreintes du souvenir de ses œuvres et de tout ce qui lui fut cher, auxquelles la vérité d'un regret, d'un respect et d'un enthousiasme vivement sentis, pourra seule prêter un don persuasif et sympathique, il nous fallait ajouter encore les mots que nous dicterait l'inévitable retour sur soi-même, que fait faire à l'homme chaque mort qui enlève d'autour de lui des contemporains de sa jeunesse et qui brise les premiers liens noués par son cœur illusionné et confiant, d'autant plus douloureusement qu'ils avaient été assez solides pour survivre à cette jeunesse, nous dirions que dans le courant d'une même année nous avons perdu les deux plus chers amis que nous ayons rencontrés dans notre carrière voyageuse.

L'un deux est tombé sur la brèche des guerres civiles ! Héros vaillant et malheureux, il succomba à une mort affreuse, dont les horribles tortures n'ont pu abattre un seul instant sa bouillante audace, son intrépide sang-froid, sa chevaleresque témérité. Jeune prince d'une rare intelligence, d'une prodigieuse activité, en qui la vie circulait avec le pétillement et l'ardeur d'un gaz subtil, doué de facultés éminentes, il n'avait encore réussi qu'à dévorer des difficultés par son infatigable énergie, en se créant une arène où ces facultés eussent pu se déployer avec autant de succès dans les joutes de la parole et le maniement des affaires, qu'elles en avaient eu dans ses brillants faits d'armes.

—L'autre a expiré en s'éteignant lentement dans ses propres flammes ; sa vie, passée en dehors des événements publics, fut comme une chose incorporelle, dont nous ne trouvons la révélation que dans les traces qu'ont laissées ses chants. Il a terminé ses jours sur une terre étrangère dont il ne se fit jamais une patrie adoptive, fidèle à l'éternel veuvage de la sienne : poète à l'âme endolorie, pleine de replis, de réticences et des chagrins ennuis.

La mort du prince Félix Lichnowsky rompit l'intérêt direct que pouvait avoir pour nous le mouvement des partis auxquels son existence était liée. Celle de Chopin nous ravit les dédommagements que renferme une compréhensive amitié. L'affectueuse sympathie, dont tant de preuves irrécusables ont été données par cet artiste exclusif pour nos sentiments et notre manière d'envisager l'art, eût adouci les déboires et les lassitudes qui nous attendent encore, comme elle ont encouragé et fortifié nos premières tendances et nos premiers essais.

Puisqu'il nous est échu en partage de rester après eux, nous avons voulu du moins témoigner de la douleur que nous en éprouvons ; nous avons senti l'obligation de déposer l'hommage de nos regrets respectueux sur la tombe du remarquable musicien qui a passé parmi nous. Aujourd'hui que la musique poursuit un développement si général et si grandiose, il nous apparaît à quelques égards semblable à ces peintres du quatorzième et du quinzième siècle, qui resserraient les productions de leur génie sur les marges du parchemin, mais qui en peignaient les miniatures avec des traits d'une si heureuse inspiration, qu'ayant les premiers brisé les raideurs byzantines, ils ont légué ces types ravissants que devaient transporter plus tard sur leurs toiles et dans leurs fresques, les Francia, les Pérugin, les Raphaël à venir.

Il y eut des peuples chez lesquels, pour conserver la mémoire des grands hommes ou des grands faits, on formait des pyramides composées de pierres que chaque passant apportait au monticule, qui ainsi grandissait insensiblement à une hauteur inattendue, l'œuvre anonyme de tous. De nos jours, des monuments sont encore érigés par un procédé analogue ; mais, grâce à une heureuse combinaison, au lieu de ne bâtir qu'un tertre informe et grossier, la participation de tous concourt à une œuvre d'art, destinée à perpétuer le muet souvenir qu'on voulait honorer, en réveillant dans les âges futurs, à l'aide de la poésie du ciseau, les sentiments éprouvés par les contemporains. Les souscriptions ouvertes pour élever des statues et des tombes magnifiques aux hommes qui ont illustré leur pays et leur époque, produisent ce résultat.

Aussitôt après le décès de Chopin, M. Camille Pleyel conçut un projet de ce genre en établissant une souscription, qui, conformément à toute prévision, atteignit rapidement un chiffre considérable, dans le but de lui faire exécuter au Père-Lachaise un monument en marbre. Pour notre part, en songeant à notre longue amitié pour Chopin, à l'admiration exceptionnelle que nous lui avions vouée dès son apparition dans le monde musical ; à ce que, artiste comme lui, nous avions été le fréquent interprète de ses inspirations et, nous osons le dire, un interprète aimé et choisi par lui ; à ce que nous avons plus souvent que d'autres recueilli de sa bouche les procédés de sa méthode ; à ce que nous nous sommes identifié en quelque sorte à ses pensées sur l'art et aux sentiments qu'il lui confiait, par cette longue assimilation qui s'établit entre un écrivain et son traducteur,—nous avons cru que ces circonstances nous imposaient pour devoir de ne pas seulement apporter une pierre brute et anonyme à l'hommage qui lui était rendu.

Nous avons considéré que les convenances de l'amitié et du collègue exigeaient de nous un témoignage plus particulier de nos vifs regrets et de notre admiration convaincue. Il nous a semblé que ce serait nous manquer à nous-même, que de ne pas briguer l'honneur d'inscrire notre nom et de faire parler notre affliction sur sa pierre sépulcrale, comme il est permis à ceux qui n'espèrent jamais remplacer dans leur cœur le vide qu'y laisse une irréparable perte !...
F. Liszt.

FIN.